湖北省学术著作
Hubei Special Funds for 出版专项资金
Academic Publications

数字传播理论与实践丛书

Research on Chinese Network
Literature Publishing

中国网络文学出版研究

贺子岳　唐伶俐·著

WUHAN UNIVERSITY PRESS
武汉大学出版社

图书在版编目(CIP)数据

中国网络文学出版研究/贺子岳,唐伶俐著.—武汉:武汉大学出版社,2022.9

数字传播理论与实践丛书

湖北省学术著作出版专项资金资助项目

ISBN 978-7-307-22804-7

Ⅰ.中⋯　Ⅱ.①贺⋯　②唐⋯　Ⅲ.网络文学—出版工作—研究—中国　Ⅳ.G239.2

中国版本图书馆 CIP 数据核字(2021)第 263764 号

责任编辑:方竞男　　　责任校对:张钰晴　　　装帧设计:吴　极

出版发行:**武汉大学出版社**　(430072　武昌　珞珈山)

(电子邮箱:whu_publish@ 163.com　网址:www.stmpress.cn)

印刷:武汉市金港彩印有限公司

开本:720×1000　1/16　印张:13.75　字数:283 千字　插页:2

版次:2022 年 9 月第 1 版　　2022 年 9 月第 1 次印刷

ISBN 978-7-307-22804-7　　定价:110.00 元

前　　言

本书在厘清网络文学出版基本理论的基础上,从网络文学业务运作原理、网络文学制度、网络文学阅读产业链、网络文学作品 IP 开发、网络文学影响等多个角度,对中国网络文学出版情况展开深入研究,最后分析中国网络文学产业存在的问题,提出推动未来中国网络文学产业发展的建议。

第 1 章,网络文学出版的基本理论。首先,介绍网络文学的含义、网络文学出版的基本特征,阐明网络文学在数字内容生产体系中的占位,对“网络原生书”“自助出版”等相关概念进行界定。其次,介绍网络文学生产与传播平台的主要类型。再次,详细阐述网络文学出版的发展背景及发展历程。最后,介绍部分典型的网络文学网站和网络文学商家。

第 2 章,中国网络文学业务运作原理。主要以中国网络文学制度的奠基者——起点中文网为例,从网络文学网站栏目的设计、读者服务和作家服务、网络文学作品的阅读与传播等方面,对中国网络文学业务运作原理进行详细介绍。

第 3 章,中国网络文学制度研究。着重研究网络文学的作者成长制度、读者(或用户)等级制度、作品质量控制制度,尤其是作者成长制度及作品质量控制制度,以进一步弄清网络文学出版的原理。

第 4 章,中国网络文学阅读产业链研究。在厘清产业链、出版产业链等概念的基础上,分析网络文学产业链及其结构,详细介绍阅读产业链构成及各环节,包括网络作家、网络文学网站、移动阅读平台商、网络文学用户,并对网络文学产业链的运营进行介绍。

第 5 章,中国网络文学作品 IP 开发研究。首先,介绍 IP 的概念,分析网络文学 IP 开发历程及类型。其次,分析网络文学 IP 开发产业链的层次及结构。最后,对网络文学 IP 开发的困境进行分析并提出相应的对策。

第 6 章,中国网络文学影响研究。从网络文学发展对文学、传统文学出版业、“泛娱乐”产业、文献保存工作和阅读工作、高等教育的影响五个方面,详细分析中国网络文学产生的影响。

第 7 章,中国网络文学产业存在的问题和发展建议。在分析网络文学产业存在的问题的同时,从政策指引、管理制度、著作权保护、评价机制、出版机构转型、网络文学品牌化发展方面提出推动中国网络文学发展的建议。

贺子岳负责本书主要内容的撰写,唐伶俐负责本书部分内容的撰写。武汉理工大学吕睿参与第 1 章、第 2 章的撰写,另有北京快手科技有限公司王震、襄阳日报社邹燕及武汉理工大学研究生周婉怡、王子欣、余为佳参与了部分内容的撰写、资料收集、文字校对等。在此表示由衷的感谢!

著者

2021 年 8 月

目　　录

1 网络文学出版的基本理论

近年来,数字出版新业态不断涌现,网络文学成为公众获取信息、认知世界的重要手段之一。随着数字经济的蓬勃发展,数字出版保持良好的发展态势,收入规模逐年增长,[①]其中,网络文学出版乃数字出版的重要收入来源。为了全面解析我国网络文学出版情况,本章首先对网络文学的含义、网络文学出版的基本特征、网络文学在数字内容生产体系中的占位等基础知识进行详解,然后对网络文学生产平台与传播平台的主要类型进行分析,接着对网络文学出版的发展背景、发展历程进行阐述,最后介绍一些典型的网络文学网站和网络文学商家,以期厘清网络文学出版的基本理论。

1.1 网络文学出版概述

1.1.1 网络文学的含义

网络文学是 20 世纪末出现在互联网上的一种文学样态,由于出现的时间较短,对其定义还有一些争议。广义的网络文学是指在互联网上传播的所有文学和类文学样态。这仅是一种以传播介质来定义文学的方法,由于网络媒介的包容性,网络文学不具备特征性,可以传播所有文学和类文学样态。狭义的网络文学是指只能存在于互联网上、不能正式出版,充分体现网络特点的网络超文本文学、多媒体文学,由网友共同创作的接龙文学,通过计算机软件创作的准文学等。[②] 早期学界对网络文学的评价不高,仅仅承认网络文学是一种"准文学"。

---

① 王飚,毛文思.“十四五”数字出版纵深推进的关键“四招”[N]. 中国新闻出版广电报,2021-06-07 (8).

② 欧阳友权.网络文学词典[M].北京:世界图书出版公司,2013:18.

从定义来看,网络文学大致可以分为两类,第一类是指纸本传统文学作品的网络再传播,第二类是指在网上首发的原创性文学作品。本书研究的网络文学是指第二类,即网络原创文学,也是目前被学界大多数人认定的网络文学——网民利用电脑创作,首先发表于互联网上,供其他网民欣赏、批评或参与创作的文学或类文学作品。鉴于数字出版行业及媒体报道常用"网络文学"一词代指"网络原创文学",本书视网络文学和网络原创文学为同义词,故本书所有关于网络文学的表述,也均是指网络原创文学。

网络文学的生产和传播与传统出版活动息息相关。网络文学出版即一类以网络文学作品为内容、借助互联网和移动互联网进行大规模传播、读者通过电脑和移动阅读终端阅读的网络出版活动。

其中,网络文学出版的主体是网络文学网站,指那些专门提供网络文学生产和传播服务的网站,它们是集创作、编辑、发行交易于一体的商业化运营平台,是当前网络文学最主要的经营平台。目前,围绕着网络文学的生产和传播,已经形成了网络文学产业。与世界其他国家的同类产业相比,我国网络文学出版活动颇具特色,因此,本书的主要研究对象也聚焦于我国网络文学出版与传播。

1.1.2 网络文学出版的基本特征

网络文学出版与传统出版有明显的不同,其具有传统出版所不具备的独特属性和特点,具体包括即时性、互动性、开放性、作者草根化、作品内容通俗化、作品超文本化等。①

(1)即时性。与传统出版相比,网络文学出版中间环节减少,实现了编印发三位一体出版,是典型的网络一体化出版模式。作品一旦在网络文学网站发布,传播活动就宣告开始。

(2)互动性。作品生产过程互动化,读者可随时与作者互动,作者可随时更新内容。传统文学作品是作者个人的独立劳动成果,而网络文学作品则更像是作者和读者共同创作的一种产品,读者可以经常性地介入作者的劳动过程。

(3)开放性。从理论上说,网络文学可以 24 小时全天候面向任何受众进行传播,不受时间、空间的限制。出版载体的束缚也消失,一般读者利用随身携带的手机视读或听读即可。网络文学的开放性有助于文化的交流和传播。

(4)作者草根化。在遵纪守法的前提下,任何人都可以在网络文学平台上发表自己的作品。由于只需投入热情和努力,大量草根作者加入网络作者队伍。

---

① 孙宜君,桂国民.论我国网络文学创作特点[J].北京理工大学学报(社会科学版),2003,5(5):3-6.

出版资源被垄断的现象消失,作者再也不用为书号、选题审批和编辑审稿而发愁。

（5）作品内容通俗化。网络文学平台采取商业化模式运作,针对休闲阅读市场,采用付费阅读模式,内容通俗化。

（6）作品超文本化。文本内含链接众多,便于跳跃式挑选、分享、评论、阅读和互动。

1.1.3　网络文学在数字内容生产体系中的占位

图 1-1 所示为网络文学在数字内容生产体系中的占位。

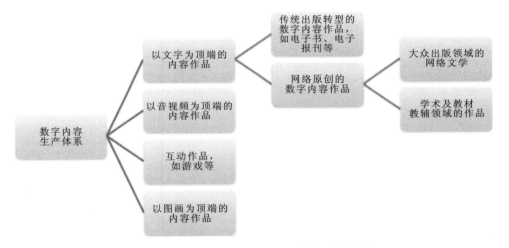

图 1-1　网络文学在数字内容生产体系中的占位

从图 1-1 可以看出,数字内容生产体系主要分为四类:一是以文字为顶端的内容作品;二是以音视频为顶端的内容作品;三是互动作品,如游戏等;四是以图画为顶端的内容作品。其中,以文字为顶端的内容作品包括传统出版转型的数字内容作品(如电子书、电子报刊等)、网络原创的数字内容作品,网络原创的数字内容作品又可以分为大众出版领域的网络文学、学术及教材教辅领域的作品。由此可见,网络文学是以文字为顶端的数字内容生产活动的重要组成部分,属于网络原创作品生产体系。以文字为顶端的数字内容生产活动,一般称为数字出版。

1.1.4　其他相关概念

网络原生书(或原生电子书),英文为 E-original,指在 Web 2.0 条件下,内容产品从生产到发布是以数字化形态呈现的作品。网络原生书实际上就是互联网一体化出版活动生产出来的产品。[①] 当然,网络原生出版物也存在分类问题,从形式上可以分为网络原生图书、网络原生期刊、网络原生报纸、网络原生百科全书等;从市场领域或主题角度又可以分为网络文学、开放存取资源等;网络上还有其他的网络原生资料,如百度文库中的共享资料。类似的网络原生内容作品,常常被称为 UGC(user generated content,用户生成内容)。

另外,还有自助出版(即 self-publish 或 self-publishing)这一提法。自助出版或自出版,也被称为"个人出版",指作者在没有出版商介入的情况下,借助网络平台全程参与出版的过程。[②] 自助出版的产品可以是电子书,也可以是纸本书。但为了降低成本,目前一般采用电子书,借助 Kindle 等移动阅读器推广。自助出版是互联网一体化出版模式的一类,它强调作者自助,出版平台仅仅充当服务角色,一般不介入版权经营。

1.2　网络文学生产与传播平台的主要类型

网络文学出版是文学出版活动的一部分。然而,在网络文学行业的形成时期,鉴于政府对出版特许的控制,各大网站不能申请到出版资质,所以,当时生产与传播网络文学内容的网站一般持有的执照是"互联网信息服务业务经营许可证""增值电信业务经营许可证""网络视听许可证""网络文化经营许可证"等。在这种情形下,网络文学生产与传播的平台多种多样,主要包括博客平台、电子书自助出版平台、门户网站的"读书"频道、论坛开设的原创文学栏目、网络文学网站等。

---

① 贺子岳.数字出版形态研究[M].武汉:武汉大学出版社,2015.
② 魏龙泉.自助出版风靡美国的 7 个理由[J].出版参考,2005(18):35.

1.2.1　博客平台

博客是一个重要的个人原创作品发布平台。一些文学爱好者常常喜欢利用博客平台上传分享自己的作品。但博客并不是专门的网络文学发布平台。博客作品也有"下线"出版的情况,如徐静蕾的《老徐的博客》,以及同一时期推出的潘石屹的《潘石屹的博客》,[①]但规模都不大,没有形成清晰的商业模式。

1.2.2　电子书自助出版平台

在西方国家,自助出版的前身是"虚荣出版",指一个作者为了"出名"而自费出版图书。在我国,这类出版活动也被称为"自费出版"。在纸书时代,纸本制作成本高,并且存在库存积压等难题,于是这类出版活动一般采用按需出版或按需印刷(print on demand,POD)的方式进行。POD 方式可根据读者的需求提供小印刷量的图书制作和销售服务。为更好地获得需求信息,自助出版的商家依靠网络平台操作,在网上与读者进行沟通,并且在网站上帮助作者销售图书。[②] 这类平台虽然已经有网络出版的影子,不过其最终产品仍然是纸质图书,仍属于小众出版业态。

真正使自助出版获得大规模发展的是电子书的自助出版。Kindle 等电子阅读器推广成功,给自助出版创造了条件。在搭建自助出版平台后,可绕开传统出版社,直接向读者发布和销售电子书。

1.2.3　门户网站的"读书"频道

门户网站的"读书"频道也是网络文学生产与传播的主要平台。如新浪、搜狐、网易、凤凰网分别设有新浪读书、读书频道-搜狐、网易云阅读、凤凰网文化读书等"读书"频道。这些网站通常是综合性网站,长期以来聚集了较多的读者,品牌知名度较高。网站所设"读书"频道,最初以传统正式出版的图书阅读、导读及书评交流为主,后来逐渐发展到以网络文学阅读为主,如网易云阅读最初以提供图书、资讯、漫画阅读服务为主,后来开发原创小说生产和经营业务。

---

① 史蓉蓉.博客图书文化现象初探[J].出版发行研究,2006(11):63-65.
② 刘振敏.按需印刷在我国传统出版社的发展探究[D].北京:北京印刷学院,2005.

1.2.4 论坛开设的原创文学栏目

论坛类文学网站的鼎盛时期在 1997—1999 年。20 世纪 90 年代末,互联网刚刚进入中国,中文网站还不多。当时,西祠胡同、天涯社区、西陆社区等专业论坛网站的出现,丰富了文学爱好者的网络生活。随着网络文学网站的多样化,这些论坛都发展成了综合性论坛。比如天涯社区的"舞文弄墨"和猫扑的"原创区"等栏目都可发布原创文学作品。目前,猫扑的"原创区"栏目已经不复存在,取而代之的是猫扑中文小说网。天涯社区还设置有专门的文学板块"天涯文学",提供 VIP 付费阅读服务,并帮助作者免费出版纸质图书,但出版图书的数字版权必须归天涯社区所有。

1.2.5 网络文学网站

网络文学网站(或称专业原创文学网站)是集创作、编辑、发行交易于一体的商业化运营平台,它有专门的投稿系统、编辑管理制度、发布制度、版权交易制度等。著名的专业原创文学网站有起点中文网、纵横中文网、17K 小说网、创世中文网、红袖添香、潇湘书院和逐浪网等。我国影响力较大的网络文学商家,初期以盛大文学有限公司(简称"盛大文学")为代表,目前以阅文集团、中文在线、百度文学和阿里巴巴文学(简称"阿里文学")等为代表,上文提到的部分"读书"频道和一些论坛也加入了这个行列。尽管发布网络文学的网站甚多,但其商业化操作方式却类似,即起点中文网开创的付费阅读模式和版权运营模式。

除此之外,在微信和今日头条等自媒体崛起后,还有一些微信公众号和头条号发布网络文学作品。另外,一些有特色的文学发布和阅读平台,如我国著名作家韩寒创办的一款文艺类应用"ONE·一个",以连续出版物的形式发布文学作品;还有由豆瓣创建的"豆瓣阅读",为数字作品提供阅读和出版平台。

以上都可以作为网络文学作品的生产或发布平台,其中以网络文学网站为代表的网络文学模式是中国人自己创新的商业模式,一是已有稳定的内容产生机制,二是商业化运作已成规模,三是已有一定的影响力。而美国电子书自助出版平台则是国外大众文学出版的典型代表。

1.3　网络文学出版的发展背景

　　媒介的产生、发展、变迁和消亡,总是由一些力量来推动和调控的。美国学者罗杰·菲德勒认为:"传播媒介的形态变化,通常是由于可感知的需要、竞争和政治压力,以及技术和社会革新的复杂相互作用而引起的。"①我国学者黄河根据罗杰·菲德勒的观点勾勒出了推动媒介变革的"三力"模型(图1-2)。

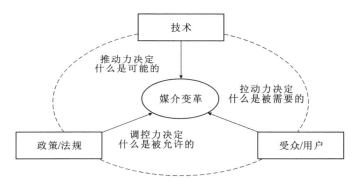

图 1-2　推动媒介变革的"三力"模型②

　　在这一模型中,技术决定"什么是可能的",受众/用户决定"什么是被需要的",政策/法规决定"什么是被允许的"。网络文学出版活动的兴起及繁荣的主要背景亦由"三力"决定,即与技术的发展、受众/用户量的增加和需求的变化、相关政策/法规的出台有关。

1.3.1　技术的发展

　　网络文学出版模式形成的技术条件:第一,Web 2.0 技术。Web 的发展经历了 Web 1.0 时代的大众门户模式,到 Web 2.0 时代的个人门户模式,再到我们现在所处的 Web 3.0 智能化时代。③ 在 Web 2.0 技术条件下,互联网可成为一种开放的平台,它能集编辑、复制和发行于一体。Web 2.0 为网络带来了一个

---

① 菲德勒. 媒介形态变化:认识新媒介[M].北京:华夏出版社,2000:19.

② 黄河.手机媒体商业模式研究[M].北京:中国传媒大学出版社,2011:2.

③ 李良荣. 网络与新媒体概论[M].北京:高等教育出版社,2014:26-31.

人人都是作者,人人也是读者的时代。Web 2.0 和学术出版相结合,产生了开放存取出版模式;Web 2.0 和大众出版相结合,产生了网络文学出版模式;等等。

第二,移动终端技术也是推动网络文学出版模式发展的重要动因。当网络上内容产品越来越多的时候,人们最终认识到借助电脑阅读是极其不方便的,于是移动阅读终端诞生,它们主要是电子阅读器、智能手机及平板电脑。在移动阅读终端不断成熟的前提下,移动阅读也越来越普及,从而更加促进网络文学出版模式的发展。

第三,无线网络技术。当每个人都能拥有一部甚至是几部移动终端时,人们就不再仅仅满足于将数字出版物"复制"进移动阅读终端,因此,发展无线网络技术就成为热门话题。移动技术中,最能促进网络文学出版发展的,当属 3G、4G 和 5G 技术。2010 年 1 月 7 日,中国移动、中国电信和中国联通获得移动通信(3G)牌照,标志着我国正式进入 3G 时代。① 2013 年 12 月,中国移动、中国电信和中国联通获 TD-LTE 制式的 4G 牌照,意味着中国正式进入 4G 时代。② 2019 年 6 月 6 日,工业和信息化部向中国移动、中国电信、中国联通、中国广电四家企业发放了 5G 商用牌照,标志着中国正式迈入 5G 时代。③ 无线技术的快速发展,为网络文学出版扫清了传播速度慢等障碍,极大地促进了网络文学出版活动向移动终端延伸。

第四,大数据技术为推送内容提供了技术支持。网络文学发展二十余年,已经积累了足够的用户数据,可利用大数据技术分析用户兴趣,实施精准投放;也可对粉丝数据进行管理,丰富粉丝不同维度的标签,转化潜在用户,实现变现。大数据技术还能发现新市场与新趋势,进而规避风险。

第五,应用商店和移动阅读终端的发展,也为网络文学作品向移动终端分发创造了条件。应用的英文为 application,指一种技术、系统或产品的使用。应用是一个很宽泛的概念,凡针对手机等移动终端而开发的应用都可以称为"移动应用"。应用商店的英文为 Application Store,简称 App Store,是专门分发移动应用的平台。④ 移动阅读应用则是移动应用中的一个类别,指可以在移动终端(以手机为主)中安装的阅读软件,如"QQ阅读""熊猫看书""书旗小说""起点读书"

---

① 3G 牌照发出 3 张 中国正式迈进 3G 时代[EB/OL]. (2009-01-08)[2021-03-15]. https://it. sohu. com/20090108/n261632903. shtml.

② 移动联通电信获得 4G 牌照 中国将正式进入 4G 时代[EB/OL]. (2013-12-05)[2021-03-15]. http://dl. sohu. com/20131205/n391296517. shtml.

③ 2019 年 6 月 6 日,中国 5G 时代有了一个更好的开始[EB/OL]. (2019-06-06)[2021-03-15]. https://baijiahao. baidu. com/s? id=1635584317041403705&wfr=spider&for=pc.

④ 李亭. 基于用户体验的智能手机 App 界面设计研究[D]. 太原:太原理工大学,2015.

"咪咕阅读""七猫免费小说"等,它又称"移动阅读终端"或"移动阅读 App",终端背后连接的主机端往往就是网络文学网站或网络文学分发平台。

此外,移动支付的成熟也促进网络文学发展。移动支付(即手机支付)是允许用户使用其移动终端对所消费的商品或服务进行账务支付的一种服务方式。当下移动支付方式主要有支付宝支付、微信支付以及网银支付等。

1.3.2 受众/用户量的增加和需求的变化

受众/用户决定"什么是被需要的"。近年来,网民大量增加。中国互联网络信息中心(China Internet Network Information Center,CNNIC)于每年 1 月和 7 月定期发布《中国互联网络发展状况统计报告》(简称"CNNIC 报告")。受到新型冠状病毒肺炎疫情影响,第 45~48 次报告的发布时间并不是在 1 月和 7 月,而是分别发布于 2020 年 4 月、2020 年 9 月、2021 年 2 月和 2021 年 8 月。CNNIC 报告分析显示,近年来中国网民特别是手机网民快速增长。表 1-1 是 2016—2021 年 CNNIC 报告对网民和手机网民规模的统计汇表。

表 1-1　　**2016—2021 年 CNNIC 报告对网民和手机网民规模的统计汇表**

CNNIC 报告届次	统计截止时间	网民规模(亿人)	手机网民规模(亿人)
第 38 次	2016 年 6 月	7.10	6.56
第 39 次	2016 年 12 月	7.31	6.95
第 40 次	2017 年 6 月	7.51	7.24
第 41 次	2017 年 12 月	7.72	7.53
第 42 次	2018 年 6 月	8.02	7.88
第 43 次	2018 年 12 月	8.29	8.17
第 44 次	2019 年 6 月	8.54	8.47
第 45 次	2020 年 3 月	9.04	8.97
第 46 次	2020 年 6 月	9.40	9.32
第 47 次	2020 年 12 月	9.89	9.86
第 48 次	2021 年 6 月	10.11	10.07

资料来源:CNNIC 报告。

表 1-1 显示,截至 2021 年 6 月,中国网民规模已达 10.11 亿人,其中手机网民规模达 10.07 亿人,且多年来一直持续增长。历年 CNNIC 报告还公布了网民的应用行为调查结果。第 48 次 CNNIC 报告对 2020 年 12 月和 2021 年 6 月各类互联网应用用户规模和网民使用率的统计结果如表 1-2 所示。

表 1-2 **2020 年 12 月和 2021 年 6 月各类互联网应用用户规模和网民使用率**

应用	2020 年 12 月		2021 年 6 月		
	用户规模（万人）	网民使用率（％）	用户规模（万人）	网民使用率（％）	用户规模增长率（％）
即时通信	98111	99.2	98330	97.3	0.2
网络视频（含短视频）	92677	93.7	94384	93.4	1.8
短视频	87335	88.3	88775	87.8	1.6
网络支付	85434	86.4	87221	86.3	2.1
网络购物	78241	79.1	81206	80.3	3.8
搜索引擎	76977	77.8	79544	78.7	3.3
网络新闻	74274	75.1	75987	75.2	2.3
网络音乐	65825	66.6	68098	67.4	3.5
网络直播	61685	62.4	63769	63.1	3.4
网络游戏	51793	52.4	50925	50.4	—1.7
网上外卖	41883	42.3	46859	46.4	11.9
网络文学	46013	46.5	46127	45.6	0.2
网约车	36528	36.9	39651	39.2	8.5
在线办公	34560	34.9	38065	37.7	10.1
在线旅行预订	34244	34.6	36655	36.3	7.0
在线教育	34171	34.6	32493	32.1	—4.9
在线医疗	21480	21.7	23933	23.7	11.4
互联网理财	16988	17.2	16623	16.4	—2.1

资料来源:第 48 次 CNNIC 报告①。

---

① 中国互联网信息中心.第 48 次中国互联网络发展状况统计报告[R/OL].(2021-09-15)[2021-09-15].http://www.cnnic.cn/hlwfzyj/hlwxzbg/hlwtjbg/202109/P020210915523670981527.pdf.

网民主要使用的互联网应用是即时通信、网络视频（含短视频）、短视频、网络支付、网络购物、搜索引擎、网络新闻、网络音乐、网络直播、网络游戏、网上外卖、网络文学等。其中，截至 2021 年 6 月，网络文学的网民使用率达到 45.6%，用户规模超过 4.6 亿人，而且用户规模呈现上升趋势。①

近年来，中国居民人均教育、文娱消费支出也保持良好增长形势，由 2009 年的 1473 元逐步攀升，截至 2014 年年底已达到 2569 元。② 支出水平的提高，用户数量和需求的增加，直接带动网络文学和泛娱乐产业的发展。《2018 年中国泛娱乐产业白皮书》指出，2017 年我国泛娱乐核心产业产值约为 5484 亿元，同比增长 32%，预计占数字经济的比重将会超过 1/5，成为我国数字经济的重要支柱和新经济发展的重要引擎。③

在 2020 年中国数字阅读云上大会发布的《2019 年度中国数字阅读白皮书》显示，截至 2019 年，中国数字阅读用户总量达到 4.7 亿人，人均电子书年接触量为近 15 本，接触 20 本以上电子书的用户达到 53.8%，每周阅读 3 次及以上的用户占比达 88%。《2019 年度中国数字阅读白皮书》同时指出，2019 年，中国数字阅读内容创作者规模继续扩大，已达到 929 万人。其中，年轻作者快速成长，"90 后"作者占比高达 58.8%。内容上，立体多样的现实主义题材更受用户欢迎，都市职场、青春校园、历史军事类网络原创内容受到热捧。改编上，在覆盖观众总数排前十位的电视剧中，文学 IP 改编作品占九席，成为影视剧本的最大内容源。④

《2020 中国网络文学蓝皮书》显示，2020 年，中国网络文学全年新增签约作品约 200 万部，其中，现实题材作品占 60% 以上。抗疫与医疗、脱贫致富、工业与服务业等创业题材，成为 2020 年现实题材的突破点。2020 年中国网络文学用户规模达 4.67 亿人，全网作品累计约 2800 万部，全国文学网站日均更新字数超过 1.5 亿，全年累计新增字数超过 500 亿。⑤

---

① 中国互联网信息中心. 第 48 次中国互联网络发展状况统计报告[R/OL]. (2021-09-15)[2021-09-15]. http://www.cnnic.cn/hlwfzyj/hlwxzbg/hlwtjbg/202109/P020210915523670981527.pdf.

② 数据：2015 年泛娱乐核心产业规模达 4229 亿[EB/OL]. (2016-03-18)[2021-03-15]. https://www.163.com/game/16/0318/16/BIF3CKBU00314K8I.html.

③ 2018 年中国泛娱乐市场发展情况分析[EB/OL]. (2018-05-17)[2021-03-15]. http://www.chyxx.com/industry/201805/641693.html.

④ 2019 年度中国数字阅读白皮书：中国数字阅读用户总量达 4.7 亿[EB/OL]. (2020-04-23)[2022-02-13]. http://www.xinhuanet.com/2020-04/23/c_1125896421.htm.

⑤ 《2020 中国网络文学蓝皮书》发布 现实题材作品占比过半[EB/OL]. (2021-05-26)[2021-05-26]. https://baijiahao.baidu.com/s? id=1700815276049759776&wfr=spider&for=pc.

1.3.3　相关政策/法规的出台

分析网络文学产业发展的时候,不可避免地要考虑国家颁布的相关网络出版和文化产业的政策和法规。表 1-3 所示是历年来我国政府部门颁布的网络出版主要相关政策和法规。

表 1-3　　　　　　　　　我国网络出版主要相关政策和法规

颁布时间	政策或法规	主要内容
1996 年 2 月	国务院颁布《中华人民共和国计算机信息网络国际联网管理暂行规定》	国家对国际联网实行统筹规划、统一标准、分级管理、促进发展的原则。加强对计算机信息网络国际联网的管理,保障国际计算机信息交流的健康发展
2000 年 9 月	国务院颁布《互联网信息服务管理办法》	国家对经营性互联网信息服务实行许可制度,对非经营性互联网信息服务实行备案制度。该法规还规定了互联网信息服务提供者不得制作、复制、发布、传播的内容
2001 年 12 月	国务院颁布《出版管理条例》	对报纸、期刊、图书、音像制品、电子出版物等的出版单位的设立,出版物的出版、印刷或者复制和发行、进口、监督与管理、保障及奖励等进行规制
2002 年 8 月	新闻出版总署和信息产业部联合发布《互联网出版管理暂行规定》	规定了负责监督管理全国互联网出版工作的机构、互联网出版的范围、进入规则,互联网出版机构的权利和义务,以及互联网出版不得刊载的内容等
2003 年 5 月	文化部发布《互联网文化管理暂行规定》	对互联网文化提出了更高的要求,除了规定互联网文化单位不能提供含有法律禁止内容的文化产品外,还列出了文化产品的评价判定标准
2005 年 4 月	国家版权局、信息产业部联合发布《互联网著作权行政保护办法》	规定了著作权行政管理部门对侵犯互联网信息服务活动中的信息网络传播权的行为实施处罚,以及著作权人的通知和互联网内容提供者的反通知应当包含的内容
2006 年 5 月	国务院发布《信息网络传播保护条例》	任何组织或者个人将他人的作品、表演、录音录像制品通过信息网络向公众传播,除法律、行政法规另有规定外,应当取得权利人许可,并支付报酬;未经权利人许可,不得故意删除或者改变

续表

颁布时间	政策或法规	主要内容
2009 年 9 月	国务院颁发《文化产业振兴规划》	做好发展重点文化产业等八个方面的工作,以出版发行、印刷复制、数字内容等产业为重点,积极发展纸质有声读物、电子书、手机报和网络出版物等新兴出版发行业态。还提出了相应政策措施和保障条件
2010 年 1 月	新闻出版总署印发《关于进一步推动新闻出版产业发展的指导意见》	提出"发展数字出版等非纸介质战略性新兴出版产业"的任务和"运用高新技术,促进新闻出版产业发展方式转变和结构调整"的措施。支持语言文字技术、声音技术等新闻出版产业支撑技术的发展和应用,不断提高新闻出版领域的科技含量和装备水平
2010 年 8 月	新闻出版总署发布《关于加快我国数字出版产业发展的若干意见》	明确了我国数字出版产业发展的总体目标:到"十二五"末,我国数字出版总产值力争达到新闻出版产业总产值的 25%,整体规模居于世界领先水平
2014 年 3 月	国务院颁发《关于推进文化创意和设计服务与相关产业融合发展的若干意见》	大力支持数字内容生产、传统媒介转型和媒介融合发展
2014 年 9 月	国家新闻出版广电总局发布《关于进一步落实网上境外影视剧管理有关规定的通知》	对引进剧实施"数量限制、内容要求、先审后播、统一登记"四项原则
2015 年 1 月	国家新闻出版广电总局印发《关于推动网络文学健康发展的指导意见》	提出了网络文学发展的指导思想,指出了发展目标及保障措施等,并强调加大政策扶持力度
2015 年 1 月	国务院印发《关于推广中国(上海)自由贸易试验区可复制改革试点经验的通知》	允许内外资企业从事游戏游艺设备生产和销售,经文化部门内容审核后面向国内市场销售

续表

颁布时间	政策或法规	主要内容
2015 年 5 月	文化部办公厅印发《2015年扶持成长型小微文化企业工作方案》	重点扶持演艺业、动漫业、游戏业、网络文化业、数字文化服务业等成长型小微文化企业;提升经营管理能力及品牌塑造营销水平;完善公共服务平台;鼓励金融创新、拓宽融资渠道
2015 年 6 月	国家新闻出版广电总局起草《互联网等信息网络传播视听节目管理办法(修订征求意见稿)》	征求意见稿规定,从事网络广播电视服务,应当取得国务院新闻出版广电行政部门颁发的"信息网络传播视听节目许可证",网络广播电视内容服务单位应配备专业节目审查人员
2015 年 7 月	国家版权局发布《关于责令网络音乐服务商停止未经授权传播音乐作品的通知》	责令网络音乐服务商停止未经授权传播音乐作品,并于 2015 年 7 月 31 日前将未经授权传播的音乐作品全部下架
2015 年 8 月	财政部、国家新闻出版广电总局印发《国家电影事业发展专项资金征收使用管理办法》	资助重点制片基地建设发展;奖励优秀国产影片制作、发行和放映;资助文化特色、艺术创新影片发行和放映
2015 年 9 月	国务院常务会议通过《中华人民共和国电影产业促进法(草案)》	降低市场准入门槛;鼓励企业、工商户和个人从事电影活动
2015 年 10 月	中共中央印发《关于繁荣发展社会主义文艺的意见》	明确提出大力发展网络文艺,推动网络文学等新兴文艺类型繁荣有序发展,促进传统文艺与网络文艺创新性融合,鼓励作家、艺术家积极运用网络创作传播优秀作品
2015 年 12 月	国家新闻出版广电总局发布《关于大力推进我国音乐产业发展的若干意见》	到"十三五"期末,整个音乐产业实现产值达 3000 亿元;实施项目带动战略,加大产业资金支持力度;推动《中华人民共和国著作权法》第三次修订,加强对音乐作品特别是数字音乐作品的版权保护
2016 年 2 月	国家新闻出版广电总局、工业和信息化部发布《网络出版服务管理规定》	对网络出版服务机构的设立、网络出版服务管理和监督管理、保障与奖励、法律责任等进行了规定
2017 年 2 月	国家版权局印发《版权工作"十三五"规划》	"十三五"时期要加大版权执法监管力度,加强对网络文学等重点领域的监测监管。把 App、网络云储存空间、网络销售平台等新型传播方式纳入版权有效监管范围

续表

颁布时间	政策或法规	主要内容
2017 年 6 月	国家新闻出版广电总局发布《网络文学出版服务单位社会效益评估试行办法》	明确提出对从事网络文学原创业务、提供网络文学阅读平台的网络文学出版服务单位进行社会效益评估考核。网络文学出版服务单位出版作品出现严重政治差错、社会影响恶劣，在平台首页或重点栏目推介导向有严重问题的作品，违反政治纪律和政治规矩等，社会效益评估实行"一票否决"，评估结果为不合格
2018 年 10 月	国务院办公厅印发《完善促进消费体制机制实施方案（2018—2020 年）》	在文化服务领域开展行政审批标准化试点。制定实施深化电影院线制改革方案，推动"互联网＋电影"业务创新，完善规范电影票网络销售及服务相关政策，促进点播影院业务规范发展。拓展数字影音、动漫游戏、网络文学等数字文化内容
2020 年 6 月	国家新闻出版署印发《关于进一步加强网络文学出版管理的通知》	要求网络文学出版单位建立健全内容审核机制，严格规范登载发布行为，定期开展社会效益评价考核，加强评奖推选活动管理，进一步规范市场秩序，加强网络文学出版队伍建设，切实履行属地管理职责
2020 年 11 月	第十三届全国人民代表大会常务委员会第二十三次会议《全国人民代表大会常务委员会关于修改〈中华人民共和国著作权法〉的决定》	此次修法增加了惩罚性赔偿制度，加大了对著作权侵权行为的惩治力度

20 世纪 90 年代以来，有关部门就开始出台互联网管理方面的法规。早期以规定及法规为主，强调监督、管理和保障等。2009 年 9 月，在国务院颁发《文化产业振兴规划》之后，政府对数字内容的政策支持力度加大。上述文件大体上包括以下几个方面的内容：①纲领性文件，指引产业方向，如《关于推动网络文学健康发展的指导意见》指出了发展目标及保障措施。②扶持性政策，如《2015 年扶持成长型小微文化企业工作方案》提出重点扶持演艺业、动漫业、游戏业、网络文化业、数字文化服务业等成长型小微文化企业。③管理性规章，如《互联网等信息网络传播视听节目管理办法（修订征求意见稿）》要求从事网络广播电视服务，应当取得"信息网络传播视听节目许可证"。④版权保护法律和政策，如《关于责令网络音乐服务商停止未经授权传播音乐作品的通知》要求未经授权传播的音乐作品下架；《中华人民共和国著作权法》第三次修订加大了对著作权侵权行为的惩治力度。

此外,2018 年,国家新闻出版广电总局组织机构进一步调整,根据《深化党和国家机构改革方案》,国家新闻出版广电总局不再保留。中央宣传部对外加挂国家新闻出版署(国家版权局)、国家电影局牌子,统一管理新闻出版和电影工作。其职责是拟订新闻出版业的管理政策并督促落实,管理新闻出版行政事务,统筹规划和指导协调新闻出版事业、产业发展,监督管理出版物内容和质量,监督管理印刷业,管理著作权,管理出版物进口等;管理电影行政事务,指导监管电影制片、发行、放映工作,组织对电影内容进行审查,指导协调全国性重大电影活动,承担对外合作制片、输入输出影片的国际合作交流等;同时,组建国家广播电视总局,拟订广播电视管理的政策措施并督促落实,统筹规划和指导协调广播电视事业、产业发展,推进广播电视领域的体制机制改革,监督管理、审查广播电视与网络视听节目内容和质量,负责广播电视节目的进口、收录和管理,协调推动广播电视领域走出去工作等。这一改动使其组织机构更适合媒介融合背景下数字内容产业的发展。①

数字出版标准也纷纷出台,例如 2016 年国家新闻出版广电总局、工业和信息化部发布的《网络出版服务管理规定》,2017 年国家新闻出版广电总局发布的《网络文学出版服务单位社会效益评估试行办法》,以及 2020 年国家新闻出版署印发的《关于进一步加强网络文学出版管理的通知》。

1.4 网络文学出版的发展历程

根据产业生命周期(industry life cycle)理论,一个产业的生命发展周期主要包括四个发展阶段:导入期(或幼稚期)、成长期、成熟期和衰退期。结合我国网络文学的发展状况,我们可将其发展历程分为导入期(1991—2004 年)、成长期(2004—2012 年)、成熟期(2012 年至今)。

1.4.1 网络文学的导入期(1991—2004 年)

从整个华语网络文学来看,在 1991 年,全球第一家中文电子期刊《华夏文摘》在北美创刊,而在该刊上发表的《奋斗与平等》就是目前所知的最早的一篇中

---

① 国家新闻出版署与广电总局今天同日挂牌[EB/OL]. (2018-04-16)[2021-03-15]. https://baijia-hao. baidu. com/s? id=1597876407304011270&wfr=spider&for=pc.

文网络小说。此后,1992 年 ACT 开设,ACT 即 alt. chinese. text 的缩写,这就是当时唯一采用中文的网络新闻组。1994 年中国加入国际互联网后,第一份中文网络纯文学刊物《新语丝》创办。

1997 年 12 月,美籍华人朱威廉创办"榕树下",中国文学期刊接入国际互联网。这一时期之于网络文学来说,应该是孕育种子的阶段。华语网络文学由海外学子的思乡情点燃,但这一阶段的网络文学传播范围极窄,即便很快从国外引入国内,却带有传统文学的影子。因此,当时的网络文学仅属于少数人,是一种高质量的"精英文学"。在这一时期,网络文学只是单纯的网络与文学的结合,相较于传统文学,只是载体不同,并未显现出其更多的有别于传统文学的特性。这一时期的文学网站很少。著名中文原创作品网"榕树下"在 1999 年之前,只是朱威廉创办的一个个人主页,1999 年 8 月,上海榕树下计算机有限公司才成立。

1998 年,中国台湾作家蔡智恒①以"痞子蔡"为网名发表的《第一次的亲密接触》在全国掀起了第一次网络文学冲击波,从而使网络文学走进大众视野,网络作者与读者群体逐渐形成,大众、草根成为网络文学的主要特征。网络文学低俗化的质疑声此起彼伏,但不容置疑的是,网络文学正在飞速成长。

网络文学成长的主要平台是论坛及网络文学网站。大批论坛和网络文学网站在这一时期成立,其中部分至今仍然活跃在网络上。"西祠胡同"始建于 1998年初春,是华语地区第一个大型综合社区网站;"天涯社区"创办于 1999 年 3 月;"西陆社区"创建于 1999 年 7 月;"红袖添香"创建于 1999 年 8 月;"幻剑书盟"创立于 2001 年 5 月;"潇湘书院"创建于 2001 年;"晋江文学城"创办于 2003 年;"天下书盟"开通于 2003 年 3 月;"逐浪网"成立于 2003 年 10 月;"小说阅读网"成立于 2004 年 5 月。

2001 年 11 月,起点中文网的前身玄幻文学协会(Chinese Magic Fantasy Union),由一批爱好玄幻写作的作者发起成立。2002 年 5 月,玄幻文学协会正式成立起点中文网。起点中文网是迄今国内最大的网络文学写作和阅读平台,先后隶属于盛大文学和阅文集团。起点中文网的创立是中国网络文学产业发展历史上的重要事件。

早在 2002 年,"榕树下"就开始大规模与出版社合作,出版了不少深受读者欢迎的青春文学图书,如慕容雪村的《成都,今夜请将我遗忘》、蔡智恒的《洛神红茶》、安妮宝贝的《告别薇安》、林长治的《沙僧日记》、今何在的《若星汉天空》等。

---

① 蔡智恒,网名痞子蔡,1969 年生。1998 年写下了《第一次的亲密接触》,掀起全球华语地区的痞子蔡热潮。其后,蔡智恒又先后推出了《香水》《爱尔兰咖啡》《夜玫瑰》等小说,也都深受欢迎。

这一时期又可进一步划分为论坛时期及网络文学网站初建时期。大约1998—2001年,文学论坛兴起并发展。而2001—2004年,网络文学网站大量涌现。这些网站的创立使网络文学创作变得有组织、有规则,为网络文学的创作者和读者搭建了一个稳定的沟通平台。

这一时期的网络文学网站竞争激烈,群雄逐鹿,小网站和以依靠盗版链接生存的网站也层出不穷。当时主要有五大网络文学网站——榕树下、红袖添香、清韵书院、幻剑书盟和起点中文网。这些网络文学网站呈现出六大优势:其一,在选题定位上,这些网络文学网站各具特色;其二,在栏目设置上,体裁多样化;其三,在稿件数量上,足以让传统出版机构骇然;其四,在作者群体上,数量可观且拥有各自的品牌写手;其五,庞大的读者群体;其六,优秀的网络原创作品走向线下出版。然而,尽管网络文学已经有所发展,这一时期仍属于导入期,有着一般产业在导入期的共同特征,即网络文学企业规模较小,对行业何去何从有着不同看法。

1.4.2　网络文学的成长期(2004—2012 年)

2004—2012年是我国网络文学的成长期。这一时期,资本进入网络文学市场,形成了网络文学的商业模式,产业集群逐渐形成,产业链日臻完善。

起点中文网是国内首家跻身世界百强的文学网站,至2003年前后,人气较高的起点中文网面临盈利困难。为了解决这个难题,起点中文网率先在2003年10月引入"VIP制度",开创了在线付费阅读模式,这是一个标志性事件。第二个标志性事件是上海盛大网络发展有限公司(简称"盛大")的介入。

VIP制度推出后不久,起点中文网遭遇了发展的瓶颈。商业化的进程需要一个强大的销售渠道的支撑和提供更多的辅助性服务。可是,当时的起点中文网,根本无法满足支撑起架设一条完善的销售渠道的资金需求。起点中文网面临两个选择:投资基金介入或者被收购。而当时,作为中国最大的在线游戏运营商的盛大,拥有一套可以铺设到全国近70％二级城市的销售推广渠道,并拥有将点卡卖到全国任意一个有电脑的地方的能力。双方在这种情况下一拍即合,2004年10月,盛大收购起点中文网,开始正式进军网络文学领域。2005年,起点中文网推出作者福利制度,主要是为了保障作者的创作足够维持自己的生计。2006年,作者品牌化的运作制度也开始萌芽,起点中文网推出"白金作家制度",之后越来越多的网络文学作者的作品也进入了一些畅销书榜单,并且排名越来越靠前,作者自身的知名度也得到了提升。2006年10月,天下霸唱的《鬼吹灯(盗墓者的经历)》开始在起点中文网发表。10年之后,《鬼吹灯》系列依旧具有强大的生命力,证明网络文学作品中蕴含着很多经得起时间考验的精品。

2004 年,盛大在收购起点中文网后,又于 2007 年 12 月收购晋江文学城,2008 年 7 月收购红袖添香。2008 年 7 月,盛大以起点中文网、晋江文学城和红袖添香 3 家文学网站为基础成立盛大文学有限公司。盛大(或盛大文学)收购网络文学网站时间见表1-4。

表 1-4 　　　　　　盛大(或盛大文学)收购网络文学网站时间表

时间	收购或投资的网站	备注
2004 年 10 月	起点中文网(http://www.qidian.com/)	网站排名① 第 1
2007 年 12 月	晋江文学城(http://www.jjwxc.net/)	网站排名第 5
2008 年 7 月	红袖添香(http://www.hongxiu.com/)	网站排名第 7
2009 年 12 月	榕树下(https://www.rongshuxia.com/)	网站排名第 10
2010 年 2 月	小说阅读网(http://www.readnovel.com/)	网站排名第 3
2010 年 3 月	言情小说吧(http://www.xs8.cn/)	网站排名第 5
2010 年 4 月	潇湘书院(http://www.xxsy.net/)	网站排名第 6
2010 年 8 月	天方听书网(http://www.tingbook.com/)	有声读物网站
2010 年 9 月	悦读网(http://www.zubunet.com/)	数字期刊阅读网站

如表 1-4 所示,从盛大(或盛大文学)收购网络文学网站的时间来看,起点中文网显然是盛大对网络文学经营的试水。随后,收购的步伐越来越快,特别是从 2009 年 12 月起,盛大文学在短短 5 个月内就收购了 4 家网络文学网站。从收购的质量来看,盛大文学收购的基本上是在文学类网站月均覆盖用户数统计排名前 10 的网站,虽然"榕树下"的排名比较靠后,但它的品牌美誉度和用户忠诚度却是享誉文学类网站的。盛大文学自 2010 年开始,还将数字期刊和有声读物纳入经营范围,借助天方听书网和悦读网的资源和技术开拓有声读物和数字期刊业务领域,战略布局听书和期刊业务。此外,盛大文学还拥有华文天下、中智博文和聚石文华三家图书策划出版公司。

---

① 此排名根据艾瑞咨询提供的该网站被收购前三个月的"文学类网站月均覆盖数统计排名"平均所得,其中"榕树下"的排名在被收购前 3 个月未进入前 10。而被收购后 2 个月在第 10 名,故综合其为第 10 名;起点中文网的排名上文已述及。

从 2008 年开始,盛大文学便与中国移动达成战略合作协议,共同开辟无线阅读市场。随着国内手机阅读市场需求逐渐扩大,盛大文学成为中国移动阅读基地最大的付费内容提供商。2010 年年度畅销榜前 10 的作品中,盛大文学的作品占 7 成。2010 年 3 月 10 日,盛大文学发布 OPOB(One Person One Book,一人一书)计划,计划发布定制的电纸屏阅读器 Bamboo,并打造云中书城,意图将盛大文学旗下的多家文学网站整合成一个平台,并与 Bamboo 绑定分销内容。

盛大文学的目的并不仅仅是建立付费阅读商业模式,在取得一定的基础后,盛大文学很快就开始实行版权运营,即为线下出版、电影、游戏、动画等提供有版权的内容。

这一时期,也可以叫作盛大文学时期,有着如下特点:①在此期间,由起点中文网创立的付费阅读模式完全确立。这种读者按章付钱阅读、作者与网站分成的模式大大刺激了网络原创作品的生产,并塑造了网络文学生产的主要形态,即连载发布、篇幅宏大、更新迅速。起点中文网的模式对网络文学的发展至关重要。① ②起点中文网作者数量和作品数量均居第一。③网络文学的全版权运营模式为盛大文学所提出,并初见成果。④网络文学产业的兼并风潮成为行业常态。⑤2010 年,网络文学的主流化初见成效,知名网文作者唐家三少、月关等加入中国作家协会。截至中国作家协会第九次全国代表大会召开时,一共有 8 位网络作家当选中国作家协会全国委员会委员,分别是唐家三少(代表作:《斗罗大陆》《绝世唐门》《光之子》)、天蚕土豆(代表作:《斗破苍穹》《武动乾坤》《大主宰》)、血红(代表作:《升龙道》《逆龙道》《邪风曲》)、蒋胜男(代表作:《芈月传》《凤霸九天》《铁血胭脂》)、耳根(代表作:《仙逆》《求魔》《我欲封天》)、天下尘埃(代表作:《风吹向何方》《浣紫袂》《苍灵渡》《咸雪》《囚心》)、阿菩(代表作:《山海经密码》《边戎》《东海屠》)、跳舞(代表作:《天王》《恶魔法则》《邪气凛然》《欲望空间》)。②

1.4.3　网络文学的成熟期(2012 年至今)

自 2012 年起,我国网络文学进入新的时代。第一,网络文学网站进入移动阅读时代。2012 年前后,各大网站的用户数量持续增长,移动用户比例大增。

---

① 邵燕君,周轶,肖映萱,等."大神"是怎样养成的——中国文学网站生产机制与粉丝文化考察[R]//陈圣来.上海文学发展报告(2015).北京:社会科学文献出版社,2015:222.

② 中国网络文学发展 20 年 改变作者构成和文学生态[EB/OL]. (2018-01-03)[2021-03-15]. http://media. people. com. cn/n1/2018/0103/c40606-29741605. html.

如表 1-5 所示,网络文学用户量和手机网络文学用户量分别将近占网民总量和手机网民总量的一半。CNNIC 报告从 2013 年起开始统计手机网络文学用户,说明移动用户在 2012—2013 年表现突出。从 2012 年至今,网络文学移动端阅读化趋势都十分明显。

表 1-5　　　　中国网络文学和手机网络文学的用户规模及使用率

报告届次及统计截止时间	网络文学用户规模(亿人)	网络文学使用率(%)	手机网络文学用户规模(亿人)	手机网络文学使用率(%)
第 32 次 CNNIC 报告,2012 年 12 月	2.33	41.4	—	—
第 33 次 CNNIC 报告,2013 年 12 月	2.74	44.4	2.02	40.5
第 34 次 CNNIC 报告,2014 年 6 月	2.89	45.8	2.22	42.1
第 35 次 CNNIC 报告,2014 年 12 月	2.94	45.3	2.02	40.5
第 36 次 CNNIC 报告,2015 年 6 月	2.85	42.6	2.49	42
第 37 次 CNNIC 报告,2015 年 12 月	2.97	43.1	2.49	41.8
第 38 次 CNNIC 报告,2016 年 6 月	3.08	43.3	2.81	42.8
第 39 次 CNNIC 报告,2016 年 12 月	3.33	45.6	3.04	43.7
第 40 次 CNNIC 报告,2017 年 6 月	3.53	46.9	3.27	45.1
第 41 次 CNNIC 报告,2017 年 12 月	3.78	48.9	3.44	45.6
第 42 次 CNNIC 报告,2018 年 6 月	4.06	50.6	3.81	48.3
第 43 次 CNNIC 报告,2018 年 12 月	4.32	52.1	4.10	50.2
第 44 次 CNNIC 报告,2019 年 6 月	4.55	53.2	4.35	51.4
第 45 次 CNNIC 报告,2020 年 3 月	4.55	50.4	4.52	50.5
第 46 次 CNNIC 报告,2020 年 6 月	4.67	49.7	—	—

续表

报告届次及统计截止时间	网络文学用户规模（亿人）	网络文学使用率（％）	手机网络文学用户规模（亿人）	手机网络文学使用率（％）
第 47 次 CNNIC 报告,2020 年 12 月	4.60	46.5	4.59	46.5
第 48 次 CNNIC 报告,2021 年 6 月	4.61	45.6	——	——

资料来源:第 32～48 次 CNNIC 报告①。

---

① 中国互联网信息中心. 第 32 次中国互联网络发展状况统计报告[R/OL]. (2013-07-17)[2021-09-15]. http://www.cnnic.cn/hlwfzyj/hlwxzbg/hlwtjbg/201307/P020130717505343100851.pdf.

中国互联网信息中心. 第 33 次中国互联网络发展状况统计报告[R/OL]. (2014-03-05)[2021-09-15]. http://www.cnnic.cn/hlwfzyj/hlwxzbg/hlwtjbg/201403/P020140305346585959798.pdf.

中国互联网信息中心. 第 34 次中国互联网络发展状况统计报告[R/OL]. (2014-07-21)[2021-09-15]. http://www.cnnic.cn/hlwfzyj/hlwxzbg/hlwtjbg/201407/P020140721507223212132.pdf.

中国互联网信息中心. 第 35 次中国互联网络发展状况统计报告[R/OL]. (2015-02-03)[2021-09-15]. http://www.cnnic.cn/hlwfzyj/hlwxzbg/hlwtjbg/201502/P020150203548852631921.pdf.

中国互联网信息中心. 第 36 次中国互联网络发展状况统计报告[R/OL]. (2015-07-22)[2021-09-15]. http://www.cnnic.cn/hlwfzyj/hlwxzbg/hlwtjbg/201507/P020150723549500667087.pdf.

中国互联网信息中心. 第 37 次中国互联网络发展状况统计报告[R/OL]. (2016-01-22)[2021-09-15]. http://www.cnnic.cn/hlwfzyj/hlwxzbg/hlwtjbg/201601/P020160122444930951954.pdf.

中国互联网信息中心. 第 38 次中国互联网络发展状况统计报告[R/OL]. (2016-08-03)[2021-09-15]. http://www.cnnic.cn/hlwfzyj/hlwxzbg/hlwtjbg/201608/P020160803367337470363.pdf.

中国互联网信息中心. 第 39 次中国互联网络发展状况统计报告[R/OL]. (2017-01-22)[2021-09-15]. http://www.cnnic.cn/hlwfzyj/hlwxzbg/hlwtjbg/201701/P020170123364672657408.pdf.

中国互联网信息中心. 第 40 次中国互联网络发展状况统计报告[R/OL]. (2017-08-03)[2021-09-15]. http://www.cnnic.cn/hlwfzyj/hlwxzbg/hlwtjbg/201708/P020170807351923262153.pdf.

中国互联网信息中心. 第 41 次中国互联网络发展状况统计报告[R/OL]. (2018-03-05)[2021-09-15]. http://www.cnnic.cn/hlwfzyj/hlwxzbg/hlwtjbg/201803/P020180305409870339136.pdf.

中国互联网信息中心. 第 42 次中国互联网络发展状况统计报告[R/OL]. (2018-08-20)[2021-09-15]. http://www.cnnic.cn/hlwfzyj/hlwxzbg/hlwtjbg/201808/P020180820630889299840.pdf.

中国互联网信息中心. 第 43 次中国互联网络发展状况统计报告[R/OL]. (2019-02-28)[2021-09-15]. http://www.cnnic.cn/hlwfzyj/hlwxzbg/hlwtjbg/201902/P020190318523029756345.pdf.

中国互联网信息中心. 第 44 次中国互联网络发展状况统计报告[R/OL]. (2019-08-30)[2021-09-15]. http://www.cnnic.cn/hlwfzyj/hlwxzbg/hlwtjbg/201908/P020190830356787490958.pdf.

中国互联网信息中心. 第 45 次中国互联网络发展状况统计报告[R/OL]. (2020-04-28)[2021-09-15]. http://www.cnnic.cn/hlwfzyj/hlwxzbg/hlwtjbg/202004/P020210205505603631479.pdf.

中国互联网信息中心. 第 46 次中国互联网络发展状况统计报告[R/OL]. (2020-09-29)[2021-09-15]. http://www.cnnic.cn/hlwfzyj/hlwxzbg/hlwtjbg/202009/P020210205509651950014.pdf.

中国互联网信息中心. 第 47 次中国互联网络发展状况统计报告[R/OL]. (2021-02-03)[2021-09-15]. http://www.cnnic.cn/hlwfzyj/hlwxzbg/hlwtjbg/202102/P020210203334633480104.pdf.

中国互联网信息中心. 第 48 次中国互联网络发展状况统计报告[R/OL]. (2021-09-15)[2021-09-15]. http://www.cnnic.cn/hlwfzyj/hlwxzbg/hlwtjbg/202109/P020210915523670981527.pdf.

第二,网络文学于 2012 年前后进入改编时代,网络文学商业模式愈来愈向对内容的深度、长线开发发展,并引进越来越多的跨界合作。从 20 世纪末到 21 世纪初,经过 10 余年的发展之后,网络文学的作品量大大增加、影响力大大提高。2011 年,网络小说掀起影视剧改编热潮,仅仅盛大文学就有超过 50 部小说的影视改编权被售出,[①]2011 年因之被称为网络文学的改编元年。[②] 此后,国内数字内容版权制度不断完善。在行业内部,各网络文学平台对于创作者的扶持力度不断加大。如阅文集团成立内容产业基金,从优质内容出版、内容方商业扶持、内容品牌传播和优秀青年作家创作扶持四个方面支持作者进行创作。阿里文学也与其影视部门共同宣布将为内容生产者提供包括平台、IP、宣传等资源在内的一站式服务。《2020 中国网络文学蓝皮书》显示,2020 年,网络文学产业进入转型升级发展新阶段,拉动下游文化产业总产值超过 1 万亿元。IP 改编热度不减,全年网络小说改编的影视剧目在 140 部左右,热度最高的网剧中,网络文学改编的比例达 60%,《大江大河 2》等现实题材改编作品引发观看热潮。网络文学国际传播成为新的增长点,累计向海外输出网络文学作品 10000 余部。[③]

第三,盛大文学淡出网络文学产业,BAT[④] 等互联网巨头进入网络文学领域。

2013 年 3 月,盛大文学在网络文学界的铁桶江山开始分裂,其旗下主要成员起点中文网的创始人吴文辉及其同伴,因"集团意志与具体业务公司自主发展之间的碰撞"而集体请辞,盛大文学的发展受到重大打击。吴文辉辞职后,百度和腾讯等互联网巨头向其抛出了橄榄枝。最终,吴文辉选择了腾讯。2013 年 4 月,腾讯宣布游戏转型覆盖文学等业务。2013 年 9 月 10 日,腾讯文学正式亮相。2015 年 1 月 26 日,腾讯宣布成立阅文集团。2015 年 3 月 16 日,失去起点中文网的盛大文学最终与腾讯文学合并。

与此同时,2014 年 11 月 27 日,百度文学宣布成立,它主要由纵横中文网、熊猫看书、百度书城等子品牌构成。2015 年 4 月 23 日,也就是世界读书日当天,阿里巴巴集团(简称"阿里巴巴")宣布推出阿里文学。腾讯、百度和阿里巴巴同一时期进入网络文学领域,形成 BAT 在网络文学领域竞争的局面。

然而,竞争并没有仅仅停留在互联网巨头之间。掌阅文学于 2015 年 4 月 28 日宣布成立,并宣布将投入 10 亿元进军网络文学领域。掌阅的优势在于品

---

① 艾瑞咨询《2015 年中国网络文学 IP 价值研究报告》。

② 舒晋瑜.邵燕君:中国网络文学发展的绘图人[N].中华读书报,2020-9-30.

③《2020 中国网络文学蓝皮书》发布 现实题材作品占比过半[EB/OL].(2021-05-26)[2021-05-26]. https://baijiahao.baidu.com/s? id=17008151467300737778&wfr=spider&for=pc.

④ BAT 是中国互联网公司百度(Baidu)、阿里巴巴(Alibaba)、腾讯(Tencent)三大巨头的首字母缩写。

牌,在多家行业权威调研报告中,掌阅 iReader 一直是占据国内移动阅读 App 市场份额最多的应用软件。2017 年,掌阅科技上市。

2015 年 1 月 15 日,中国移动宣布中国移动咪咕文化科技有限公司正式成立。2015 年 4 月 20 日,咪咕数字传媒有限公司(简称"咪咕数媒")运营启动,移动运营商正式介入网络原创内容的生产和运营。咪咕数媒对未来行业竞争格局的影响不容小觑。

此外,在网络文学产业中,还有老牌劲旅中文在线、晋江文学城、逐浪网等。虽然在行业中,阅文集团的份额远远高于其他公司,但腾讯面临的竞争格局仍然很激烈。

第四,"泛娱乐"的概念提出并得到发展。2011 年,腾讯副总裁程武提出以 IP 运作为核心的"泛娱乐"构想。这是"泛娱乐"概念在行业内首次被提出。2014 年 4 月,程武将"泛娱乐"概念刷新,定义为"基于互联网与移动互联网的多领域共生,打造明星 IP 的粉丝经济"①。同月,文化部发布《2013 中国网络游戏市场年度报告》,提到了"泛娱乐"概念。这是中央部委报告首次提及"泛娱乐"概念。② 2015 年成立的阅文集团,依托强大的互联网家底,打造以作家为核心的网络文学产业链,在盛大文学的基础上,网络文学的商业模式有所发展。2015 年,网络文学的阅读总产值在 70 亿元左右,而"泛娱乐"核心产业规模达 4229 亿元。③ 腾讯等公司在创建网络文学网站的同时,还搭建动漫、影业和游戏等平台。百度、阿里巴巴等紧随腾讯,加快向"泛娱乐"发展。2015 年,"泛娱乐"被业界公认为"互联网发展八大趋势之一"。2019 年,程武在 UP2018 腾讯新文创生态大会上表示,"要从泛娱乐升级为新文创。"④"新文创"是多年以来腾讯探讨"泛娱乐"理念并通过实践积累后的再一次升华。从泛娱乐到新文创的最大的变化是:从关注"粉丝经济",发展为关注产业价值和文化价值的良性循环和互相赋能。

第五,网络文学的主流化大见成效。截至 2021 年 6 月,网络文学用户已经

---

① 迈向泛娱乐 腾讯理工男程武的文艺战术[EB/OL]. (2015-11-21)[2022-03-16]. https://tech.ifeng.com/a/20151122/41510651_0.shtml.

② 新经济新前景:泛娱乐时代到来?[EB/OL]. (2018-04-11)[2021-03-15]. http://finance.people.com.cn/n1/2018/0411/c1004-29918760.html.

③ 观察|2015 年泛娱乐核心产业规模 4229 亿[EB/OL]. (2016-03-18)[2016-04-16]. http://www.sohu.com/a/64153488_114795.

④ 泛娱乐指的是什么? 2020 泛娱乐产业发展前景及趋势分析[EB/OL]. (2020-11-03)[2022-03-16]. https://www.chinairn.com/scfx/20201103/113536244.shtml.

达到 4.61 亿人①,不但形成了自己的商业模式,而且版权行销境外,改编成多种内容产品,影响民众的阅读兴趣,重构中国的作家队伍。

在教育和培训方面,2009 年,中国作家协会成立了"全国网络文学重点园地联席会"②,鲁迅文学院开始举办网络文学作家培训班。2017 年,江苏省作家协会、江苏省网络作家协会、三江学院联合创立了江苏省网络文学院,旨在在全国首开"网络文学编辑与写作"本科专业,促进网络文学人才的培养。③ 2017 年 11 月 22 日,"阅文集团·上海大学创意写作学科产学研合作"签约仪式在沪举行,中国网络文学第一个创意写作硕士点成立。④ 2020 年 10 月,中国社科院文学研究所网络文学研究室在北京成立。此次网络文学研究室的成立,是当下文学学科发展的现实需要,也是网络文学学科建设史上的一个大事件。⑤ 2020 年 11 月 20 日,阅文集团召开发布会,宣布成立"起点大学",致力于为行业持续输送创意写作人才,构建内容行业有生力量。阅文集团还发布"青年作家扶持计划",并将在未来投入亿元资金与资源,扶持青年作家的创作与发展。⑥ 2021 年 3 月,全国首家网络文学文科实验室落户浙江传媒学院,并于 2021 年面向全国招收网络文学与创意写作方向的本科生。⑦

在奖励和激励方面,2009 年,网络作家阿耐所著的《大江东去》成为第一部荣获中宣部"五个一工程奖"的网络小说。⑧ 鲁迅文学奖和茅盾文学奖相继于2010 年、2011 年对网络文学开放。2011 年起,中国作家协会开始吸收网络文学作家加入。种种迹象显示,网络文学开始走向主流化。2017 年 12 月 16 日,首届"茅盾文学新人奖·网络文学新人奖"颁发,颁奖典礼在茅盾的家乡浙江桐乡举行。获奖的 10 名作家包括骠骑、唐家三少、酒徒、子与 2、天下归元、天使奥斯卡、我吃西红柿、愤怒的香蕉、爱潜水的乌贼、希行。"矛盾文学新人奖·网络文

---

① 中国互联网信息中心.第 48 次中国互联网络发展状况统计报告[R/OL].(2021-09-15)[2021-09-15].http://www.cnnic.cn/hlwfzyj/hlwxzbg/hlwtjbg/202109/P020210915523670981527.pdf.

② 邵燕君,周轶,肖映萱,等."大神"是怎样养成的——中国文学网站生产机制与粉丝文化考察[R]//陈圣来.上海文学发展报告(2015).北京:社会科学文献出版社,2015:236-272.

③ 一代文学崛起:2017 年中国网络文学大事记[EB/OL].(2018-02-09)[2021-03-15].https://mp.weixin.qq.com/s/Mwv5qbnRkhn4RItCskZoGQ.

④ 同上.

⑤ 中国社科院文学研究所网络文学研究室成立[EB/OL].(2020-10-18)[2021-03-15].https://baijiahao.baidu.com/s? id=1680877984977623528&wfr=spider&for=pc.

⑥ 阅文集团公司简介[EB/OL].[2021-03-15].https://www.yuewen.com/about.html#brief.

⑦ 全国首家网络文学文科实验室落户浙江传媒学院[EB/OL].(2021-03-26)[2021-03-27].https://www.eol.cn/zhejiang/zhejiang_news/202103/t20210326_2089408.shtml.

⑧ 网络长篇小说《大江东去》喜获"五个一工程奖"[EB/OL].(2009-09-24)[2021-03-15].http://news.sohu.com/20090924/n266954919.shtml.

学新人奖"的设立,无疑肯定了网络文学的重要性,在鼓励新生代作家的同时,也在促进网络文学朝着精品化、健康化方向发展。①

"中国网络文学 20 年 20 部优秀作品"推选活动从 2018 年 1 月底开始筹备,2 月 25 日正式启动,3 月 28 日产生最终结果。2018 年 10 月 22 日,"上海网络文学周"在上海虹口北外滩的白玉兰广场开幕,这是上海首次举办网络文学周。"中国网络文学 20 年 20 部优秀作品"颁证仪式也在上海网络文学周开幕式上举办。获奖的 20 部作品分别是猫腻的《间客》、痞子蔡的《第一次的亲密接触》、今何在的《悟空传》、阿耐的《大江东去》、萧鼎的《诛仙》、辛夷坞的《致我们终将逝去的青春》、唐家三少的《斗罗大陆》、萧潜的《飘邈之旅》、桐华的《步步惊心》、酒徒的《家园》、金宇澄的《繁花》、月关的《回到明朝当王爷》、天下霸唱的《鬼吹灯》、wanglong 的《复兴之路》、天蚕土豆的《斗破苍穹》、血红的《巫神纪》、当年明月的《明朝那些事儿》、我吃西红柿的《盘龙》、蝴蝶蓝的《全职高手》及辰东的《神墓》。②

2019 年 3 月 29 日,上海网络文学职称颁证仪式在上海市作家协会大厅举行,刘炜(血红)、蔡骏、王小磊(骷髅精灵)、张书玉(府天)、王旻昇(君天)、李健(寒烈)、俞莹(九尾窈窕)、戎骋(再次等候)、丁凌滔(忘语)、唐华英(君枫苑)10人获得首批上海市文学创作系列网络文学专业中级职称。③

2020 年 8 月 7 日,由阅文集团旗下网络文学作品改编的电视剧《庆余年》,荣获第 26 届上海电视节白玉兰奖最佳编剧(改编)、最佳男配角两项大奖。④2020 年 12 月,在由中国作家协会网络文学中心、上海市作家协会、上海市虹口区委宣传部主办的第二届上海网络文学周期间,首届"天马文学奖"举行了颁奖仪式,血红《巫神纪》、齐橙《大国重工》、猫腻《择天记》、何常在《浩荡》、吉祥夜《写给鼹鼠先生的情书》5 部作品获奖,其中既有现实主义力作,也有彰显中国传统文化特质的玄幻题材作品。⑤

2021 年 5 月 19 日,第四届陕西青年文学奖颁奖典礼在神木大剧院举行。奖项类别设有网络文学奖,孙涛(惊蛰落月)的网络作品《那人那事》以脱贫攻坚

① 喜大普奔!10 名网络作家荣获第二届"茅盾文学新人奖"[EB/OL].(2017-12-01)[2021-03-15]. http://www.sohu.com/a/207972041_680597 .

② 首届上海网络文学周开幕,明年将颁网络文学奖"天马文学奖"[EB/OL].(2018-10-23)[2021-03-15].https://www.thepaper.cn/newsDetail_forward_2552776.

③ 上海网络文学职称颁证[EB/OL].(2019-03-29)[2021-03-15]. http://www.cnr.cn/shanghai/tt/20190329/t20190329_524560357.shtml.

④ 阅文 IP 改编剧《庆余年》斩获第 26 届白玉兰奖最佳编剧奖、最佳男配角奖[EB/OL].(2020-08-07)[2021-03-15].https://xw.qq.com/cmsid/20200807A0WSJV00?ADTAG=amp.

⑤ 首届天马文学奖颁发,网络文学何时等来自己的"茅奖"?[EB/OL].(2020-12-28)[2021-03-15].https://www.thepaper.cn/newsDetail_forward_10559182.

为主题,获得第四届陕西青年文学奖网络文学奖的主奖。①

在政府引导和推动方面,2014 年,"剑网行动"加大了对网络文学的规范力度,再次让人们感受到了意识形态强大的管束和规训力量,但同时也从另一个角度向人们暗示,网络似乎成为国家"主流文艺"的"主阵地"。②

2015 年 10 月,《中共中央关于繁荣发展社会主义文艺的意见》出台,该意见提出要"推动网络文学、网络音乐、网络剧、微电影、网络演出、网络动漫等新兴文艺类型繁荣有序发展"。

2017 年 6 月 26 日,国家新闻出版广电总局对外发布了《网络文学出版服务单位社会效益评估试行办法》,明确提出对从事网络文学原创业务、提供网络文学阅读平台的网络文学出版服务单位进行社会效益评估考核。2017 年 4 月 14 日,由中国作家协会、浙江省作家协会和杭州市文学艺术界联合会三方合作建立的"中国作协网络文学研究院"落户杭州,为全国网络文学作家和评论家研究网络文学提供了平台。③ 2017 年 8 月 11—13 日,中国"网络文学+"大会成功举办,该会由国家新闻出版广电总局、北京市人民政府指导,北京市委宣传部、北京市互联网信息办公室、北京市新闻出版广电局(北京市版权局)等单位主办,目标是把大会打造成为具有重要国际影响力的网络文学"前沿思想交流平台、政策信息发布平台、文艺精品展示平台、产业要素交易平台"。大会取得了众多成果,如发布《中国"网络文学+"大会北京倡议书》,公布 2017 年向读者推荐的 17 部优秀网络文学原创作品,启动大运河文化带网络文学作品征集活动,举行 8 部重量级 IP 作品现场签约仪式,为北京亦庄数字科技创意园揭牌等。④

2018 年 9 月 14—16 日,第二届中国"网络文学+"大会在北京举行。⑤ 这次决定筹建两大长效项目:一是建立网络文学样本库和数字内容资源库;二是设立网络文学发展基金。

2019 年 8 月 9—11 日,第三届中国"网络文学+"大会在北京亦创国际会展

① 我市 90 后作家荣获第四届陕西青年文学奖网络文学奖[EB/OL]. (2021-05-21)[2021-05-25]. http://www.yanan.gov.cn/xwzx/bmdtt/szx/451216.htm.

② 邵燕君,周轶,肖映萱,等. "大神"是怎样养成的——中国文学网站生产机制与粉丝文化考察[R]//陈圣来.上海文学发展报告(2015).北京:社会科学文献出版社,2015:236-272.

③ 一代文学崛起:2017 年中国网络文学大事记[EB/OL]. (2018-02-09)[2021-03-15]. https://mp.weixin.qq.com/s/Mwv5qbnRkhn4RItCskZoGQ.

④ 中国"网络文学+"大会新闻发布会在京举行. [EB/OL]. (2017-07-02)[2021-03-15]. http://game.people.com.cn/n1/2017/0702/c40130-29376961.html.

⑤ 第二届中国"网络文学+"大会在京启动[EB/OL]. (2018-07-08)[2021-03-15]. http://culture.people.com.cn/n1/2018/0708/c1013-30133357.html.

中心举办。① 大会围绕庆祝中华人民共和国成立 70 周年这条主线,搭建网络文学及相关行业的权威发布平台、行业交流平台、产品交易平台、成果展示平台、互动体验平台和宣传推广平台六大平台。大会贯穿抓导向、促融合、重体验三大理念,设置主线活动、开闭幕式、行业活动和互动体验活动四大板块。

2020 年 9 月 4—7 日,第四届中国"网络文学 +"大会在北京举行。大会以决胜全面小康、决战脱贫攻坚为主线,以"网映时代,文谱华章"为主题,着重展示网络文学依托时代发展,植根于民、创作为民的写作导向,引导更多网络文学作家致力于讲述中国故事、谱写时代美好篇章的精品化创作。② 2020 年 6 月,国家新闻出版署印发《关于进一步加强网络文学出版管理的通知》,规范网络文学行业秩序,推动网络文学繁荣健康发展。③

1.5 网络文学网站和网络文学商家举隅

1.5.1 阅文集团

(1)阅文集团的成立。

2013 年 9 月 10 日,腾讯文学正式系统登场,它是腾讯打造的一站式文学阅读平台,此举是为了抓住移动互联网和文学产业发展的新机遇。随后,腾讯文学继续以"全文学"战略进行整体布局,打造涵盖文学创作、阅读及"泛娱乐"开发的一体化平台。④

2014 年 4 月,腾讯互娱正式对外宣布,吴文辉担任腾讯文学首席执行官。2014 年 11 月初,早已与吴文辉形同陌路的起点中文网——上海玄霆娱乐信息科技有限公司——以"第三方作者"身份接入腾讯文学平台,一时引发腾讯收购

① 第三届中国"网络文学 +"大会在京举办[EB/OL]. (2019-08-11)[2021-03-15]. http://www. chinawriter. com. cn/n1/2019/0811/c403994-31287449. html.

② "网映时代·文谱华章"第四届中国"网络文学 +"大会在京举办[EB/OL]. (2020-09-04)[2021-03-15]. https://www. sohu. com/a/416497515_603687? sec=wd.

③ 国家新闻出版署关于进一步加强网络文学出版管理的通知[EB/OL]. (2020-06-18)[2021-03-15]. https://www. nppa. gov. cn/nppa/contents/279/74415. shtml.

④ 成立"溯源联合基金池" 腾讯文学发力影视改编[EB/OL]. (2013-09-09)[2021-03-15]. http://game. qq. com/webplat/info/news_version3/128/6561/6562/m4958/201309/224920. shtml.

盛大文学的猜测。2015 年 1 月 4 日,上海玄霆娱乐信息科技有限公司法定代表人变更为吴文辉,起点中文网重回吴文辉手中。①

2015 年 1 月 26 日,腾讯宣布成立阅文集团。2015 年 3 月 16 日,腾讯文学和盛大文学合并成立的新公司"阅文集团"正式登场。阅文集团推出的全文学平台包含"畅销图书"、男性原创文学网站"创世中文网"及女性原创文学网站"云起书院",三大平台主要负责内容输出,所有内容会在后台打通,并通过 PC 门户、无线门户、QQ 阅读、手机 QQ 阅读等渠道推向用户。②"畅销图书"平台向用户提供传统出版图书的数字阅读服务。

2017 年 4 月,阅文集团与亚马逊合作。亚马逊中国 Kindle 书店推出网络小说专区,这也是亚马逊第一次为网络小说建立单独的板块。2017 年 5 月,阅文集团海外门户"起点国际"正式上线,将内容渠道拓展至海外。③ 2017 年 11 月 8 日,阅文集团在港交所挂牌上市。④

2018 年 8 月,阅文集团发公告称,将以不超过 155 亿元的价格收购新丽传媒。收购完成后,新丽传媒将成为阅文集团的全资附属公司。⑤ 2018 年 9 月 12 日,阅文集团旗下全新女性阅读旗舰品牌"红袖读书"正式上线,标志着阅文女频战略升级。⑥ 2018 年 11 月 1 日,在腾讯全球合作伙伴大会"开放·共生"分论坛上,阅文集团发布了有声阅读品牌"阅文听书"。⑦ 2020 年 4 月,公司对管理团队进行调整,将继续巩固作家队伍、深化付费阅读。⑧

(2)阅文集团的结构。

阅文集团统一管理和运营原本属于盛大文学和腾讯文学旗下的起点中文

---

① 起点中文网法人变更为吴文辉 腾讯收购只待宣布[EB/OL]. (2015-01-19)[2021-03-15]. http://it. sohu. com/20150119/n407908369. shtml.

② 盛大文学要和腾讯文学合并,计划三到四年上市[EB/OL]. (2015-01-27)[2021-03-15]. https://www. thepaper. cn/newsDetail_forward_1298265.

③ 一代文学崛起:2017 年中国网络文学大事记 [EB/OL]. (2018-02-09)[2021-03-15]. https://mp. weixin. qq. com/s/Mwv5qbnRkhn4RItCskZoGQ.

④ 阅文集团上市首日高开约 63% 市值逾 800 亿港元[EB/OL]. (2017-11-08)[2021-03-15]. https://www. sohu. com/a/203019912_267106.

⑤ 阅文集团将以不超过 155 亿元人民币的价格收购新丽传媒[EB/OL]. (2018-08-13)[2021-03-15]. https://tech. qq. com/a/20180813/062547. htm.

⑥ 阅文发布全新女性阅读旗舰品牌"红袖读书"[EB/OL]. (2018-09-13)[2021-03-15]. http://www. cptoday. cn/news/detail/6295.

⑦ 直击|阅文推出有声阅读品牌"阅文听书"[EB/OL]. (2018-11-01)[2021-03-15]. https://tech. sina. com. cn/i/2018-11-01/doc-ifxeuwwt0243827. shtml.

⑧ 阅文集团新管理层首次发声:深化付费阅读,作家是最宝贵的财富[EB/OL]. (2020-04-30)[2021-03-15]. https://www. 163. com/dy/article/FBFVKTIT05129QAF. html.

网、创世中文网、潇湘书院、红袖添香、小说阅读网、云起书院、QQ 阅读、中智博文、华文天下等网络文学品牌。[①]

腾讯具有丰富的渠道资源,因此腾讯文学制订了"原创平台＋渠道分销"的发展策略。2013 年 12 月,腾讯文学与国内在线原创文学平台——17K 小说网达成战略合作协议,进一步扩大了内容资源储备。阅文集团机构框架如表 1-6 所示。

表 1-6　　　　　　　　　　　**阅文集团机构框架**[②]

网络文学网站	榕树下	创办于 1997 年,是国内历史最悠久的文学类网站
	红袖添香	创办于 1999 年 8 月,是女性文学网站
	潇湘书院	创建于 2001 年,是最早发展女生网络文学的网站之一
	起点中文网	创立于 2002 年 5 月,是国内最大的网络文学网站,起点中文网偏重男性文学。另有起点女生网,其前身是"起点女生频道"
	小说阅读网	成立于 2004 年 5 月
	言情小说吧	建立于 2005 年,隶属北京红袖添香科技发展有限公司,与红袖添香小说网两站互通
	云起书院	阅文集团旗下女性文学网站
	创世中文网	成立于 2013 年,偏重男性文学
	作家助手 App	起点中文网作家平台的手机客户端,专为作家们提供移动创作、互动交流、发布作品等多种服务,是阅文集团打造的一款移动创作应用,覆盖 Android、iOS 等主流操作系统
内容资源合作机构	传统出版社	与人民文学出版社、作家出版社、凤凰出版传媒集团、接力出版社、北京磨铁图书有限公司等合作,向用户提供图书的数字阅读服务
	合作网站	如与 17K 小说网等合作,进一步扩大了内容资源储备
音频听书平台	天方听书网	创建于 2004 年,国内领先的听书网站,网站内容涉及经济管理、中外文学、百科知识等
	懒人听书	由深圳市懒人在线科技有限公司运营的移动音频 App,公司成立于 2012 年,专注移动音频行业
	阅文听书	由阅文集团在 2018 年全新推出的有声阅读品牌,依托阅文集团强大的创作阵营、海量的内容储备、立体的运营渠道和领先的 IP 运营生态

---

① 腾讯文学和盛大文学合并 成立阅文集团[EB/OL]. (2015-03-16)[2021-03-15]. http://news. mydrivers.com/1/377/377417. htm.

② 本表于 2016 年 4 月 6 日根据阅文官网所列旗下成员名单制作而成。网络文学产业兼并、重组是常态,恐阅文集团旗下成员已经变化,而官网尚未更新。

发行渠道	QQ 阅读	阅文集团移动阅读 App
	手机 QQ 阅读	手机 QQ 中的一项功能
	起点读书	起点中文网移动阅读 App
	腾讯读书	腾讯文学图书频道,主营传统图书网络阅读
	悦读网	创建于 2005 年,为电子杂志阅读平台
	合作渠道	与咪咕阅读、多看等合作,进一步拓宽分销渠道
网络文学出海平台	起点国际(Webnovel)	起点国际将主要提供英文翻译作品阅读。支持用户通过 Facebook、Twitter 和 Google 账户进行注册和登录。起点国际已经上线了多部英文翻译作品,题材包括仙侠、玄幻、科幻、游戏等,如《全职高手》《最强弃少》等作品
	inkstone	inkstone 全球译者平台
影视公司	新丽传媒	主要从事电视剧、网络剧及电影的制作和发行。已制作大量不同类型电视剧、网络剧及电影,包括从阅文集团文学作品集获取大量选题
传统出版商	华文天下	全称是天津华文天下图书有限公司,成立于 2001 年
	聚石文华	创办于 2009 年,以图书策划及代理出版发行为主营业务
	中智博文	全称是中智博文图书有限公司,成立于 2003 年
IP 运营资源	内部机构	腾讯游戏、腾讯影视、腾讯动漫
	外部机构	三百家出版社、游戏商家、动漫商家和影视机构等
腾讯其他运营平台(有助于宣传和营销)	腾讯新闻	移动新闻聚合平台
	手机 QQ	月活跃用户 6 亿人的社交平台
	应用宝	App 分发平台
	手机腾讯	移动门户网站

(3)阅文集团的综合实力。

艾瑞咨询对 2015 年第 2 季度的网络文学核心企业综合竞争实力进行了排名,以"内容能力""渠道能力""运营资源"和"收入"四个方面为测评指标,具体测评结果见表 1-7。

表 1-7　　艾瑞咨询 2015 年第 2 季度网络文学核心企业竞争力分析①

一级纬度	二级纬度	权重	阅文集团	百度文学	中文在线	阿里文学
内容能力	网络文学内容积累	10%	★★★★★	★★★	★★★★	★★
	网络文学优秀作家积累	5%	★★★★★	★★★	★★★★	★★
	原创作家成长体系	5%	★★★★★	★★★★	★★★★★	★★
	出版文学内容积累	5%	★★★★★	★★★	★★★★★	★★★
	内容编辑团队能力	5%	★★★★★	★★★	★★★★★	★★
渠道能力	桌面端用户规模	10%	★★★★★	★★★	★★	★
	桌面端用户黏性	5%	★★★★	★★★	★★★	★
	移动用户规模	10%	★★★	★★★	★★	★★★
	移动用户黏性	5%	★★★☆	★★★★	★★★	★★★
	移动用户规模发展潜力	5%	★★★★	★★★★☆	★★	★★★★
	分发渠道合作	5%	★★★★	★★★	★★★★★	★★★★
运营资源	衍生开发经验	2%	★★★★	★★	★★★	★★★
	衍生开发能力	3%	★★★★	★★★	★★★	★★★
	社交关系资源	5%	★★★★★	★★★	★★	★★★★
	流量资源	5%	★★★★★	★★★★★	★★	★★★★★
	资金资源	5%	★★★★★	★★★★	★★★★	★★★★★
收入	收入规模	10%	★★★★★	★★★	★★	★
总得分			4.4	3.2	3.2	2.6

注:竞争力划分为五个等级。本表用★、☆表示竞争力达到的等级。其中,1 个★表示 1 个等级,1 个☆表示 0.5 个等级。

　　分析结果显示,阅文集团在内容能力、渠道能力、运营资源和收入四个方面的综合实力领先,百度文学在渠道能力上有优势,中文在线在内容能力上有较大优势,阿里文学在运营资源上有优势。

　　阅文集团营收增长驱动力共分为两个阶段:2017 年之前因公司充分利用腾讯渠道能力及大幅提高的自有平台运营能力,付费用户规模持续高增长,依靠在线阅读业务实现收入增长;2017 年开始,公司深耕 IP 全版权运营业务,发展 IP

① 本表来自艾瑞咨询《中国网络文学行业研究报告 2015Q2》。

授权的公司能力及业务,亦采用自主开发、并购、联合投资等方式快速夯实基础能力。

相关财报数据显示,2019 年阅文集团版权运营收入为 44.23 亿元,同比增加 341%,占公司总营收的 53%,首度超过在线业务收入,成为 2019 年阅文收入的基盘,表明阅文集团成功孵化了 IP 价值,进一步证实了阅文集团以"优质内容"为中心的多元变现战略获得了成效。[①]

(4)小结。

首先,腾讯阅文集团在网络文学行业市场份额排名第一,拥有 900 万作者,1390 万部作品,覆盖 200 多种内容品类,触达数亿用户,已成功输出《庆余年》《赘婿》《鬼吹灯》《盗墓笔记》《琅琊榜》《全职高手》《扶摇皇后》《将夜》等大量优秀网文 IP 改编的动漫、影视、游戏等多业态产品,[②]是国内最大的互联网阅读产业集团。

其次,阅文集团占据国内网络文学改编市场 90% 的市场份额。阅文集团已经有超过 10 亿元级别的改编电影票房纪录,多部总流水过亿元的改编游戏,1000 多万元的作品周边销售额,800 万册的实体书出版,700 万册的漫画销量。[③]

再次,阅文团队力量最雄厚。阅文集团员工总数超过 1200 人,拥有国内最多、最优的内容编辑,IP 运作、版权经营等行业人才。

最后,腾讯还是"泛娱乐"模式的提出者。阅文集团成立以来,大动作不断,但在商业模式设计上,依旧走盛大文学路线,采用付费阅读模式和版权运营模式,并辅以强大的社交平台——微信和 QQ,以及搭建的游戏、文学、动画、音频、影视等方面的垂直平台,打通其中各个环节,以求"腾讯泛娱乐模式"比盛大文学具有更光辉的前景。

1.5.2　百度文学

2013 年 12 月,百度以 1.915 亿元的价格从完美世界(北京)网络技术有限公司(以下简称"完美世界")手中买下纵横中文网,并着手整合百度多酷和此前购买的"熊猫看书"。2014 年 11 月 27 日,百度文学宣布成立,它主要由纵横中文网、熊猫看书、百度书城等子品牌构成。当时,百度凭借搜索引擎及海量用户

---

① 阅文集团:IP 点亮未来[EB/OL].(2021-03-24)[2021-03-24].https://baijiahao.baidu.com/s? id=1695074975578384282&wfr=spider&for=pc.

② 阅文集团_关于我们[EB/OL].[2021-03-15].https://www.yuewen.com/#&about.

③ 数据来自阅文集团宣传资料。

等优势,欲在网络文学领域与腾讯文学和盛大文学相争,形成三足鼎立的局面。[1][2] 但2015年1月,腾讯文学与盛大文学合并,成立阅文集团,百度文学在成立不久后就遇到严峻挑战。2016年6月,百度以10亿元的价格将百度文学卖给了完美世界,三年内,纵横中文网再度回到完美世界手中,但百度给自己仍留有两成股份。[3] 百度文学动荡再度说明网络文学产业的兼并、重组乃是常态。

纵横中文网建立于2008年9月,为北京幻想纵横网络技术有限公司(由北京完美时空投资,完美时空现已更名为完美世界)旗下的大型中文原创阅读网站。在盛大文学时代,纵横中文网是坚持与盛大文学诸多网站抗衡的网络文学网站之一。2013年12月,完美世界以1.915亿元的价格将纵横中文网卖给百度。2016年年底,完美世界完成对百度文学的收购,包括百度书城、熊猫看书和游戏影视等业务,以及纵横中文网。纵横中文网拥有"纵横中文""纵横动漫"等品牌。

百度书城于2014年5月10日正式上线。[4] 它是一款手机阅读软件,有移动客户端和页面站两大平台,书城拥有玄幻、武侠、言情、穿越等类型的精品原创小说,并具有云书架、语音朗读、Wi-Fi传书、仿真3D翻页、摇摇分享等多个贴心功能。

熊猫看书创建于2008年5月,系阅读应用软件。2015年,熊猫看书首创"阅读客户端+Html5网游"模式,读者可以一边看书,一边玩网络游戏,实现阅读的双重效益。

百度文学现已变更为纵横文学。天眼查数据显示,纵横文学的运营主体北京幻想纵横网络技术有限公司由百度控股,占股比例为53.56%,而完美世界是其第二大股东。[5] 在一次次的易主中,纵横文学错过了移动互联网浪潮带来的人口红利,加上对时机的错误判断,导致网络文学市场中越来越难看到纵横文学的身影了。而现在,网络文学的免费阅读模式兴起,纵横文学不仅要面对付费时代巨头形成的护城河,还要面对免费阅读带来的新的运作形式。随着免费阅读模式的兴起和IP泛娱乐运作的到来,网络文学的第二场战事已然到来,无论是

---

① 百度文学在北京正式成立 严歌苓刘心武出席[EB/OL].(2014-11-27)[2021-03-15]. https://www.chinanews.com/cul/2014/11-27/6823375.shtml.

② 百度文学成立 挖掘网络文学IP价值与腾讯争天下[EB/OL].(2014-11-28)[2021-03-15]. https://tech.ifeng.com/a/20141128/40883881_0.shtml.

③ 完美世界控股百度文学,为何3年后再吃"回头草"?[EB/OL].(2016-07-04)[2021-03-15]. https://www.thepaper.cn/newsDetail_forward_1493265.

④ 百度书城母亲节前低调上线 百度文学或将浮出水面[EB/OL].(2014-05-12)[2021-03-15]. https://3g.163.com/news/article/9S2DS6HN00923M2M.html.

⑤ 来自2021年10月股权变更前数据。

第一场战事还是第二场战事,核心都是内容。但是,纵横文学还处于因网络出版物内容违规而遭遇处罚的尴尬境地。在 2019 年,纵横文学的运营主体北京幻想纵横网络技术有限公司,3 次因内容违规被行政处罚,罚款累计 6.5 万元。①

总而言之,百度文学主要有下述特点:①已经形成了数字出版业的全面布局。除上述提到的平台外,百度还有在线百科全书"百度百科"。目前百度已经形成了以百度百科、百度文库、百度文学和百度阅读为框架的数字阅读布局。②倡导走正版运营路线,并探索建立作家经纪人制度,引导和推动文学作品精品化。③百度属于网络文学二线集团成员。根据艾瑞咨询对网络文学企业竞争力的分析,百度文学的主要优势在渠道能力和运营资源上,属于网络文学二线集团成员。② 但百度文学在网络文学方面起步较晚,转型的步伐也较为缓慢,与一线集团仍有较大差距。

1.5.3 中文在线

中文在线于 2000 年成立,为中国数字出版先驱。中文在线致力于精品阅读和网络文学阅读推广。在精品阅读方面,中文在线与超过 600 家出版机构合作,签约 2000 余位知名作家;在网络文学方面,中文在线凭借旗下的 17K 小说网、四月天小说网(17K 女频)、汤圆创作和书香中国在数字出版界占有一席之地。

在原创文学方面,中文在线以 17K 小说网最为引人瞩目。17K 小说网是集创作、阅读于一体的在线阅读网站,成立于 2006 年。17K 小说网拥有全国第一家专业的网络文学编辑训练营和第一家专业的作者培训机构"商业写作青训营"(现名"网文大学"),为网络文学行业培养了大量人才。2013 年,17K 小说网还与创世中文网就版权合作与开发、作者及编辑培养、版权保护等方面达成战略合作。2015 年,中文在线先后与新浪阅读、荣信达展开合作,在资源共享、产业链开发等多方面发挥优势。

在 2017 年的中国文化馆年会·文化艺术博览会上,中文在线多款数字文化产品惊艳亮相。中文在线推出的服务于全民阅读的云屏数字借阅机受到全球新闻媒体从业者的关注;蓝悦移动阅读平台方便移动终端用户使用数字服务,可以快速实现"政"能量数字内容覆盖区,使用移动设备连接服务端的自带 Wi-Fi 即可使用;有声读物也成为一种重要的阅读形式,中文在线新研发的 T520 评书机

---

① 纵横文学 2019 年考:IP 运营时代能否跟上三巨头的步伐?[EB/OL].(2020-02-18)[2021-03-15].https://baijiahao.baidu.com/s?id=1658867628737665724&wfr=spider&for=pc.

② 艾瑞咨询《中国网络文学行业季度报告 2015Q1》。

从看书到听书,全面提升了用户体验,以科技助力移动阅读。①

2019 年,中文在线继续深化 IP 业务,扩大内容优势。中文在线 S 级现实主义原创 IP 作品《冰上无双》入选 2019 年第三届中国"网络文学＋"大会年度十大影响力 IP;②《修罗武神》获 2019 中国网络文学海外传播排行榜最佳翻译奖;③ 2019 年 8 月 21 日,中文在线与"学习强国"学习平台在第九届中国数字出版博览会上签订数字内容资源合作协议,成为该平台重要数字内容资源合作伙伴之一。④

中文在线旗下 17K 小说网、四月天小说网于 2020 年联合推出了全新的福利体系,除了上架保障、全勤保障,还设置了多维度的奖励金制度;在作者签约模式上,推出"一键直签",让作者有更大选择权;同时,中文在线组建了业内一流的专业维权服务团队帮助作者维权;还推出"作家健康计划",为优秀作家购买商业保险等,让作者生活更有保障。⑤

2021 年 4 月 8 日,中文在线旗下新媒体原创内容网站万丈书城正式上线。中文在线打造新媒体内容创作平台万丈书城,以新媒体文助推网文行业,激活下沉市场,并对优秀作品同步进行 IP 轻衍生开发,带动网文行业形成正向循环,放大网文的商业价值与产业价值。此次新媒体原创内容网站万丈书城正式上线,成为中文在线又一内容策源地,是继四月天小说网作为"古风第一站"重磅焕新后,中文在线站群模式的又一重大举措。新媒体文具有渠道众多、用户覆盖面广的优势,作者的收入也会水涨船高,网文行业的用户规模得以借助微信等流量渠道实现扩容,万丈书城的上线也将助力阅读市场的多层次体系建设。⑥

总之,中文在线在经营模式上与阅文集团和盛大文学类似,以版权机构、网络作家为正版数字内容来源,向 PC 端及移动端提供数字阅读产品;通过版权衍生产品等方式提供数字内容增值服务。公司已经形成了"一种内容、多种媒体、

---

① 2017 中国文化馆年会 中文在线产品深受热捧［EB/OL］.（2017-11-30）［2021-03-15］. https://www. chineseall. com/p/55. html.

② 中文在线《冰上无双》入选中国"网络文学＋"大会年度十大影响力 IP［EB/OL］.（2019-09-05）［2021-03-15］. https://www. chineseall. com/p/282. html.

③《修罗武神》获 2019 中国网络文学海外传播排行榜最佳翻译奖［EB/OL］.（2020-10-12）［2021-03-15］. https://www. chineseall. com/p/314. html.

④ 中文在线成为"学习强国"学习平台数字内容资源合作伙伴［EB/OL］.（2019-09-05）［2021-03-15］. https://www. chineseall. com/p/284. html.

⑤ 中文在线董事长兼总裁童之磊:以人为本,赋能作者,共创精品［EB/OL］.（2020-10-12）［2021-03-15］. https://www. chineseall. com/p/313. html.

⑥ 瞄准 6 亿下沉市场 中文在线旗下万丈书城引爆新媒体文［EB/OL］.（2021-04-09）［2021-07-25］. https://www. chineseall. com/p/325. html.

同步出版"的全媒体出版模式。根据艾瑞咨询对网络文学企业竞争力的分析,中文在线在网络文学方面起步较早,其主要优势表现在内容资源上。①

1.5.4　阿里文学

2015 年 4 月 23 日,也就是世界读书日,阿里巴巴宣布推出阿里文学。阿里文学将整合书旗小说、UC 书城,组成阿里移动事业群移动阅读业务的主要部分。②③

书旗小说提供玄幻、武侠、原创、网游、都市、言情、历史、军事、科幻、恐怖、官场、穿越、重生等题材的小说,由成立于 2013 年 9 月的广州爱书旗信息技术有限公司经营。书旗小说 App 占有 12％的移动阅读市场份额。④ UC 书城是原创小说阅读网站,由 UC 优视科技有限公司经营。该公司于 2004 年创立,其产品 UC 浏览器作为移动承载端,日活跃用户已经突破 1 亿人。2014 年 6 月 11 日,阿里巴巴正式收购 UC,组建 UC 移动事业群。⑤ 阿里文学还拥有淘宝阅读、天猫图书等相关业务。

据媒体报道,阿里文学采取了与阅文集团不同的发展思路,即打造开放的版权政策。阿里文学并不企图掌控产业链的所有环节,而是希望与合作伙伴共担成本、共享收益,先把文学版权的价值做大。为此,阿里文学与湖北长江出版传媒集团有限公司(以下简称"长江出版传媒集团")、新浪阅读和塔读文学达成协议,在作者培养、作品定制出版,以及微博平台的作品互动传播,影视和游戏 IP 衍生等多方面进行合作,通过多平台曝光增加对作者的吸引力。⑥

---

① 来自艾瑞咨询《中国网络文学行业研究报告 2015Q2》。艾瑞咨询《中国网络文学行业研究报告 2015Q1》对网络文学企业竞争力分析结果为阅文集团全面领先,百度文学和中文在线为二线集团成员,表现出来的特征与 2015Q2 一致。艾瑞咨询《中国网络文学行业研究报告 2014Q4》对网络文学企业竞争力分析结果为阅文集团及盛大文学领先,掌阅渠道优势明显,百度文学和中文在线表现出来的特征与 2015 年一致。

② 阿里巴巴宣布成立阿里文学 网络文学或现 BAT 三足鼎立[EB/OL]. (2015-04-23)[2021-03-15]. http://tech.ifeng.com/a/20150423/41065656_0.shtml.

③ 无米下锅,阿里文学如何"烹饪"一场文学盛宴[EB/OL]. (2015-04-25)[2021-03-15]. http://36kr.com/p/1647120400385.

④ 同上。

⑤ 阿里巴巴全资"吃掉"UC 优视 创中国互联网最大并购[EB/OL]. (2014-06-12)[2021-03-15]. http://media.people.com.cn/n/2014/0612/c40606-25136779.html.

⑥ 阿里搅局网络文学开放版权 撼动腾讯霸主地位[EB/OL]. (2015-05-29)[2021-03-15]. https://www.sohu.com/a/16977398_123252.

2015年12月,阿里文学再推"光合计划",打造开放合作的IP衍生模式。为此,阿里文学布局阿里影业、咪咕阅读、北京电视艺术中心等,从网络小说的传播、IP培育及IP改编方面给予产业链上的合作伙伴以全面的支持。[1] 阿里文学IP衍生体系如表1-8所示。

表1-8 **阿里文学IP衍生体系**[2]

分类	项目			
阅读	UC书城	书旗小说	淘宝阅读	
影视	阿里影业	光纤传媒	华谊兄弟	
游戏	九游游戏平台			
资源	UC浏览器	神马搜索	新浪微博	PP助手

2016年6月,"阿里巴巴大文娱"板块正式成立,阿里文学作为专业纵队之一亮相该板块。阿里巴巴大文娱涵盖UC、优酷、土豆、阿里文学、阿里影业、阿里游戏、阿里音乐、数字娱乐事业部。[3]

2017年4月,阿里文学宣布进军网络大电影领域,联合优酷、阿里影业推出"HAO计划",共同投入10亿元资源赋能网络电影内容生产者。[4]

2019年,移动阅读市场进入全景生态流量时代,阿里文学与阅文集团、掌阅集团构成的文学市场三强格局较为稳定。[5]

2020年1月8日,阿里巴巴旗下数字阅读平台书旗小说在北京举行10周年庆典,发布"书旗宇宙""CP补贴"和"优质作者扶持"三大计划,分别投入1亿元资金,用于加强网络文学的内容生态建设。未来书旗小说将聚焦内容培育、大宣发、产品创新和IP衍生四大层面,依托阿里生态力量让好内容服务于广大读者,以更好地实现社会及商业价值。[6]

---

[1] 阿里文学推"光合计划"打造开放合作的IP衍生模式[EB/OL]. (2015-12-29)[2021-03-15]. http://tech. huanqiu. com/launch/2015-12/8283657. html.

[2] 艾瑞咨询《2016年中国网络文学行业研究报告》"核心企业分析"。

[3] 阿里宣布成立"大文娱"版块 俞永福全面负责领导和管理工作[EB/OL]. (2016-06-15)[2021-03-15]. https://tech. qq. com/a/20160615/048428. htm.

[4] 阿里文学宣布进军网络大电影 砸10亿启动"HAO"计划[EB/OL]. (2017-04-18)[2021-03-15]. https://news. mydrivers. com/1/528/528564. htm.

[5] 网文用户达4.1亿 阅文、掌阅、阿里文学三强格局稳定[EB/OL]. (2019-04-16)[2021-03-15]. https://baijiahao. baidu. com/s? id=16309696598378951176&wfr=spider&for=pc.

[6] 三亿资金投入 阿里书旗加速网文破圈速度[EB/OL]. (2020-01-09)[2021-03-15]. https://baijiahao. baidu. com/s? id=16552179331578031196&wfr=spider&for=pc.

阿里巴巴加入网络文学战局,鉴于其在互联网公司的巨头地位,一出场就受到关注,并推出开放产业链的模式,阿里文学定位为以阅读平台和 IP 联动平台为基础的综合型基础设施体系。在战略布局上,通过服务读者、作者及合作伙伴三方面助力文学产业升级。[①]

1.5.5　豆瓣阅读

(1)基本情况。

豆瓣由北京豆网科技有限公司运营,创立于 2005 年 3 月 6 日。该网站是一个以 Web 2.0 为基础的社交网站,以用户分享关于书籍、电影、音乐等作品信息的 UGC 内容著称。网站提供记录分享、发现推荐和会友交流三大服务功能,分别对应豆瓣导航的三大组成块——品味系统(读书、电影、音乐)、表达系统(我读、我看、我听)和交流系统(同城、小组、友邻)。[②] 自上线之日起,豆瓣以其独特气质,吸引了大量用户,截至 2013 年 9 月,豆瓣的注册用户数超过 7500 万,月独立访问用户数达 2 亿。[③] 豆瓣的核心用户群是具有良好教育背景的都市青年,包括白领及大学生。

豆瓣阅读是豆瓣推出的优秀数字作品的阅读、出版平台,提供个人作者原创作品和出版社精品电子书,2012 年 5 月 7 日上线,现有内容涵盖了小说、历史、科技、艺术与设计、生活等多种门类,定位是集短篇作品和图书于一体的综合平台。

(2)豆瓣阅读的主要栏目。

豆瓣阅读设立的栏目见表 1-9。

表 1-9　　　　　　　　　　　　**豆瓣阅读设立的栏目**

电子图书	以出版社、期刊社、音像出版社、网站、文化公司等为合作对象,提供者包括人民出版社、生活·读书·新知三联书店、北京大学出版社、百花洲文艺出版社、红旗出版社、南方出版传媒股份有限公司、财新网、《当代》杂志、果壳阅读、盛大文学·华技天下等。豆瓣还有直接和知名作者合作的经历,在王小波逝世 16 周年之际,豆瓣从其妻子李银河手中获得了王小波作品的大部分版权,在豆瓣阅读上线了《王小波全集》

① 中国网络文学用户规模达超 4 亿 阿里文学抢先布局 2.0 时代[EB/OL]. (2018-09-20)[2021-03-15]. https://finance.ifeng.com/c/7gM0N92Z1C6.

② 解密豆瓣运营全过程[EB/OL]. (2019-01-24)[2021-03-15]. http://www.duozhishidai.com/portal.php? mod=view&aid=37475.

③ 豆瓣注册用户超 7500 万,月度独立访客达 2 亿[EB/OL]. (2013-11-13)[2021-03-15]. http://www.ifanr.com/news/372844.

原创作品	个人作者可以在豆瓣上直接发布作品,内容、领域不限
专栏	"专栏"是就某个具体、明确、特定的主题进行的连续创作,内容可以结构紧密、系统完整,例如介绍个人理财方法的"如何跑赢CPI"①,介绍音乐制作经验的"如何用电脑制作音乐二十课",探讨、介绍化妆心得的"上班族化妆进修班";也可以是松散的关于某个主题的漫谈随笔,如谈论美食、情感、旅行,但专栏不是漫无目的的私人日记
连载	"连载"的主要内容是持续创作中的长篇小说,可以是青春、推理、科幻、武侠、童话、职场、通俗历史等题材的类型小说,回忆录等纪实文学也同样受欢迎。连载完稿后的作品篇幅应在十万字以上
同文馆	"同文馆"与清代的译员学堂和翻译出版机构同名。这是一个面向所有译者的长期翻译项目,旨在通过深挖、细读、精译,将优质的外文内容以电子书的形式与大家分享。豆瓣不断引进获得正式授权的出色外文作品或图书,招募译者进行翻译。在同文馆的主页上,显示着待翻译、在翻译和已翻译三种作品。众包翻译是豆瓣同文馆采用的基本形式

另外,豆瓣还于2012年1月19日推出了豆瓣阅读终端,目前豆瓣阅读已覆盖电脑、平板、手机等各类阅读终端。

2018年1月,豆瓣阅读宣布从豆瓣集团分拆,并完成6000万人民币的A轮融资,投资方为柠萌影业。融资之后,豆瓣阅读将致力于建设完整的作者服务体系,改善多平台产品体验,探索文学写作的新体裁,吸引更多的对类型小说感兴趣的年轻读者。②

2020年11月,豆瓣读书推进反水军机制,通过加大人工审核力度,并结合技术手段,对异常的"养号"用户进行了处理。垃圾数据被清除的同时,这部分用户也会被永久标记,其评分、评论将被视作无效内容处理。

(3)作家服务。

在豆瓣阅读的自助出版平台上,所有人都可以申请成为作者或译者。豆瓣阅读要求在申请时附上自己的作品,通过审核即表示申请成功。成为签约作者后,作者可根据豆瓣排版系统的提示,按步骤提交作品。豆瓣阅读有审稿制度,提交的作品必须由编辑审核,一般审核时间为一个月,通过审核的作品即可在豆瓣阅读的平台上架销售。

---

① CPI:consumer price index,消费者价格指数。
② 继续深入文学领域 豆瓣阅读完成6000万人民币A轮融资[EB/OL].(2018-01-23)[2021-03-15]. https://baijiahao.baidu.com/s? id=15903522135534168148&wfr=spider&for=pc.

在豆瓣阅读出版平台上,"短作品"受到鼓励,短作品的内容涵盖科幻、推理、哲学、艺术、美食、手工、旅行、摄影等,体裁包括随笔、散文、小说、诗歌、文论、剧本,作品一般限定为 3 万～5 万字的中篇或组合而成的短篇作品合集,启用统一的 1.99 元的定价模式。长篇作品则采用多级定价模式,由作者自由定价。

通过豆瓣阅读销售所得由豆瓣阅读和作者进行三七分成,豆瓣阅读获得三成收入,作者获得七成收入,豆瓣阅读按月通过作者绑定的支付宝账号将钱汇进作者账户。

(4)小结。

①豆瓣阅读的特色在于致力于探索对原生作品的质量控制,平台在一定程度上引入了传统的编辑加工制度,但其效果怎样,还有待进一步观察。②豆瓣阅读书评机制完善。2013 年 9 月 27 日,豆瓣阅读 Web 版互动批注功能正式上线,手机及平板端豆瓣阅读的批注功能随后也相继更新。不仅读者的评论会被永久地保留在图书内部的相应位置,豆瓣还专门开辟了一个专门展示数字阅读评论的板块,实时播出读者评论,评论完全按照时间顺序排列,类似于 QQ 空间和微博。豆瓣本身就是以书评、影评起家,大家熟悉的豆瓣读书早在 2005 年就已经上线,凭借强大的检索功能和大量聚集的书评,成为国内信息最全、用户数量最大且最为活跃的读书网站。③豆瓣阅读风格不同于大多网络文学网站,其作品不但包括小说,也涵盖其他大众出版领域的作品。总的来说,豆瓣阅读比较"文艺",是文艺青年的聚集地。

1.5.6 磨铁中文网

(1)磨铁集团的基本情况。

北京磨铁文化集团股份有限公司(简称"磨铁集团")的特色在于它是国内传统文学出版机构中较早进军网络文学业务的,它的数字化转型比较成功。磨铁集团成立于 2007 年,是国内规模较大的大众类民营图书公司之一。磨铁集团年平均策划与发行图书 600 余种,市场动销品种数 4000 余种。2015 年,图书净发行码洋近 10 亿元,图书销售收入近 4 亿元。

作为优秀的出版机构,磨铁集团拥有许多发展成熟的产品线,也是因为这些优质作品而获得了良好的口碑。磨铁集团的产品线主要有 6 条:小说类图书、黑天鹅财经类图书、漫画类图书、社科人文图书、历史类图书、心灵自助类图书。磨铁集团秉承"文化人做文化事"的宗旨,注重建设高品质的特色文学品牌。比如磨铁集团旗下的《超好看》杂志,主编是当时凭借《盗墓笔记》红极一时的南派三叔,他以自己的独特写作风格吸引了一大批"盗墓书迷"。磨铁集团抓住机会,利用《超好看》杂志,将南派三叔的粉丝群转换为磨铁粉丝群,在这个基础上建立磨铁品牌。另外,磨铁集团延续其一贯的作风,抓住一个热卖的产品就绝不轻易放手,沿着这种发展方向继续开发同类优质书籍。例如,出版《明朝那些事儿》给磨铁集团带来巨大影响,磨铁集团因此作品而抓住了历史类图书市场发展的机遇,相继推出袁腾飞《历史是个什么玩意儿》系列等图书。

总之,磨铁集团经过几年的经营,已经具备下述特点:①大众出版界的品牌出版机构;②内容产品有一定的特色;③骨干中有《盗墓笔记》的作者南派三叔这样的知名网络作家。

(2)磨铁中文网的网络文学业务。

磨铁集团于 2011 年投资成立了以互联网图书出版为主业的北京磨铁数盟信息技术有限公司(简称"磨铁数盟")。磨铁中文网是磨铁数盟旗下的社交化阅读平台群,其数字出版模式为"网络文学模式",其经营措施见表 1-10。

表 1-10 磨铁中文网经营措施

与作者签约	磨铁中文网与作者之间的合作是双向的,不管是作者自行投稿还是磨铁中文网约稿,当双方就相关条件达成一致时则进行签约。磨铁中文网采用阶层签约的形式,即按费用高低、更新速度快慢、作者文字功底高低等因素将作品分为 S 级、A 级、B 级、C 级、D 级,等级不同,待遇(磨铁中文网对作者稿费之外的奖励)也有明显的区别
付费阅读	作品发布初期一般是免费,当有一定数量的读者关注作品的时候,磨铁中文网会与作者协商对作品章节进行加 V 处理(设置为 VIP 章节),即读者需要付费才能阅读之后的章节
选稿出书	读者反响较好的作品会通过编辑进一步筛选,优秀作品则有机会出版成书
跨媒体发布	通过网络原创首发、吸纳知名作家、与出版社一体化流程等形式建立社交化的数字出版平台;结合新媒体发展,把移动终端作为介质进行跨媒体出版
社交化运营	磨铁中文网通过把握网络原创作品和图书作品的核心基础,推出了小组、微博、小站等重点明星产品。其中,用户能够根据自身喜好对小站布局、背景等进行个性化的设计。小站有佣金制度,这个制度能够帮助普通用户实现自己的开站梦,通过小站,用户可以打造一个品牌,利用自身优势组建商队

尽管当下网络文学市场有 BAT 等公司的激烈角逐,但作为一家民营图书公司旗下的数字出版平台,磨铁中文网有自身的特色:

①磨铁中文网有一种文化人独有的出版情怀,拥有许多独特的支持文化事业的人脉、资源和渠道。

②机制灵活,决策快,效率高,在运作市场时,也能比较及时地得到反馈。

③作为磨铁集团旗下的数字出版平台，已经拥有了相应的发展规模，也有较为充裕的资本支持以及规范的公司管理，且具有系统性的图书生产能力，能够保证持续产出。

④嗅觉好，市场的灵敏度高，研发策划的能力比较强，勇于探索创造顺应时代发展的新出版风潮。能一直跟随时代脚步发展，善于在电视、网络等新领域发掘新作者、新作品。

除了磨铁集团外，还有湖北今古传奇杂志社、长江传媒集团等采用类似道路做转型探索。传奇中文网是今古传奇旗下原创阅读品牌，也是湖北省政府大力支持的"数字出版"重点项目。网站引进网络文学的作者福利制度和付费阅读模式。在发行渠道方面，网站与微信、App、WAP端形成密集的数字阅读矩阵，力图打造引领湖北网络文学创作、版权聚合和分发的重点平台。[①] 上市公司长江出版传媒集团则投资建设长江中文网原创小说网站，以期构建在线阅读、移动阅读、实体出版、动漫、影视等多种形态的文化产品、立体化版权输出的完整生态产业链。[②]

---

① 传奇中文网简介[EB/OL].[2021-03-15].http://www.cqzww.com/docs/about.html.

② 长江中文网简介.[EB/OL].(2016-06-15)[2021-03-15].http://www.cjzww.com/about/about.html.

2 中国网络文学业务运作原理

第1章阐述了网络文学出版的相关概念及网络文学生产与传播平台的主要类型,介绍了网络文学出版的发展背景及发展历程。本章将阐述我国网络文学业务运作原理。下面主要以我国网络文学制度的奠基者——起点中文网为例进行探讨。

2.1 网络文学网站栏目的设计

网站是一种沟通工具,人们可以通过网站来发布自己想要公开的信息,或者利用网站来获取相关的网络服务。文学网站栏目的设立本质上是为了展示文学内容,它既是一种发布平台,又是一种营销手段。国内网络文学经过二十余年的发展,已经形成比较固定的模块结构。通过这些模块,作家和读者都能获得自己需要的服务。

起点中文网是阅文集团旗下的国内大型网络文学网站,长期致力于网络文学作者的挖掘与培养工作,开创了在线收费阅读新模式,是网络文学制度的创建者,所以以起点中文网为例具有典型性和代表性。目前起点中文网与起点女生网、创世中文网、云起书院共同组成了阅文集团旗下网站合集,这四个网站置顶页均可相互跳转。同时,起点中文网开设了专属客户端,用户在移动设备上也可以登录进行阅读。起点中文网发展历程悠久,无论是面对读者还是面对作家,其网页功能设计都最为全面和合理。随着移动端阅读的兴起,网络文学网站的流量在不断减少,网站的功能基本保持原样,不再进行过多的优化设计,功能开发重点转移到了移动端。但移动端的功能设计原理基本也源于网站的功能设计,因而我们还是以网站的发展情况为例来进行介绍和分析,具体如下。

第一,为突出作品推荐、引导和宣传功能,起点中文网包含大量推荐栏目及榜单栏目。推荐栏目包括三江·网文新风、编辑推荐、本周强推、热门作品、新书推荐等。起点中文网榜单栏目以读者选择为导向,反映市场需求。主要榜单有月票榜、畅销榜、阅读指数榜、签约作者新书榜等。

第二,"作品分类"在起点中文网占有非常突出的位置。起点中文网主要分为男生、女生和出版三个频道,其中男生频道有十四个门类的作品,女生频道有十一个门类的作品,出版频道有七个门类的作品,除女生频道会单独跳转页面之外,其余类目之下直接显示该类作品的数量。点击类目,可进入分类频道。各频道主页有简单的二级分类,仍有类似网站主页的各类推荐栏目和榜单,以及公告动态等。

第三,为突出整体展示功能,起点中文网设计有全部作品、完本和免费等频道,为具有不同需求的读者提供不同选择。其中,完本是已完结的书籍汇总,免费又分限时免费和免费作品。完本频道和全部作品频道又可以按照分类、属性、字数、人气排序、更新时间等菜单选书。

第四,搜书和标签等模块也占有重要位置,用户通过它们可以直接找到需要的信息。其中,通过搜书,用户可以获得命中目标菜单,然后根据分类、属性、人气排序、更新时间等选择图书。

第五,起点中文网还容纳有一些其他信息,如作者专区、页游频道、手游频道及公告和报道等。

以下就最主要的推荐、榜单、分类、智能推荐做详细说明。

2.1.1　推荐模块

起点中文网的各种"推荐"一般由编辑小组或文学网站的某一机构负责。"推荐"是一种制度,体现了网站对作品的筛选和推介。其中一些"推荐"针对新晋作者和作品,另一些针对优秀作品和热门作品。"推荐"出现的位置不同,时间不一,则推荐的效果不同。编辑根据作者和作品的具体情况,安排各种推荐。

目前,根据起点中文网旧版网站①,起点中文网的常规推荐一共有 22 种,分别是首页上的强推、封推、VIP 封推、三江推、三江封推、首页分类封推、广告推、VIP 强推、今日关注、关注同好、重磅推、名家名作、全本推,分类页上的分类强推、分类重点推、二级分类封推、分类关注推、分类完本、分类主打,以及末页推、VIP 封推、书屋推,在同一时间,全站总计有常规推荐位置 977 个。各种推荐的具体情况如下。

(1)强推(即"本周强推"):位置在首页,上榜时间为一周,推荐强度为四星

---

① 起点中文网在 2016 年 6 月上线新版网页测试,本节这部分内容根据旧版网站写出。但新版网页基本功能仍然与旧版网页一致,推荐和榜单设置趋于简单化,位置有所变化。

半。按照规定,强推作品在推荐一周后,会自动进入"上周强推"榜;一部作品至多只能上一次"本周强推"榜,只有少数优秀作品才能上"本周强推"榜。每周的强推作品都是同时期最"强"的 17 本书;一般是未上架作品,在上架前一周强推。起点中文网强推页面如图 2-1 所示。

本周强推

「历史」红楼长随	秦腔楚狂夫
「都市」在下壶中仙 HOT	海底漫步者
「轻小说」茶味恋爱日常	雪满长安L
「都市」我要做港岛豪门	我是阿斗不
「都市」从古装悬疑剧…	非凡的普通
「科幻」混在影视世界…	问心万古
「轻小说」穿越世界的…	杀道剑
「轻小说」网王之从呼…	南柯o1
「轻小说」种菜骷髅的…	情终流水
「玄幻」诡秘:从阅读…	名火速返
「仙侠」在神话世界当…	双洄
「仙侠」顶级气运,悄… HOT	任我笑
「科幻」面壁者:谁都…	政泓
「游戏」休闲玩家能有…	果味喵
「仙侠」我在秋斩刑场… HOT	污门说书人
「仙侠」天庭签到,终…	岳不懂
「体育」NBA之开局抽…	会发光的金

图 2-1　起点中文网强推页面

（2）封推（即封推栏上的"热点"）:位置在首页第一屏中间,上榜时间为 48 小时,推荐强度为五星。只有极少数优秀的上架作品才能得到封推;一部够资格的作品一般只有一次封推机会,只有极少数特别优秀的作品才有第二次封推机会;白金作者可以有两次以上封推机会,并且是大封推（封推位置平时推荐 4 部作品,遇到白金封推时,只推荐 1 部）;普通作品如果遇到白金封推,推荐将会被隔成前后两次,每次 24 小时;封推不由小组编辑决定。起点中文网封推页面如图 2-2 所示。

图2-2 起点中文网封推页面

（3）VIP封推：位置和封推位置相同，但需要点击推荐上方的"VIP"字样才能显示。上榜时间为一周，推荐强度为三星半。这个位置其实是多个推荐并存的，包括"热点""三江""女频""VIP"等。默认显示的是"热点"封推，因此热点封推效果最好。热点封推为期两天，三江和VIP封推为期一周。

（4）三江推（即"三江推荐"）：位置在首页第二屏左侧，上榜时间为一周，推荐强度为三星。作品在上榜一周后，会自动进入"上周三江"榜；三江推荐不由小组编辑决定；三江推荐一般不安排上架作品；三江推荐不限于完结作品，未成作品也能申请，推荐主体是作者。

（5）三江封推：位置和封推位置相同，但需要点击推荐上方的"三江"字样才能显示。上榜时间为一周，推荐强度为四星。三江封推每周推荐两部作品，是当周三江推荐的15部作品中的优秀作品；三江封推的位置和VIP封推相同，效果也是一样的，但三江封推的作品会同时上三江推荐，两处"推荐"结合起来，效果更强。

（6）首页分类封推和广告推：位置在首页第三屏中间，有玄幻奇幻、武侠仙侠、都市言情、历史军事、游戏竞技、科幻灵异六大类作品。每类上方有封面和三行文字简介的是首页分类封推，下方四条文字介绍的是广告推。上榜时间为一周，首页分类封推的推荐强度为四星，广告推的推荐强度为三星。

（7）VIP强推（即"VIP小说作品推荐"）：位置在首页第三屏左侧，上榜时间为一周，推荐强度为二星。只有上架作品才能上该推荐。

（8）今日关注（即"热门作品精选"）：位置在首页第二屏中间靠下，在首页分类封推的上方。上榜时间为48小时，推荐强度为四星。只有非常优秀的作品才能入选，要求比封推更高；推荐效果虽然不弱，但期限只有两天。

（9）关注同好：与今日关注在同一个位置，但需要点击上方的"同好作品"才能显示。上榜时间为 48 小时，推荐强度为一星半。该位置推荐的作品并不是随意安排的，而是根据当前的今日关注推荐作品而定，与被推荐作品有相似点。

（10）重磅推（即"重磅推荐"）：位置在首页第二屏右上，在封推的下方。上榜时间为一周，推荐强度为三星半，确切地说，推荐强度介于三星和三星半之间。

（11）名家名作：位置在首页第四屏中间，上榜时间为两周，推荐强度为二星半。非常优秀的作品才能上该推荐。

（12）全本推（即"全本精品"）：位置在首页第四屏中间，上榜时间为两周，推荐强度为二星半。非常优秀的完本 VIP 作品才能上该推荐。

（13）分类强推：位置在各分类频道第一屏左侧，以及每一部同类型作品页面的右侧，上榜时间为一周，推荐强度为二星半。分类强推作品在推荐一周后，会自动进入"上周强推"榜；分类强推的强度与作品类型有关，比如较热门的都市、玄幻类作品，推荐效果会强一些，而较冷门的武侠、灵异类作品，推荐效果自然会弱一些；冷门类别的作品会更容易上更多的推荐。

（14）分类重点推（即"××频道分类推荐"中的"重点推荐"）：位置在各分类频道第二屏中间靠下，这个位置与二级分类封推重合，但默认显示的是分类重点推。上榜时间为一周，推荐强度为二星。

（15）二级分类封推（即"××频道分类推荐"中的各子分类推荐）：位置与分类重点推重合，但需要点击各子分类才能显示，上榜时间为一周，推荐强度为一星。

（16）分类关注推（即"××频道关注作品"）：位置在各分类频道第三屏中间，上榜时间为二周，推荐强度为一星。

（17）分类完本（即"××完本作品推荐"）：位置在各分类频道第二屏左侧，上榜时间为一个月，因为推荐时间较长，推荐强度为二星。每个月最后一周更换推荐。

（18）分类主打（即"××频道主打作品"）：位置在各分类频道第一屏中间，这个推荐位置同时推荐两到三部作品，每隔一段时间自动切换。上榜时间为一周，推荐强度为三星半。

（19）末页推（即"优秀作品精选封面推荐"）：在每一部未上架作品的最新章节点击下一页，会进入该推荐。上榜时间为一周，推荐强度为四星。

（20）VIP 封推（即"优秀作品精选封面推荐"）：位置在 VIP 页面第一屏，上榜时间为一周，推荐强度为二星半。只有上架作品才能上该推荐。

（21）书屋推（即"起点近期热门作品关注"）：位置在个人书屋的下方，用户登录后才会显示。上榜时间为一周，推荐强度为二星半。该推荐效果不算强，但对于新书冲榜较有帮助,因为能看到的读者都是登录用户,投票方便。

除了以上这些推荐,还有一些非常规推荐,比如大展推荐(由大展组委会负责)、flash 推(一般是推荐当月上架的最强作品)、出版推荐(由编辑小组负责)等。

与 2.1.2 节陈述的"榜单"不同,推荐多由编辑决定,一般都会有详细的规定。例如,对于签约作者新书:①一般来说,新书最有可能被安排到分类强推、分类重点推、二级分类封推、分类关注推、书屋推这五种推荐中的一种。②新书的第一个推荐,一般会在作者签约后第一时间安排。③如果在推荐安排之后,有作品被排上三江推荐,那么一般来说,原本安排的推荐将被取消。④在推荐名单确定后,如果待推作品断更(指"中断更新"),将会被取消推荐。作品在上推荐后断更,也同样会被取消推荐。⑤新书在第一个推荐之后,如果表现良好,那么还将有第二个推荐,同样,在第二个推荐之后,如果表现良好,还会有第三个推荐。以此类推。

应该指出,"推荐"栏目的设置不是一成不变的,起点中文网在网页更新换代时,对各个推荐栏目进行了重新规划。新版起中文点网网页中"编辑推荐"栏目被安排在首页重要位置,而"封推"已被兼并。

2.1.2　榜单模块

起点中文网和其他网络文学网站都具有各种各样的排行榜,这些榜单是对网络文学作品和作者客观实力的反映,带有相互比较的性质,起激励和推介作用,并直接影响作者的发展和读者对作品的选择。与"推荐"不同,榜单是由读者决定的,其核心是读者点击率,或读者的打赏及推荐票[①]等。

在 2016 年之前,起点中文网排行榜主要有中国原创文学风云榜、会员赞榜、会员点击榜、书友推荐榜、书友点击榜、书友收藏榜、VIP 更新榜、VIP 收藏榜、VIP 精品评价榜、VIP 精品打赏榜、总字数榜、作品盟主榜、会员赞榜、作品满赞榜、签约作者新书榜、新人作者签约新书榜、公众作者新书榜、新人作者新书榜、作家精彩空间,等等。但 2021 年后起点中文网排行榜已经更新为月票榜、畅销榜、阅读指数榜、推荐榜、收藏榜、签约作者新书榜、公众作家新书榜以及原创风

---

①　推荐票:推荐票根据读者的起点经验值等级升级获得。普通用户:有 500 点以下经验值的不能投推荐票;有 500～6000 点经验值的,单本作品每天最多投一票;有 6000 点以上经验值的和 2010 年 10 月 13 日 0 点之前注册账号的,每天投票数量没有限制。其他级别的会员以此类推。起点中文网的推荐票系统既鼓励读者互动,又限制作者舞弊行为。

云榜等榜单。

其中,"中国原创文学风云榜"由具有 10 年发展历程的起点中文网月票[①]榜发展而来,原创文学界的顶级作家品牌几乎都由月票榜确立。

2013 年,起点中文网曾评选出"起点中文网百部最有影响力小说"榜单,由读者投票评选,最终唐家三少、我吃西红柿、蝴蝶蓝、忘语、月关等多名起点中文网"大神"的作品上榜。盛大文学原执行总裁侯小强表示,要让网络作品在起点中文网的平台上,既有知名人士推荐的"金鸡奖",也有普通读者评选出的"百花奖"。[②]

2015 年,权威榜单发布机构福布斯和阅文集团联合推出中国原创文学风云榜[③],月票计算范围在 PC 端扩大至阅文集团的四大原创门户——起点中文网、创世中文网、云起书院、起点女生网,在移动端囊括 QQ 阅读全系列平台(包括但不限于 QQ 阅读安卓版、手机 QQ 阅读中心安卓版等)、起点读书 App 全系列平台,以及包括合作渠道用户在内的读者,并全面开放各平台第三方签约作品投票,进而吸引更多的原创作品作者、读者的参与,全面提升榜单的覆盖面和权威性。"中国原创文学风云榜"被一些媒体称为 IP 产业的"奥斯卡"。[④]

另一些榜单在网络文学发展中也比较引人注目,如"百度小说人气榜"(图 2-3)。百度贴吧官方数据显示,百度贴吧文学类目吧粉丝在 2015 年就已经达到 1.5 亿人,几乎占据中国网络文学用户总体规模的半壁江山(2015 年 6 月网络文学用户数量是 2.85 亿人),日均新增粉丝达到 15 万人。在这一背景下,百度贴吧和百度文学联合推出"百度小说人气榜",目的在于"打造出中国网络文学影响力最大的榜单"。榜单由原纵横月票榜升级,接入百度贴吧、纵横中文网多个投票入口,实现了百度贴吧和百度文学同步实时更新。百度为中国最大的搜索引擎,因此"百度搜索风云榜——今日小说排行榜"(图 2-4)也相当有影响力。该榜单由排名、关键词和搜索指数构成。鼠标滑过之处显示作品的简介。榜单作品包括所有小说,但其中网络文学作品较多。

---

① 月票:VIP 用户拥有的专项服务,每月通过在起点主站订阅和打赏消费,所获得的投票权利。订阅消费满 3000 起点币获赠月票;或每打赏 1 万起点币默认投该书一张月票。

② 起点中文网"百部最有影响力小说"榜单揭晓[EB/OL]. (2013-06-20)[2021-03-15]. http://book. 163. com/13/0620/16/91QU7I3I00923P3U. html.

③ "福布斯·中国原创文学风云榜"[EB/OL]. [2021-03-15]. https://www. forbeschina. com/event/literature/.

④ 国内首份原创文学风云榜发布 阅文集团打造 IP 产业"奥斯卡"[EB/OL]. (2016-01-07)[2021-03-15] http://ent. chinadaily. com. cn/2016/01/07/content_22970134. htm.

百度小说人气榜规则详情：了解更多

粉丝榜	① **剑来** 作者：烽火戏诸侯 6857	
人气总榜		
热推榜	② **万相之王** 作者：天蚕土豆 1438	
都市言情榜		
奇幻玄幻榜	③ **深空彼岸** 作者：辰东 914	
武侠仙侠榜	4 **雪中悍刀行** 作者：烽火戏诸侯 846	
科幻小说榜	5 **凡人修仙传** 作者：忘语 840	
游戏小说榜		
悬疑推理榜	6 **天阿降临** 作者：烟雨江南 796	

图 2-3 百度小说人气榜

小说   更多 >

全部	玄幻	言情	武侠	>

排名	关键词	搜索指数
1	大奉打更人	16859 ↑
2	逆天邪神	7307 ↓
3	剑来	6830 –
4	校园纨绔特工	6774 ↓
5	武炼巅峰	6589 ↓
6	完美世界	4900 ↑
7	伏天氏	4698 –
8	万古神帝	4671 –
9	法医秦明	3992 ↓
10	斗罗大陆	3893 ↓

图 2-4 百度搜索风云榜——今日小说排行榜

中国作家协会自 2015 年启动了"中国网络小说排行榜"。该榜以引导创作、引导作家、引导读者为初心,秉持"作协定位、全局视野、大众审美、网络特质"的原则,注重传播网络作品的正能量,力图反映网络文学发展的全貌,其大多数上榜作品表现出过硬的文质和较高的品位,有的甚至表现出经典作品的潜质。评选采用网站和专家共同推荐的方式,经过初评、终评等程序,在 2019 年最终确定 10 部上榜作品。除此之外,2019 年"中国网络小说排行榜"还增设了 IP 影响排行榜海外传播排行榜,评选出 6 部优秀 IP 作品和 2 部海外传播优秀作品。①

2.1.3 分类模块

分类模块在各文学网站占据非常显著的位置。如起点中文网旧版分类模块位置在首页第一屏第三行,改版后,分类模块的位置更换到了首页第一屏左侧,如图 2-5 所示,较之旧版,其位置更为显著,这说明分类模块十分重要。

图 2-5　起点中文网首页第一屏(分类模块位置非常突出)

分类的主要作用:其一,展现和推介各类小说;其二,促进网络文学类型小说的生成,作者往往受分类的暗示而创作其中某类小说。

(1)按体裁分类。

"按体裁分类"在红袖添香、榕树下、豆瓣阅读等偏文学性网站中有所采用。红袖添香是通过点击首页上的"经典文学站"按钮进入二级页面,可找到散文、诗歌、杂文、歌词、剧本等板块。榕树下则是通过点击首页上的"短篇文学"按钮进

---

① 中国网络文学排行榜(2019 年度)发布:将故事和人物融入时代生活的洪流[EB/OL].(2020-10-04)[2021-03-15].http://baijiahao.baidu.com/s? id=16795878939456598648&wfr=spider&for=pc.

入二级页面,有散文、诗歌、杂文等体裁的作品,如图 2-6 所示。豆瓣阅读在首页"作品分类"中显示有小说、诗歌、文化、散文、随笔等体裁。

图 2-6　榕树下二级页面(分类栏目中有散文、诗歌、杂文等)

(2)按题材分类。

"按题材分类"是网络文学网站栏目设计采用得最多的一种方法。网络文学作品与传统文学作品分类方式截然不同。其类型划分主要综合考虑读者群体、作品数量等因素。自 2009 年以来,随着网络文学市场的发展,读者群体已经比较固定,因而题材划分也日趋稳定。笔者对起点中文网、起点女生网、晋江文学城、17K 小说网、纵横中文网、花语女生网、榕树下、红袖添香、言情小说吧、逐浪网、潇湘书院和创世中文网的分类栏目做了调查,见表 2-1。

表 2-1　　　　　　国内主要网络文学网站分类栏目设置一览表①

网站名称	分类栏目
起点中文网	玄幻、奇幻、武侠、仙侠、都市、现实、军事、历史、游戏、体育、科幻、悬疑、轻小说、短篇(原起点中文网还有"竞技、同人"等类别)
起点女生网	古代言情、仙侠奇缘、现代言情、浪漫青春、玄幻言情、悬疑推理、短篇、科幻空间、游戏竞技、轻小说
晋江文学城言情小说站	古代言情、都市青春、幻想现言、古代穿越、奇幻言情、未来游戏悬疑、二次元言情、衍生言情、短篇

---

① 各网站类目会有一定的调整,但基本围绕上述类别。

续表

网站名称	分类栏目
晋江文学城原创小说站	古代言情、都市青春、幻想现言、古代穿越、奇幻言情、未来游戏悬疑、二次元言情、衍生言情、现代都市纯爱、现代幻想纯爱、古代纯爱、百合、无 CP①、衍生纯爱
17K 小说网	玄幻奇幻、仙侠武侠、都市小说、历史军事、游戏竞技、科幻末世、悬疑推理、轻小说
17K 小说网女生频道	古装言情(快意江湖、架空历史、古代重生、前世今生、经商种田、宫廷贵族、穿越时空、家宅恩怨)、都市言情(总裁豪门、游戏情缘、都市情缘、现代重生、娱乐明星、民国旧影、跨国情缘、职场丽人、婚恋爱情)、浪漫青春(网配快穿、校园青春、纯爱青春、悲伤青春、女生同人)、幻想言情(玄幻仙侠、异界魔法、星际科幻、灵异悬疑、末世危机、异能空间、西方奇幻、唯美纯爱)
纵横中文网	奇幻玄幻、武侠仙侠、历史军事、都市娱乐、科幻游戏、悬疑灵异、竞技同人、评论文集、二次元、都市言情、古代言情、幻想时空、短篇
花语女生网	都市言情(青春校园、婚恋家庭、白领职场、都市重生、豪门总裁)、古代言情(历史传奇、穿越时空、架空历史)、幻想时空、短篇美文
榕树下	都市、言情、青春、历史、军事、悬疑、幻想、儿童文学和其他
红袖添香	现代言情、古代言情、浪漫青春、玄幻言情、仙侠奇缘、悬疑、科幻空间、游戏竞技、短篇小说、轻小说
言情小说吧	现代言情、古代言情、浪漫青春、玄幻言情、仙侠奇缘、悬疑、科幻空间、游戏竞技、短篇小说、轻小说
逐浪网	武侠、仙侠、悬疑、都市、玄幻、异能、古代言情、现代言情
潇湘书院	玄幻言情、仙侠奇缘、古代言情、现代言情、浪漫青春、悬疑、科幻空间、游戏竞技、轻小说、短篇、玄幻(男)、奇幻、武侠、仙侠(男)、都市、历史、军事、悬疑(男)、科幻(男)、游戏(男)、体育、现实
创世中文网	玄幻、奇幻、武侠、仙侠、都市、现实、历史、军事、灵异、科幻、游戏体育、二次元、轻小说、短篇、女生言情

　　上述类型中,12 种基础类型已趋于定型,包括玄幻、奇幻、仙侠、武侠、游戏、竞技、都市、言情、军事、历史、科幻、惊悚。②

　　笔者总结上述资料后认为,各大文学网站分类大体类似。主站(或称男生网或男生频道)多有玄幻、武侠、都市、历史、军事、竞技、悬疑、同人和科幻等分类;

---

① CP:英文为 coupling,表示人物配对关系。CP 是指作品中存在恋爱(情侣)关系的角色配对。

② 刘帅池,张福贵.中国网络小说的架构模式与文学性问题[J].暨南学报(哲学社会科学版),2019,41(5):84-90.

女生网（女生频道）则多有言情、青春、浪漫和耽美等分类。对同样的类型，各网站所采用的名词五花八门，但细致审读，以下类别是各网站共有的内容。①

①玄幻小说。玄幻小说泛指一切带有玄奇幻想成分的网络小说，狭义上是指带有古代东方文化色彩、具有明确的修炼体系设定的小说。所谓玄学因子，即注重道家思想、易经术数、民间传说、超自然状态与神秘学、空间学等方面的解读、描写与探索。网络文学中的玄幻小说一般囊括修真小说、奇幻小说和魔幻小说等。修真小说偏重东方元素，题材是从古代游仙、仙侠小说、神魔志怪小说及近代武侠小说发展而来，有些夹杂着现实网络流行文化。它和仙侠小说一样是在中国土生土长的道教修炼文化氛围中成长起来的，与仙侠小说之间的界线比较模糊。奇幻小说是指世界背景带有古代西方色彩、拥有魔法等超现实设定的小说。魔幻小说是魔法幻想类小说的简称，偏重西方元素，多以魔法、精灵、矮人、异世界大陆和穿越为题材。玄幻小说类的代表作有辰东的《圣墟》，爱潜水的乌贼的《诡秘之主》，天蚕土豆的《武动乾坤》《斗破苍穹》，唐家三少的《斗罗大陆》《绝世唐门》，宅猪的《牧神记》，等等。②

②言情小说。言情小说是中国旧体小说的一种，又称才子佳人小说。言情小说是以情爱为中心，通过完整的故事情节和具体的社会状况来反映小说人物心理状态、相关事件、风俗和环境等的一种文学题材。网络文学的言情小说又可以分为古代言情、现代言情、穿越言情、青春言情、都市言情和玄幻言情等。网络文学中，言情小说是一特大的门类。近年网络文学的经典言情小说有古代言情小说《大帝姬》《慕南枝》，青春言情小说《周小云的幸福生活》，都市言情小说《欢乐颂》《你和我的倾城时光》，等等。③

③穿越小说。穿越小说的基本要点是，小说主人公在某种情况下从其原本生活的时空离开，穿越到了另一个时空，一般是从现代穿越到古代，在新场景中展开新的生活。穿越小说也多为言情小说，并集成了玄幻小说和历史小说的要素，自成一体，后来还有反穿越，即主人公从古代穿越到现代。穿越小说的代表作有苏小暖的《一世倾城》、天衣有风的《凤求凰》等。④

① 对于各类的解释，本书参考了微信公众号"作家住手"之《【杨晨说网文】特别集锦之小说分类》（杨晨为起点中文网主编）和欧阳友权的《网络文学五年普查（2009—2013）》一书（欧阳友权. 网络文学五年普查（2009—2013）[M]. 北京：中央编译出版社，2014:38-49.）。

② 起点中文网收藏榜［EB/OL］.［2021-03-15］. https://www.qidian.com/rank/collect/page1.

③ 起点女生网收藏榜［EB/OL］.［2021-03-15］. https://www.qidian.com/rank/mm/collect/.

④ 起点女生网古代言情-穿越奇情收藏榜［EB/OL］.［2021-03-15］. https://www.qidian.com/mm/all? chanId＝80&subCateId＝806&orderId＝11&page＝1&style＝1&pageSize＝20&siteid＝0&pubflag＝0&hiddenField＝0.

④武侠/仙侠小说。武侠小说是中国传统通俗小说的一种重要类型，多以侠客和义士为主人公，他们大多身怀绝技，具有侠义情怀和叛逆特质。武侠小说的代表作有我吃西红柿的《九鼎记》、封七月的《拜见教主大人》等。① 仙侠小说受武侠小说影响而诞生，其内容比较虚幻，往往会有仙、神、魔、妖、法宝、法器等元素出现。这类小说的代表作有耳根的《一念永恒》、言归正传的《我的师兄实在太稳健了》、忘语的《玄界之门》、我吃西红柿的《飞剑问道》等。②

⑤都市小说/职场小说。都市小说/职场小说是指以现实社会生活为题材，以都市、职场、商场和官场为背景的小说。代表作有如水意的《佣兵的战争》、坤华的《流金时代》、步枪的《大国战隼》、莞尔的《娱乐圈头条》等。③

⑥军事小说。军事小说是指以军旅生活或军事战争为题材的小说。代表作有纷舞妖姬的《鹰隼展翼》《弹痕》《诡刺》和《第五部队》，寻青藤的《谍影风云》，玉晚楼的《国家利益》等。④

⑦历史小说。历史小说是指以古代某一时期的社会为背景的小说。代表作有子与2的《汉乡》、猫腻的《庆余年》、愤怒的香蕉的《赘婿》等。⑤

⑧游戏小说。游戏小说是指以描写玩家的游戏生涯、游戏经历为题材的小说。代表作有蝴蝶蓝的《全职高手》、齐佩甲的《超神机械师》等。⑥

⑨竞技小说。竞技小说是指以带有竞争性质的体育项目为题材的小说。代表作有林海听涛的《冠军教父》《我们是冠军》《禁区之雄》和《冠军之心》等。⑦

⑩科幻小说。科幻小说是指作品中包含可以理解成科技的元素，并且该元素对主角或作品背景产生了深远影响的小说。代表作有我吃西红柿的《吞噬星空》、育的《九星毒奶》等。⑧

⑪灵异小说。灵异小说是指以渲染悬疑、恐怖气氛为主的小说。代表作有天下霸唱的《鬼吹灯》、南派三叔的《盗墓笔记》和《老九门》、我会修空调的《我有一座冒险屋》等。⑨

---

① 起点中文网武侠收藏榜[EB/OL].[2021-03-15]. https://www.qidian.com/rank/collect/chn2/.
② 起点中文网仙侠收藏榜[EB/OL].[2021-03-15]. https://www.qidian.com/rank/collect/chn22/.
③ 起点中文网都市收藏榜[EB/OL].[2021-03-15] https://www.qidian.com/rank/collect/chn4/.
④ 起点中文网军事收藏榜[EB/OL].[2021-03-15]. https://www.qidian.com/rank/collect/chn6/.
⑤ 起点中文网历史收藏榜[EB/OL].[2021-03-15] https://www.qidian.com/rank/collect/chn5/.
⑥ 起点中文网游戏收藏榜[EB/OL].[2021-03-15] https://www.qidian.com/rank/collect/chn7/.
⑦ 起点中文网体育收藏榜[EB/OL].[2021-03-15] https://www.qidian.com/rank/collect/chn8/.
⑧ 起点中文网科幻收藏榜[EB/OL].[2021-03-15] https://www.qidian.com/rank/collect/chn9/.
⑨ 起点中文网悬疑收藏榜[EB/OL].[2021-03-15] https://www.qidian.com/rark/collect/chn10/.

⑫同人小说。同人小说是指利用原有的漫画、动画、小说、影视作品中的人物角色、故事情节或背景设定等元素进行二次创作的小说。二次创作的作者不是原创作品的创作者,因此二次创作的作品就被称为同人作品。[①] 代表作有小胖子上山的《穿越令狐冲》、夜雨闻霖的《斗破苍穹之无上之境》等。

⑬耽美/百合小说。耽美的意思是唯美。耽美最早是指一切以美为基准的事物,现在耽美逐渐指向描写男男恋的小说或者动漫了,代表作有天籁纸鸢的《天王》。百合小说则描写的是女性之间的暧昧友情。

⑭青春小说。青春小说又叫青春文学小说,题材取自青春期的故事,反映青少年的成长、友谊,以及懵懵懂懂的爱情。这个领域的作品最初被称为"青春思想""青春杂文""青春美文",发展到现在已被承认为一个文学领域和文学市场。著名的青春文学作家有韩寒、顾漫、辛夷坞等。

⑮二次元小说。二次元一词来自日语,原意为"二维",即以平面的媒体所表现的虚拟角色,如漫画或动画中的人物。相对地,"三次元"被用来指代现实中的人物。在 ACGN[②] 文化圈中,二次元一词被广泛用作对"架空世界"或者说"梦想世界"的一种称呼。在中国网络文学中,二次元小说是指架空小说或动漫游戏的同人小说。

⑯轻小说。按照字面意思,轻小说是指可以轻松阅读,采用能够简单、直接地将故事内容传递给读者的通俗的写作手法,通常使用漫画风格的插画的一种娱乐性大众文学和通俗文学体裁。[③]

2.1.4　智能推荐模块

近年,人工智能在网络文学阅读产业得到充分利用,除了过去的编辑及榜单推荐外,内容智能推荐逐渐受到重视。该方式通过技术建立用户与内容之间的关联,自动分析出用户的阅读喜好,选出用户感兴趣的内容并推送给用户。智能推荐可以扩大用户对不同内容的接触面,满足用户的差异化需求。

依托字节跳动的番茄小说非常信赖智能推荐系统,其没有采用按某标准从高到低排序的通行做法,而是几乎全部采用了个性化设计的榜单,除了番茄榜外,完全没有传统意义上的网文榜单,不同用户在界面上看到的内容都不一样。番茄小说正是力图通过个性化推荐使用户更愿意点击、留存和阅读界面上的内

① 张馨予. 消费文化语境下文学经典的网络同人小说研究[D]. 延吉:延边大学,2018.
② ACGN:animation(动画)、comic(漫画)、game(游戏)、novel(小说)的首字母缩写。
③ 武天阳. 轻小说的发展历程与特征分析[J]. 北方文学(下旬刊),2020(27):50-51.

容,这与番茄小说的商业模式相契合。番茄小说的主要盈利来源是广告营收——字节跳动的广告系统也十分精细、发达,免费阅读本身也是依靠广告投放完成了用户的原始积累。内容分发能够吸引、留存的用户数量将通过他们的阅读过程直接关联广告收入,所以推荐效率将直接与番茄小说的商业成绩挂钩,这是一种基于商业公式的决策。依靠数据分析与算法实践,番茄小说已形成一套具有一定成效的方法论,可以让数据更好地辅助决策。番茄小说的榜单界面见图 2-7。

图 2-7　番茄小说的榜单界面

网络文学的后起平台"必看小说"主打 AI 智能引擎推荐,结合用户画像、大数据、AI 算法,为用户推荐符合其兴趣的书,实现个性化推荐。而传统网文巨头阅文集团本身拥有强大的编辑推荐和榜单机制,当下也将推荐算法作为编辑推荐和榜单的重要补充。QQ 阅读 7.0 版本升级了推荐算法,将智能推荐算法与编辑人工筛选做了精细区隔,以便用户可以随时根据不同需求进行内容挑选。根据调查统计,有 53.1% 的移动阅读用户会通过阅读平台的智能推荐来选择自己想要阅读的小说。[1]

2.2　读者服务和作家服务

2.2.1　用户(含作家和读者)的注册服务

在起点中文网,用户的使用流程可以简略概括为注册账号→登录起点个人中心→充值→VIP 升级→选书→试读公众章节→订阅付费章节→付费阅读。

(1)注册账号。

浏览者在阅读并同意《用户服务协议》(以下简称《协议》)和《隐私政策》后,可以依照注册页面的提示,注册成为起点中文网的用户。其中,《协议》包括"用户个人信息保护与隐私保护""我们可能会收集的信息""按现状提供服务""知识产权声明""用户违法行为""遵守当地法律监管""用户发送、传播的内容与第三方投诉处理"等内容。[2]

(2)登录起点个人中心。

注册完成后,每个用户(含作者和读者)都拥有一个"起点个人中心",如图 2-8 所示。

笔者根据起点个人中心页面,将其主要栏目进行了归纳,如表 2-2 所示。

---

[1]　艾瑞咨询《2019 年中国移动阅读发展趋势研究报告》。

[2]　阅文集团-用户服务协议 [EB/OL]. [2021-03-15]. https://passport. yuewen. com/terms_of_ser-vice. html.

图 2-8　起点个人中心

表 2-2 起点个人中心主要栏目

栏目	说明
账务中心	充值起点币等
会员中心	显示会员级别及享有的权利
安全中心	账号的安全级别,绑定的手机号及邮箱、实名认证等
作家专区	参见表 2-4 起点个人中心"作家专区"主要栏目
我的书架	相当于用户自己的图书馆
我的红包	用户在阅读过程中可以打赏红包,也可以收到别人的红包
我的书评	用户阅读过程中写下的评论
我的本章说	针对某一章节单独发帖的情况
我的票夹	用户各种票数量及使用情况
游戏	游戏链接,点击可以进入游戏
用户个人成就	包括经验值等级、起点称号等

　　起点个人中心的主要功能:其一,用户个人基本信息及财务管理;其二,引导用户进行作品阅读;其三,开展互动和社交;其四,引导用户使用网络文学衍生品;其五,激励用户,如发放经验值及称号等,都属于激励用户的措施。

（3）充值和 VIP 升级。

充值在"财务中心"中就可完成。充值达到规定的数目，就自动升级成为 VIP 会员。起点中文网规定，会员阅读小说 VIP 章节时价格不同，普通会员和高级会员 5 分/千字，初级 VIP 4 分/千字，高级 VIP 3 分/千字。会员享有票务特权，具体见本书第 3 章。

（4）选书、试读公众章节、订阅付费章节和付费阅读。

用户一般是从各种推荐和榜单中，或通过搜索和标签途径、分类途径等获取作品信息，在浏览过作品及作者的详细信息页面后，用户可以将其"加入书架"，便于以后直接从起点个人中心了解该作品的情况，并进行阅读。当然，用户也可直接从作品页面开始试读，然后订阅，订阅的方式可以是单章订阅，也可以是全部订阅。网络文学小说由于篇幅宏阔，全部订阅花费较高。如辰东的《圣墟》，更新至 2021 年 4 月 15 日时，全部订阅要花费约 27 元人民币。

与订阅相关的网站文件是"起点币消费约定"，它指出"起点币是在起点中文网专用的虚拟货币，用于支付订阅、打赏等网站服务"等。

2.2.2　作家服务

用户注册成功后，在起点个人中心有"作家专区"一栏，点击进入就可按步骤申请成为作家。申请作家的步骤如下。

（1）填写信息。

填写信息包括：①填写"基础信息"，包括笔名、邮箱、QQ 号等；②填写"详细信息"，包括真实姓名、性别、身份证号、手机号、所在地及详细地址，在"阅读并接受""阅文集团作品合作基础协议"处打钩；③页面显示"作家申请成功"后，作者可以完善个人信息，包括填写职业、学历、毕业院校、专业、兴趣爱好、年龄、籍贯、是否为作家协会会员等。

与作家申请相关的政策主要有"作者申请指南""阅文集团作品合作基础协议""隐私政策"。

"作者申请指南"中规定，用户在申请成为作者之时，不需要特别的资质和资历，"只要您热爱写作，并且已有一部开始写作的作品，便可申请"。而发表作品的时候，要"上传 3000 字左右的作品开篇部分，经审核后，工作人员将于四十八小时内开通专栏"。总的来讲，"作者申请指南""阅文集团作品合作基础协议"两个文件关注的是作品的版权状况、作品的合法性、作者的义务、稿酬规定等。对于作品发表和作家称号的获取，没有传统文学制度中严格的审查机制。

（2）使用起点个人中心"作家专区"。

作家申请完成后，可以利用起点个人中心"作家专区"的功能。作家专区主要栏目如表 2-3 所示。

表 2-3　　　　　　　　　　**起点个人中心"作家专区"主要栏目**

栏目	说明
作品管理	作者新建作品、管理作品的"场所"
订阅管理	各章节订阅的明细
作家咨询	作者与编辑、管理员沟通交流的"直通车"。其中，起点编辑部通过"作者短信箱"给作者发送信息；作者通过"给管理员留言"发送疑问给管理员
积分兑换	作家创作积分记录，可以用积分兑换"全勤奖励"等

（3）创建作品。

如果是第一次使用"作家专区"创建作品，作者点击"使用引导模式"（图 2-9）可填写作品的信息，包括书名/作品类型、标签、作品介绍、授权级别等。作者可以根据引导，一步步将作品创建成功。如果是有多部作品的资深作者，则可以直接在"标准模式下"创建作品。

图 2-9　起点中文网新建作品引导模式页面

（4）管理作品。

作者点击"管理作品"，就可对作品进行管理，如图 2-10 所示。

其中，通过"插书推荐"，作者可以推荐自己喜欢的作品，放在章节的开头或末尾等地方；通过"插图片"，作者可以上传相关章节图片；作者可以将暂时不发

图 2-10　起点中文网管理作品页面

表的章节,放在"存稿箱"中暂存;作者可以在"修改作品信息"中对"作者的话" "连载属性""推荐好友力作""作品调查""作者标签"等进行修改操作;"作品审核 信息"显示作品审核通过与否、作品上传的封面通过与否等信息;等等。

（5）发布作品。

作品编辑好后,就可上传,经编辑审核后很快就可以发布。一般新建作品审 核的时间较长,更新作品内容审核较快。

2.3　网络文学作品的阅读

网络文学网站是作品传播的主要阵地。各网站为了吸引读者,会打造自己 的特色。如,老牌网络文学网站榕树下以清纯格调吸引文艺青年,其作品范围 广,体裁也丰富,含有小说、诗歌、散文和剧本等多种形式。红袖添香以女性文学 为主打产品,页面呈暖色基调,作品多以女性为主角。相比之下,起点中文网就 明显地具有男性色彩。随着网络文学的普及,用户对网络文学的需求日益激增, 网络文学整体呈现多元化、专业化、呼应主流价值的趋势。截至 2020 年,网络文 学已经形成都市、历史、游戏题材等 20 余个大类型,200 余种小分类,轻小说、二 次元等题材类型在 Z 世代创作者和消费者的主导下崛起。以阅文集团为例,截 至 2020 年,该平台已有作者 890 万人;2020 年度,平台新增作者 33 万人,环比 增长 129%;新增作品数量超 52 万部,同比增长约 1.5 倍。①

---

① 社科院:2020 年中国网络文学发展报告[EB/OL]. (2021-03-27)[2021-03-27]. https://new. qq. com/omn/20210327/20210327A0C3BE00. html.

读者在文学网站阅读作品的步骤一般如下：首先，选定特定的作品，进入作品详细信息页面，对作品进行了解；其次，阅读公众章节，试读作品；再次，订阅VIP章节，在这个过程中需要充值付费；最后，在阅读过程中互动。

2.3.1　选定特定的作品

读者一般是通过搜索、推荐、榜单、分类等途径查找到自己感兴趣的作品，为进一步了解该作品，读者可进入作品详细信息页面（相当于每部作品的主页），进一步了解作品和作者，这是阅读的第一步。图 2-11 所示为我吃西红柿的《吞噬星空》详细信息页面第一屏。

图 2-11　《吞噬星空》详细信息页面第一屏

为实现更多样化、更人性化的知识组织方式，以方便读者阅读，每本书条目下设有内容介绍、作品信息、作者信息等；又设有"免费试读""加入书架""投票互动"等选项，读者可点击进行阅读、评价等操作；还有各种链接，便于链接到其他作品；此外，互动信息的展示也是单元信息的重要部分，具体见表 2-4。

综上所述，作品信息页面主要功能有：①详细介绍作品的信息，包括作品类别、字数、荣誉等，并引导读者进入作品阅读页面；②详细介绍作者，并引导读者进入作者个人中心；③引导读者点击作品的衍生品，如改编的游戏；④作者与粉丝互动，书评展示，获得支持；⑤其他，如"推荐票"、链接到其他作品等；⑥激励读者订阅和互动等，帮助作者与读者建立沟通渠道。

表 2-4 　　　　　　　　我吃西红柿的《吞噬星空》互动信息一览表①

内容介绍	继《九鼎记》《盘龙》《星辰变》《寸芒》《星峰传说》后,该作者的第六本书	
作品信息	性质:VIP 作品 总推荐:774.61 万 类别:未来世界(科幻) 周推荐:662	写作进程:完本 完成字数:4773500 授权状态:A 级签约 荣誉徽章:曾获"月票第一"等
作者信息	我吃西红柿:阅文集团白金作家,网络文学代表人物之一,网络作家富豪榜榜上作家,作品留下无数神话般的纪录。 作者的作品总数:11。累计字数:2849.21 万。创作天数:4860	
《吞噬星空》目录	《吞噬星空》分 29 篇共 1544 章,包括免费章目和 VIP 收费章目	
点击阅读	点击该按钮就可进入《吞噬星空》的阅读页面	
打赏	点击该按钮就可以给作者打赏	
月票/推荐票	点击该按钮就可以投月票/推荐票	
我的粉丝等级	读者为《吞噬星空》消费就可提升"我的粉丝等级"	
本书粉丝动态	实时报道粉丝投月票/推荐票的情况	
游戏广告	在统计日,《吞噬星空》主页上共有 3 则游戏广告	
其他作品	截至统计日,作者有 11 部完本作品,以及 1 部正在连载的作品	
未来世界小说推荐	在统计日,该栏目推荐有 9 部"未来世界"小说	
本周强推·科幻	在统计日,该栏目列有起点中文网"本周强推"的 10 部小说	
粉丝排行榜	该栏目按粉丝积分排名。订阅 VIP 小说章节,每消费 1 个起点币转化为 1 个粉丝积分。诸如小说评价票、催更票、月票、打赏作品、赠送章节等都会获得积分。起点中文网粉丝级别为 500 积分称"学徒",2000 积分称"弟子",5000 积分称"执事"……,以此类推	
本书名人榜	该栏目所列用户为"第一粉丝""票王""首个一次性打赏千万的用户(黄金总盟)""首个一次性打赏百万的用户(白银大盟)"	
举报违规有奖	若有"反对宪法,危害国家和民族团结的内容""违反国家法规,国家利益,道德风尚底线的内容""侮辱性或恶意攻击,广告,传销等内容",点击此按钮可举报	

———————————

① 本表数据引用日期为 2022-02-13,见吞噬星空(我吃西红柿)全本在线阅读-起点中文网(https://book. qidian. com/info/1639199/)。

表中名词解释如下:

"打赏"是起点中文网向读者、作者推出的互动方式,读者可以给自己喜欢的作品"打赏"起点币,起点币有一半将转化为人民币直接打入作者账户中。

2.3.2　阅读公众章节和订阅 VIP 章节

读者选定作品后,点击"免费试读"按钮便可进入《吞噬星空》的二级页面,此时呈现在读者面前的是相对比较洁净的《吞噬星空》目录页面,含公众章节和VIP 章节。所谓公众章节,是小说的前一部分,可免费试读。所谓 VIP 章节,即需要付费阅读的章节。读者试读公众章节后,仍然有兴趣继续阅读,就需要花钱充值,订阅 VIP 章节。

按照起点中文网的规定,充值达到规定的数目,就可升级为 VIP 会员。初级 VIP 需要一年消费 1200 元以上,可按 4 分/千字的价格阅读 VIP 章节;高级VIP 需要一年消费 3600 元以上,可按 3 分/千字的价格阅读 VIP 章节;其他会员按 5 分/千字的价格阅读 VIP 章节。网站和作者将会对 VIP 付费阅读的收入分成,一般是五五开,即作者和网站对半分。

2.3.3　作品的阅读方式——网络连载式阅读

网络文学网站从 2003 年起点中文网实施付费阅读起,就在商业化道路上大踏步前进。网络文学网站为了满足市场需求,基本上连载长篇小说。其结合数字化传播的特点,以不同于传统文学的出版方式,形成独特网络连载模式,以求用户数量最大化,并达到收入最大化。

"连载"是中国近现代文学史上相当一批小说的特定发表形式。① 过去,报纸是连载的最主要媒体。报纸一般每次连载字数在 1000～1500 字之间,连载时间长达一年左右。例如,著名武侠小说作家金庸的《神雕侠侣》于 1959 年 5 月20 日开始在《明报》上连载。之后,金庸包括《神雕侠侣》在内的 11 部小说,都在《明报》《武侠与历史》《东南亚周刊》和《明报晚报》等刊物上连载。金庸是在小说连载了一段时间后才出版这些作品的单行本。

当下的网络小说连载,借助于网络媒体形成了新的特点。其一,更新次数多,连载时间长,网络小说篇幅超长。作家一般每次更新 1～3 章不等,更新字数在 4000 字左右。网络小说动辄 100 万字乃至数百万字,有时长达几年才能连载完。其二,在连载阅读中互动。作品的页面上,设有各种互动按钮,如"讨论""打赏""投票"和"评论"等。作家也常常在小说的开头、结尾部分对读者说一些互动的话,有时小说情节出现漏洞,作者会修正或道歉。如唐家三少曾在妻子生孩子

---

① 韩志荣.论网络媒介对文学传播的影响[D].扬州:扬州大学,2012.

期间,请求读者原谅他不能及时更新,并请读者祝福他的女儿糖糖。网络连载阅读拉近了作者和读者的距离,是粉丝群体形成的重要基础,而粉丝群体是网络文学产业的核心市场所在。

2.3.4　免费阅读模式

2018 年,免费阅读模式兴起,以免费阅读正版小说的方式吸引用户,在发掘长尾作品的同时获得显著的用户增量。

免费阅读模式的确对付费网文市场形成了冲击与倒逼,在行业耕耘 10 年之久的巨头阅文集团、掌阅纷纷推出免费阅读 App,阅文集团推出飞读小说,掌阅推出得间小说;七猫免费小说背靠百度强大的导流及推广,用户数量迅速增加;番茄小说尽管上线时间比竞品晚了近一年,但凭借字节跳动的短视频产品矩阵和渠道推广能力,用户数量也以惊人的速度增加。2019 年 1 月—2020 年 2 月,在移动阅读行业月活跃用户前 10 名的 App 中,免费阅读 App 占了 5 席。番茄小说、七猫免费小说分列免费阅读平台的第一和第二。[①]

早在 2018 年 3 月,连尚读书就首创了免费阅读模式,在书城中设有免费专区,有将近 3.5 万本免费阅读书籍,这部分书籍会视每章页数插入广告,短则6～7 页就插入广告,长则 40～50 页才插入广告。对于部分头部作家,连尚读书保留了按章节付费才能进行阅读的模式。其他书籍,连尚读书首先采取部分章节免费阅读模式,在章节结束时插入广告,但在随后的免费章节中高频率地插入广告,几乎每阅读 2 页就会出现一条广告,并且会出现“下方广告收入用于支付作者稿费”的提示,用户如果不想看广告,可以选择按章节付费订阅或者开通 VIP免费畅读全书。2019 年 1 月后,连尚读书再一次进行了模式调整,关闭 VIP 会员开通渠道,撤下首页的免费专区,只保留按章节付费订阅模式。

趣头条旗下的米读小说以“全站免费阅读＋大量广告/VIP 会员去广告”模式在 2018 年 5—12 月约半年时间内获取了 4000 万新增激活用户,[②]2021 年第 1季度,米读 DAU(daily active user,日活跃用户数)已经突破千万。[③] 2019 年 6月,米读小说宣布与头部付费小说平台掌阅达成深度合作,用户可以在米读

---

① 中国移动阅读市场年度综合分析 2020[EB/OL].(2020-04-08)[2021-03-15]. https://www.analysys.cn/article/detail/20019738.

② 趣头条 Q4 营收超 13 亿 米读小说半年获 4000 万新增用户[EB/OL].(2019-03-06)[2022-02-13]. http://m.looktmt.com/0088/714/31144044686.html.

③ 腾讯阅文洽谈收购米读业务,趣头条“潜力股”存变数?[EB/OL].(2021-10-27)[2022-02-13]. https://www.36kr.com/p/1458525972710408.

App 上免费阅读来自掌阅的 2 万本出版物。从米读 App 的进入界面到首页的悬浮窗、排行榜、分类榜、书籍主页、目录页,均有广告插入。用户在阅读小说的过程中,每翻两页,界面就会出现一次广告,且广告是单独占据一整页。米读 App 目前也开始推广会员制度,通过购买会员卡,可以享受免广告等服务,同时还可以通过下载广告中的 App 免费获得会员。

番茄小说是今日头条旗下的免费网文阅读 App,全站免费阅读,致力于为读者提供畅快不花钱的极致阅读体验,主要采用“30 秒视频广告＋免费 30 分钟畅想阅读”的免费阅读模式,以广告和会员增值服务为收入来源。在番茄小说,用户阅读 3 小时能够领取 1500 金币,每日金币会在凌晨自动转化成现金,金币提现功能很好地抓住了用户想要赚小钱的心理,拉动用户激增。

2.4 网络文学作品的传播

网络文学作品传播的主要阵地是网络文学网站,移动阅读客户端(也称移动阅读 App)、贴吧和论坛、微信、微博、LOFTER、快手等也在网络文学的传播中起重要作用。本节讨论的网络文学作品传播主要是指文学网站站外的传播。

2.4.1 移动阅读客户端——网络文学阅读的主要平台

5G 技术催生了一个崭新的移动互联网时代,同时,智能手机、平板电脑和专业电子阅读器等移动阅读客户端也日益普及,而在 2008 年推出的苹果应用商店,为应用产业模式树立了典范,不久后安卓应用商店跟进,在此基础上,移动应用呈爆发式增长。

智能手机、平板电脑等移动智能设备,以其小巧便携、功能全面的优势影响着人们的日常生活,甚至颠覆了大众传统阅读的方式,成为人们随时随地徜徉书海、获取资讯的重要工具。在竞争异常激烈的互联网浪潮中,移动阅读 App 异军突起。从 2012 年起,我国网络文学进入了移动阅读时代。CNNIC 统计结果显示,手机网络文学用户 2013 年已经超过了 2 亿人,2020 年达到了 4.59 亿人。[①]

---

① 2021 年中国网络文学发展现状及市场规模分析 用户规模持续增长助力市场规模增长[EB/OL]. (2021-07-07)[2021-07-07]. https://www.qianzhan.com/analyst/detail/220/210707-87668f1b.html.

　　各大互联网商家都入局布置移动阅读,在竞争中,移动阅读软件掌阅 iReader、QQ 阅读、书旗小说、天翼阅读(中国电信旗下)、起点中文网移动端、咪咕阅读(中国移动旗下)、熊猫看书、多看阅读(小米公司旗下)、网易云阅读等占据了大部分市场份额。其中,不但有网络文学商研发阅读 App,也有电信运营商、互联网公司、手机商等入局。而艾瑞咨询的调查显示,2016—2020 年的手机网络文学用户规模年复合增长达到 11.04%,2020 年的手机网络文学用户数量占整个网络文学用户规模的 99.78%。[①] 如此一来,网络文学市场竞争更加激烈。部分网络文学公司是凭借移动端优势进入网络文学原创领域的,如掌阅和咪咕阅读等。

　　章节支付仍是移动阅读 App 用户的主要付费方式。究其原因,首先是平台规则限定了部分书目只能按章节支付,其次是用户更偏向于阅读逐章更新的网络文学作品,章节支付方式可以帮助用户控制成本,减少不必要的浪费,用户能随时放弃吸引力不强的作品。但是随着移动阅读的兴起,创新型免费阅读模式也逐渐成为用户青睐的付费方式。这里的免费阅读是指通过采用"广告+会员"的模式,将非核心内容以插入广告形式上架,核心优质内容采取 VIP 付费方式,VIP 同时具有免广告特权,将最大化利用平台长尾内容资源。目前连尚读书和米读小说都采用该种商业模式。[②]

　　随着生活水平的提升,人们也更加追求精神层次的满足,阅读书籍充实精神世界便成为主流选择,用户的电子书购买总额也逐年增长,可接受月消费额百元以内的用户达到 90%以上,[③]随着移动阅读用户付费习惯的养成,移动阅读类产品将迎来新的增长点,市场收入增长成为必然。

　　在支付方式上,阿里系的阅读类产品借助支付宝平台完善电子书付款渠道,更多的阅读应用根据用户付费渠道选择的喜好,将微信支付、支付宝支付等第三方支付加入应用,传统的电信运营商受到冲击。

　　较之电脑阅读,掌阅 iReader 等 App 在阅读功能上设计得更为人性化,不但有数字阅读的优点,如可搜索、可调节字体大小、可更换背景等,而且模仿传统阅读的可做笔记、画线、批注等功能,阅读的方式还可由看书变换为听书,并能随时分享给朋友。QQ 阅读等的书架设计模仿木质感,翻书时模拟纸书翻动的感觉,

---

　　① 前瞻产业研究院《中国互联网+图书出版行业商业模式创新与投资机会深度研究报告》。
　　② 中国移动阅读市场年度综合分析 2020[EB/OL].(2020-04-08)[2021-03-15]. https://www.analysys.cn/article/detail/20019738.
　　③ 同上。

让留恋传统阅读的读者顿生好感。阅读 App 也像网站一样搭建了基于书籍评论的沟通交流平台——书评广场。当当读书为了更好地建立用户间的联系,还设计了更多的功能板块,比如在频道板块创建社区论坛,并邀请了"大咖"加入频道,"草根"读者也能在平台创建频道,将自己的书单分享给其他平台用户。2020年,阅文集团全平台开设"本章说"互动功能(阅读平台的评论功能,即数字阅读版"弹幕"),评论的总数量近亿条,累计评论量超 100 万条的作品近百部。其中,越是热门作品,其评论区越是热闹,常常聚集大量读者讨论人物情节、猜测剧情走向。截至 2020 年,《诡秘之主》累计评论数超 1200 万条,斩获榜首。阅文集团其他粉丝数超百万人、"本章说"评论数超百万条的作品还有《超神机械师》《第一序列》《大奉打更人》《临渊行》和《大道朝天》等。"本章说"对用户人均阅读时长的提升贡献超过 32%,对用户付费率的提升也有超过 10%的贡献。①

总的来说,移动阅读在内容上以网络文学为主,但已经形成了一些新的特点:

其一,移动阅读个性化特点比较明显。比如百度阅读能够通过对用户阅读书籍种类的统计分析,精准定位读者的兴趣爱好,为用户推荐符合其口味的电子书,不仅增大了用户购买图书的可能性,而且其个性化的体验增强了用户黏性。

其二,移动阅读音视频化。移动阅读打破人们固有的思维定式,不再仅仅局限在文字、图片的阅读上,音视频化的阅读方式也将改变人们获取信息、阅读学习的方式。如懒人听书巧妙地使阅读音频化,带给用户不一般的听觉体验,开拓了新型的移动阅读方式。掌阅 iReader、当当读书等以电子书阅读为主的平台也在产品的功能设计中增加听书的模块,优化应用的体验。

其三,移动阅读社交化。为了满足用户的社交分享需求,当当读书建立"书友圈",为读书爱好者提供寻找书友、交流读书心得的圈子;阅文集团开设数字阅读弹幕,顺应新一代年轻人的"弹幕文化"潮流;微信阅读则借助微信平台,用书籍阅读的方式连接起一个新的朋友圈,微信好友之间相互推荐好书、比拼阅读时长,不但满足了用户的社交需求,而且极大地满足了部分现代人的"攀比心理",吸引了大量用户。②

---

① 社科院:2020 年中国网络文学发展报告[EB/OL]. (2021-03-27)[2021-03-27]. https://new.qq.com/omn/20210327/20210327A0C3BE00.html.

② 微信读书 App 产品体验报告 [EB/OL]. (2018-06-29)[2021-03-15]. http://www.woshipm.com/evaluating/1077131.html.

2.4.2　贴吧和论坛——网络文学作品传播的重要社区

百度贴吧是中国最大的网络社区。在众多的读者群体中,网络文学的读者非常忠诚,常常以粉丝自称。截至 2021 年 3 月 15 日,武动乾坤吧关注数为 2712785 人,帖子数为 53993099 条;凡人修仙传吧关注数为 2422008 人,帖子数为 57973520 条;莽荒纪吧关注数为 2355141 人,帖子数为 48245408 条;傲世九重天吧关注数为 1275424 人,帖子数为 18323559 条;校花的贴身高手吧关注数为 1588538 人,帖子数为 24334532 条;绝世唐门吧关注数为 2632341 人,帖子数为 67729008 条;等等。

贴吧的特性与网络玄幻小说结合,让贴吧成为网络小说读者的交流区,利于读者交流的同时,也利于制造舆论,提高小说作者及其作品的人气。[①] 大多数网络小说名作者和名作品都有贴吧(图 2-12)。贴吧中,帖子的内容大多是围绕小说和作者的,有对结局的预测,有对作品的评论,有催更的,也有改编预测的等,这在无形中扩大了作品的影响力,并对作者继续写作产生了一定的促进作用。鉴于贴吧在网络文学交流中的作用,百度文学和百度贴吧联合推出"百度小说人气榜",试图打造中国网络文学影响力最大的榜单。此举更加强化了贴吧在网络文学传播中的作用。

龙的天空(图 2-13)是国内老牌网络小说论坛,简称"龙空"。龙的天空早在 21 世纪之初就已经成立,曾属于北京世纪幻想文化发展有限公司。2010 年因与海洋出版社发生合同纠纷,服务器被封。此后,龙空改为现在的网址,依靠募捐维护服务器正常运营。目前,龙空是国内为数不多的非营业性质的论坛,因具有中立性质,成为众多小说作者和读者交流、评论的集中地。它的主要栏目有:①原创评论,发表对网络小说、文学文化的评论探讨及设定交流;②推书试读,发布网络小说的推荐和试读,龙空榜单和书单交流;③网文江湖,发布网络文学业界风云变幻,以及网络小说作者书站动态;④女频小说,发表关于女生小说频道作品的写作、评论、推荐和各种讨论;⑤动漫游戏,发表、转载以日系风格为主的ACGMN[②] 话题的帖子;⑥影视评谈,讨论影视相关话题;⑦体育竞技,讨论体育、竞技运动话题;⑧幻想小说,主要发表原创小说、探讨脑洞设定;⑨历史文化,讨论各类古代历史、文化、技术、风俗等话题;⑩军事战争,发表军事、武器、黑科

---

① 宋亚楠. 网络文学传播主体的传播动机分析[J]. 传媒,2020(4):74-76.

② ACGMN 由 animation、comic、game、music、novel 五个英文单词的首字母组成,分别指动画、漫画、游戏、音乐、小说。

技、架空等话题的帖子;⑪火星社会,发布行为主体为个人或团体的各类主题内容。此外,龙空还设有风花雪月(指情感交流)、土星时政(旨在关心天下大小事)、数码科技等栏目。它还有"最新推书""精选小说"和"优秀书单"等外网站链接栏目,十分醒目。

图 2-12 百度贴吧——将夜吧

图 2-13 龙的天空主页

2.4.3　微信、微博——网络文学作品传播的新阵地

在用户关注网络文学及作者的渠道中,微信占 36.8%,微博占 27.5%,所以,作为新媒介代表的微信和微博的重要地位不言而喻。

微信自 2011 年诞生后,迅速以其免费、便利的即时通信功能占领市场,截至 2019 年 12 月,微信用户数突破 12 亿人。[①] 随后社交、移动支付、生活服务等功能不断充实微信产品。微信 5.0 开启微信支付功能后,微信正式走上商业化道路。2021 年微信平台数据研究报告显示,微信逐渐成为人们生活中越来越重要的一部分,每天打开微信的用户数量为 10.9 亿人,有 3.3 亿用户进行了视频通话,7.8 亿用户进入朋友圈,1.2 亿用户发布朋友圈,其中包括照片 6.7 亿张,短视频 1 亿条,[②]微信已经成为重要的沟通、交流工具。

2019 年微信平台数据研究报告显示,微信公众号[③]成为微信的主要服务之一,80% 的微信用户关注了公众号,企业和媒体的公众号是用户主要的关注对象,获取信息成为用户关注微信公众号的最主要原因。微信公众号中,70% 是公司或机构的账号,其中超过一半的账号针对高级开发或运营有过资金投入。"微店"的推出,打造基于微信的移动购物模式,成为新的商机。

内容传播是微信最主要的功能,微信的内容传播和分享属性与网络文学的传播高度契合,再加上微信平台可供免费使用,故微信也成为网络文学行业发展的新平台。笔者对 2018 年网络文学网站、移动阅读客户端及文学公司的微信公众号运营情况进行了统计,结果见表 2-5。

表 2-5　**网络文学网站、移动阅读客户端及文学公司的微信公众号运营情况统计**

类别	编号	名称	是否有微信订阅号/服务号	偏向阅读/宣传	推送频率	特色
网络文学网站	1	起点中文网	订阅号	阅读及宣传	一周五次	连接手机起点中文网;可绑定银行账号和充值;发布特色书单

① "微信经济"发展报告:用户规模达 12 亿,带动就业 2963 万个[EB/OL]. (2020-06-08)[2021-03-15]. https://m. huaon. com/detail/620184. html.

② 微信用户量惊人! 每天有 10.9 亿人打开微信,7.8 亿人进入朋友圈[EB/OL]. (2021-01-20)[2021-03-15]. https://new. qq. com/omn/20210120/20210120A00ZQ700.

③ 微信公众号是开发者或商家在微信公众平台上申请的应用账号,该账号与 QQ 账号互通,通过微信公众号,商家可在微信平台上实现和特定群体通过文字、图片、语音、视频的全方位沟通、互动,由此形成了一种主流的线上、线下微信互动的营销方式。

类别	编号	名称	是否有微信订阅号/服务号	偏向阅读/宣传	推送频率	特色
网络文学网站	2	创世中文网	订阅号	阅读	一月一次	连接腾讯文学手机门户综合网站
	3	纵横中文网	订阅号	阅读	一周两次	连接纵横中文网
	4	晋江文学城	服务号	宣传	一月一次	纸质书销售
	5	17K小说网	服务号	阅读	一月三次	连接17K小说网；有签到奖励
	6	潇湘书院	服务号	阅读	一月三次	连接潇湘书院网；有书架收藏功能
	7	小说阅读网	订阅号、服务号	阅读及宣传	一日一次	无
	8	红袖添香	订阅号	阅读及宣传	一日一次	连接红袖添香小说网；可绑定银行账号和充值；有阅读收藏功能
	9	起点女生网	无	—	—	
	10	云起书院	服务号	阅读	一周三次	连接腾讯文学手机门户综合网站
	11	逐浪网	订阅号	阅读及宣传	一日一次	连接逐浪小说网；书架收藏
	12	榕树下	订阅号	宣传	一日一次	粉丝微社区；周边产品销售
	13	悦读网	无	—	—	
	14	言情小说吧	订阅号	阅读及宣传	一日一次	可绑定网站账号
	15	飞卢小说网	订阅号	阅读	一周四次	连接手机飞卢小说网
移动阅读客户端	16	iReader	订阅号	宣传	一日一次	客服；微信商城；征文大赛
	17	书旗小说	订阅号	阅读及宣传	一周三次	连接书旗网
	18	QQ阅读	订阅号	阅读及宣传	一日两次	连接腾讯文学手机门户综合网站
	19	咪咕阅读	订阅号	阅读及宣传	一日一次	周边产品销售；可领书券；客服
	20	多看阅读	订阅号	阅读及宣传	一周三次	连接多看书城
	21	塔读文学	订阅号	阅读	一周三次	连接塔读文学网；可领红包

续表

类别	编号	名称	是否有微信订阅号/服务号	偏向阅读/宣传	推送频率	特色
移动阅读客户端	22	天翼阅读	订阅号	阅读及宣传	一日一次	连接天翼阅读网；客服；微社区
	23	熊猫看书	服务号	阅读及宣传	一周一次	连接熊猫看书网；关注领礼
	24	爱阅读	服务号	阅读及宣传	一周一次	连接爱阅读网；社区；阅读点券兑换
	25	网易云阅读	订阅号	宣传	一周五次	无
	26	起点读书	服务号	阅读及宣传	一周一次	连接起点手机网；账号绑定充值
	27	开卷小说	无	—	—	—
	28	豆瓣阅读	订阅号	宣传	一日一次	产品更新；影视改编邀请
文学公司	29	腾讯文学	服务号	宣传	一月三次	周边产品销售；企业资讯

从表2-6中可以看出,大多数网络文学网站和移动阅读客户端都有微信公众号。上述统计的29家机构中,有20家机构在微信端提供阅读服务,19家机构在微信端开展宣传活动,13家机构既利用微信宣传又利用微信提供阅读服务,只有3家机构没有在微信端提供阅读服务或开展宣传活动。

除了上述传播途径外,网络文学网站还利用社交媒介进行营销,其中最主要的是微博。微博是一个基于用户关系的信息分享、传播及获取平台,用户可以通过Web、WAP等各种客户端组建个人社区,以140字以内的文字发布信息,并实现即时分享。2016年年底,新浪微博取消了140字的限制,满足了网民发文的实际需求。

据统计,微博用户在2012年多达3.08亿人,后因微信的挤压,微博用户数量有所下降。截至2014年12月,我国微博用户规模为2.48亿人,2015年达到最低点——2.3亿人。此后,用户数量不断回升,至2020年,微博月活跃用户数量为5.11亿人,日活跃用户数量为2.24亿人。[①] 总的来说,微博营销具有营销成本低、互动性强、针对性强、影响广等特点。阅文集团的起点中文网、晋江文学城和百度文学的纵横中文网等网络文学门户网站都先后注册微博账号,利用微

---

① 微博2020用户发展报告[EB/OL].(2020-03-12)[2021-03-15].https://weibo.com/ttarticle/p/show？id＝2309404613871951282183.

博进行营销和宣传。

截至 2021 年 3 月,起点中文网的微博粉丝数量为 15 万人,晋江文学城的微博粉丝数量为 153 万人,百度文学的纵横中文网粉丝数量为 5 万人。而网络文学作家唐家三少的粉丝数量为 599 万人,叶非夜的粉丝数量为 143 万人,我吃西红柿的粉丝数量为 46 万人。从整体来看,网络文学门户网站的微博官方账号的粉丝数量并不多,但是微博用户对网络文学的关注度整体比较高,尤其是对网络文学作品及网络文学作家的关注度较高。

2.4.4 LOFTER、快手等社交软件——网络文学作品衍生传播的新基建

同微博的粉丝文化一样,随着用户年龄结构的变更,网络文学领域也出现了以书粉用户为主导的粉丝文化。为了延续阅读后的体验感,书粉会主动在原著架构下进行续写、补图、补充音视频等内容,从而衍生出大量的以原著内容为主体的衍生创作,这些衍生创作在喜爱这些作品的粉丝中广泛传播,架构起粉丝文化中的仪式感。

同人图片是作品角色可视化的方式之一,LOFTER 作为年轻人喜爱的社交软件,是网络文学作品衍生传播的新基建之一,例如大热网文《诡秘之主》就有万名画师自发制作海量衍生作品,其在 LOFTER 平台上的衍生作品拥有近 2000 万的浏览量。除了用户自发的图片绘制,平台还会邀请网红和知名艺人为部分火热的网络文学作品拍摄同人图片,为书粉提供更加真实的阅读感受。

除开视觉作品外,网络视听作品也是衍生传播的新方式。在快手举办的短视频内容比赛"百万好剧计划"中,就有不少以网络文学作品为剧本拍摄的短视频,经典台词的重现加上演员的演绎,赢得了大量书粉的关注。这种同人网络视听作品也是官方宣传的重要手段之一,例如,QQ 阅读、晋江文学城、阅文集团都会在抖音、快手等短视频软件上播放这些作品,以起到广告宣传的目的,从而吸引用户点击阅读。

3 中国网络文学制度研究

制度一般是指要求成员共同遵守的办事规程或行动准则。网络文学网站事实上起到了数字时代文学出版机构的作用，从事内容产品的生产、营销及传播的社会活动，因而它是新时期的出版机构。传统出版制度和文学制度中，作家制度、出版物质量保障制度及各种奖惩制度都由国家和地方宏观管理部门制定。而网络文学是创新性的生产活动，早期是在《互联网信息服务管理办法》（2000年9月）和《信息网络传播权保护条例》（2006年5月公布，2013年1月修订）等规制下创立起来的，直到2016年2月，国家新闻出版广电总局、工业和信息化部才发布《网络出版服务管理规定》。2017年，国家版权局印发《版权工作"十三五"规划》以加大对版权的执法力度。2020年新出台《新闻出版署关于进一步加强网络文学出版管理的通知》，对出版单位的管理提出更高、更全面的要求。即使有这些规定，对网络文学生产的管理仍然是粗放的，起主要控制作用的仍然是网站内部的制度，这些制度由网络文学的早期建设者创立。本书第2章分析了网络文学网站的主要结构和功能，以及读者、作者的操作流程，并对作品的利用和传播进行了归纳。本章将着重研究网络文学的制度，尤其是网络文学作者成长制度及作品质量控制制度，以进一步弄清网络文学出版的原理。由于起点中文网是网络文学名词体系的建立者，故本章所使用的案例以起点中文网为主，辅以其他（包括17K小说网、创世中文网和纵横中文网）案例。

3.1 网络文学作者成长制度

文学网站创办的初衷是给文学爱好者一个发布作品和交流的平台，对此，有必要建立一个帮助作家成长的制度，从众多"草根"中筛选出优秀作者来。由于作品数量庞大，显然不适合采用传统的编辑审稿制度，网站最终采取读者点击和订阅至上的筛选标准。在这个标准之下，作者要经过签约、作品上架，成长为品牌作者，再经过IP运作等过程，最终少数顶级作者可以成为"大神"。

3.1.1 作者签约和作品上架制度

网络文学网站是一个免费的网络写作平台,给所有作者提供展示作品的机会。网络文学作者发表作品首先以"公众章节"形式呈现,不会有消费产生,因此,作者在这个阶段没有稿酬,只有签约作者才能够获得作品销售收入。因此,单从"作品销售和获得稿酬"的角度来划分,作者可以分为公众作者、签约作者和上架作者。[①]

公众作者即"非签约作者",是没有固定的作品销售收入的。根据起点中文网作者福利制度,公众作者只能从读者"打赏"中获得分成,作者一般是和网络文学网站五五分成"打赏",或许一无所获,或许一日万元。公众作者在网络作者中占绝大多数,所有作者都是从公众作者成长起来的。

签约作者是指已签约但尚未有作品上架的作者。当一部作品有市场前景的时候,网站编辑就会主动联系作者签约。这时作品的授权状态就会改成"A级签约"(简称"A签")。按照规定,A签后,作品在1~2周内会上强推榜单。一部成功的A签作品,一般在经历4~5个推荐后,最终会上架销售。

所谓上架,即上架销售,指作品后续发布的章节将成为VIP章节。当签约作者写作到25万字左右的时候,编辑会安排"强推上架"或者"鼓励上架"并会根据"强推"等业绩酌情将作品上架,此时签约作者就会变成上架作者。上架作者在签约作者中的比例是15%~20%。上架销售的作品都是经过了市场考验的。

在上述过程中,网站编辑与传统出版社的编辑职能大不相同,网站编辑一般会与作者交流,提出一些建议,引导作者适应市场。但是否签约作者或上架作品,主要看作品的表现,即作品的点击率高不高。网站编辑并不会修改和校对稿件,其主要职责是对作品进行商业化前景的考量。考量的主要指标是点击率和订阅数量。

网络文学网站把作者分为公众作者、签约作者和上架作者,表面上是对作者进行分类,实际上,其中包含的是作者签约制度和作品上架制度。必须注意,网站对作品的市场前景进行了考量,但签约的并不是作品,而是该作品的作者。这与传统出版社订立出版合同的时候,一般只针对作品出版很不一样。网络文学网站签约作者的好处至少有两点:其一,有利于网站竞争作者资源。因此,我们常常会看见媒体报道中称某作者为"起点中文网签约作者",这就从身份上界定了某作者的位置。其二,便于作者的成长。后文将要介绍的作者成长体系都是

---

① 赖名芳.网络文学平台与作者如何共生共赢[N].中国新闻出版广电报,2020-05-14(5).

围绕"签约作者"而展开的,签约是第一步。[①]

对于作品,在签约的时候,网络文学网站会要求作者选择作品状态,有专属作品、驻站作品和授权作品三种状态可选,如表 3-1 所示。不同状态的作品有着不同的待遇。

表 3-1　　　　　　　　　　　网络文学网站作品状态类型

作品状态	含义
专属作品	作者是作品的著作权合法人,稿件系首发于起点中文网及起点中文网所属合作的网站和媒体,同意起点中文网作为此稿件版权的独家发布人。在撤销本委托之前,保证不再将此稿件投给其他出版媒体,有关此稿件发表和转载等任何事宜,由起点中文网全权代理,向其他出版媒体推荐作品
驻站作品	作者是作品的著作权合法人,同意起点中文网及起点中文网所属合作的网站和媒体发表此稿件,并承诺主动在起点中文网站上进行作品更新。未经起点中文网或作者本人同意,其他媒体一律不得转载
授权作品	作者是作品的著作权合法人,此作品授权起点中文网及起点中文网所属合作的网站和媒体交流发表,未经作者本人同意,起点中文网不可向其他出版媒体推荐,其他出版媒体也一律不得转载

网络文学有"首发作品"的称号,首发作品就是专属作品,一般是指在网络文学网站首次发表的作品。

从上文不难得出,网络文学网站作者签约制度和作品上架制度是最基本的制度,一旦确定了优秀作者和作品的专属状态,就意味着网站在资源的竞争中可能占一定的优势。

3.1.2　作者薪酬制度

网络文学网站把有关作者薪酬的制度叫作"福利保障体系"或"作家奖励体系"等。[②] 各大网站薪酬体系相似,但并不完全雷同。表 3-2 所示是四家重要文学网站的稿酬及福利项目,二者共同构成网络文学作者的薪酬体系。阅文集团2020 年后将旗下子网站所有作者和读者专区合并,薪资待遇不再公开,以下内容绝大部分均基于 2016 年前的数据。

---

① 曹斯滢. "爽文"的形塑[D].上海:上海社会科学院,2020.
② 邓晓诗.网络文学作者人才管理的激励模式研究[J].现代商业,2018(15):116-118.

表 3-2   四家重要文学网站的稿酬及福利项目①

网站名称	稿酬及福利项目
起点中文网	雏鹰展翅(即付费阅读分成)、半年奖"福利计划"、创作全勤奖、月票奖励、分类月票奖励、道具分享(打赏)、关爱保障(对于白金、VIP 和长约作者)、买断、小长篇扶持基金(字数为 20 万～50 万的作品)、周边版权(主要包括游戏、影视、图书三块)、渠道拓展(移动基地、起点台湾站、电信天翼)、自主定价(VIP使用)、全站作者支持(信息消费)、新完本(有条件完本奖)
创世中文网	全勤奖、勤奋写作奖、完本奖励、月票奖、道具奖
纵横中文网	作品保障、全勤奖、作品买断、签约送礼、完本奖、天道酬勤、无线增值
17K 小说网	千万精品创作基金、订阅分成榜奖励、新书订阅榜奖励、新书买断计划、全勤奖、完本奖励金、完本续约奖、道具增值福利、全渠道奖励金、新人签约奖

3.1.2.1　作者福利制度

由表 3-2 可知,网络文学网站设有保障项目和奖励项目,它们是作者收入来源之一。各网站设立的主要项目如下:

(1)创作保障制度(或称"低保"制度)。

起点中文网为保障作者收入,鼓励持续更新,特地设立了创作保障制度。制度规定:凡与起点中文网签署分成协议的作者,自作品上架销售次月起,如作品自然月内每日 VIP 有效更新字数不少于 4000 字,当月有效更新总字数不少于 18 万字,且作者当月总稿酬不满 1500 元,均可申请创作保障。申请经审核通过后,起点中文网在作者实际稿酬的基础上,补齐至 1500 元发放。② 每部作品可享受 4 个月创作保障扶持周期,超出 4 个月后将不再享受本计划。作者可以选择在 4 个月内完结作品,创作更受欢迎的新作。该稿酬方式也被称为"低保"。③也就是说,坚持更新到一定字数的作者,至少可以连续 4 个月得到 1500 元。17K 小说网也设立有类似的"作品保障"项目。

---

① 资料来源:各网站官网。具体如下。

起点中文网[EB/OL].[2021-03-15].https://www.qidian.com.

创世中文网[EB/OL].[2021-03-15].http://chuangshi.qq.com.

纵横中文网[EB/OL].[2021-03-15].http://www.zongheng.com.

17K 小说网[EB/OL].[2021-03-15].https://www.17k.com.

② 起点读书——网络作家星计划[EB/OL].[2021-03-15].http://acts.qidian.com/2020/2020_09/index.html.

③ 同上。

（2）全勤奖。

如 17K 小说网规定：在每自然月内，已经上架的作品，每日 VIP 章节更新字数均为 4000 字以上，即可获得 1500 元保障金；在每个自然月内，已经上架的作品每日 VIP 章节更新字数均为 8000 字以上，即可获得 2500 元的保障金。起点中文网也设立有全勤奖，纵横中文网设立有"天道酬勤"奖励体系。[②]

（3）完本奖。

起点中文网、17K 小说网、纵横中文网和榕树下等网站设立有完本奖，规则比较类似。如 17K 小说网规定：签约并正常更新完结的作品，完结字数 20 万字，完本奖励为 100 元；40 万字的作品，完本奖励为 200 元；等等。

（4）新人签约奖。

17K 小说网设有该项目，规定签约的新人获奖 100 元。纵横中文网设有"签约送礼"，送 5000 纵横币。

（5）月票奖。

纵横中文网设有月票奖，奖励月票榜上名列前茅者，月票榜实际上相当于起点中文网的"中国原创文学风云榜"。

（6）勤奋写作奖。

如起点中文网规定：每 6 个月的统计周期内，作家在每月更新的 VIP 章节字数在 10 万字以上（作品上架当月及完本当月不限制更新字数），即可获得勤奋写作奖。发放标准为规定周期内，作品在起点中文网自有平台（指起点中文网运营的所有使用起点中文网账号体系的产品，包括起点中文网 PC 站、触屏版、起点读书客户端等）所产生的新增单章订阅稿酬的 20%。

各个网络文学网站的福利差别不是很大。表 3-3 所示为网易云阅读、纵横中文网、17K 小说网和起点中文网作者部分福利待遇的比较。

---

① 17K 小说网-2021 作家福利［EB/OL］.［2021-03-15］. https://zhuanti. 17k. com/subject/2021/fu-li/.

② 纵横中文网-纵横文学 福利计划［EB/OL］.［2021-03-15］. http://author. zongheng. com/nzh/fu-li.

表 3-3　　　　　　　　　网络文学网站作者福利待遇比较①

网络文学网站	渠道分成奖	签约、上架奖	全勤奖	完本及续约奖
网易云阅读男频	未公布	新签一部作品，并成功上架，可获得300元云阅读红包奖励。 上架当月VIP订阅稿费超过500元，额外奖励100元； 上架当月VIP订阅稿费超过1000元，额外奖励300元； 上架当月VIP订阅稿费超过3000元，额外奖励1000元； 上架当月VIP订阅稿费超过5000元，额外奖励1500元	每日更新3000字以上（每月更新不少于28天）奖励300元； 每日更新5000字以上（每月更新不少于28天）奖励500元； 每日更新10000字以上（每月更新不少于28天）奖励1000元； 每日更新15000字以上（每月更新不少于28天）奖励1500元。 （注：月销售额未达到300元的全勤作品，仅可申请300元奖励）	长篇完本作品续约奖： 总字数100万字以上，VIP字数不少于总字数的1/3，奖励600元； 总字数200万字以上，VIP字数不少于总字数的1/3，奖励1200元。 畅销完本作品续约奖（根据上一本完本作品销售数据来申请奖励金额）： 总收益1万元以上，奖励300元； 总收益5万元以上，奖励900元； 总收益10万元以上，奖励1500元

---

① 资料来源:各网站官网,具体如下。

网易云阅读（男频）[EB/OL].（2015-01-01）[2022-02-13]. http://yuedu.163.com/special/0021644H/male.html.

网易云阅读（女频）[EB/OL].（2015-01-01）[2022-02-15]. http://yuedu.163.com/special/0021644H/female.html.

纵横中文网[EB/OL].（2009-09-01）[2022-02-15]. http://www.zongheng.com/company/author.html.

17K小说网[EB/OL].（2017-06-11）[2022-02-13]. https://www.17k.com/fuli/2017/index.html#con_top.

注:起点中文网于2015年之后作者福利制度具体资料未公布。

续表

网络文学网站	渠道分成奖	签约、上架奖	全勤奖	完本及续约奖
网易云阅读女频	未公布	当月更新字数不少于 15 万字，当月 VIP 作品销售额超过 1000 元的，将稿费补足为 3000 元； 当月更新字数不少于 12 万字，当月 VIP 作品销售额超过 500 元的，将稿费补足为 1500 元； 当月更新字数不少于 10 万字，当月 VIP 作品销售额超过 100 元的，将稿费补足为 1000 元	与网易云阅读男频奖励规则一致	长篇完本作品续约奖： 总字数 80 万字以上，VIP 字数不少于总字数的 1/3，奖励 600 元； 总字数 150 万字以上，VIP 字数不少于总字数的 1/3，奖励 1200 元。 畅销完本作品续约奖： 总收益 1 万元以上，奖励 300 元； 总收益 5 万元以上，奖励 900 元； 总收益 10 万元以上，奖励 1500 元
纵横中文网	签约作者将可获得该作品无线版权在基地结账后的 50% 收入	分成签约送 5000 纵横币(1 元人民币＝100 纵横币)	作品更新字数达到 200 万字，奖励 3000 元； 作品更新字数达到 300 万字，奖励 5000 元； 作品更新字数达到 300 万字，同时平均订阅在全站 VIP 分成作品中排名前十以内的作品，额外奖励 5000 元(此项奖励要求作品 VIP 章节字数不少于 100 万字)	纵横中文网男频： 总字数不少于 100 万字，VIP 字数不少于 25 万字，奖励 500 元； 总字数不少于 150 万字，VIP 字数不少于 70 万字，奖励 800 元； 总字数不少于 200 万字，VIP 字数不少于 120 万字，奖励 1500 元 纵横中文网女频： 总字数不少于 50 万字，VIP 字数不少于 10 万字，奖励 300 元； 总字数不少于 80 万字，VIP 字数不少于 25 万字，奖励 500 元； 总字数不少于 150 万字，VIP 字数不少于 70 万字，奖励 1500 元

续表

网络文学网站	渠道分成奖	签约、上架奖	全勤奖	完本及续约奖
17K小说网	凡参与本项目的作品，均可获得17K小说网在全渠道收益的50%（扣除渠道运营成本）	首次与17K小说网签约的新作家均可获得200元的奖金。上架作品字数为15万～20万字，奖励100元	日更新VIP章节3000字，奖励400元；日更新VIP章节6000字，奖励800元；日更新VIP章节10000字，奖励1200元	完结100万字，奖励500元；完结200万字，奖励1500元；完结300万字，奖励2500元
起点中文网	凡参与本项目的作品，均可获得扣除中国移动60%销售分成后，起点中文网在中国移动阅读基地平台实际收入的50%		日更新VIP章节字数大于或等于5000字，奖励500元；日更新VIP章节字数大于或等于10000字，奖励1000元	月更新VIP章节字数大于或等于60000字，奖励稿酬的20%；月更新VIP章节字数大于或等于120000字，奖励稿酬的40%

其中，网易云阅读曾经为了吸引作者入驻网站，将"渠道分成奖"的比例设置为100%归作者；而17K小说网另辟蹊径，采用预估值和预付酬金的方式吸引作者。网易云阅读、纵横中文网、17K小说网对签约上架作品也有适当鼓励；起点中文网虽福利并不突出，但凭借长期以来的人气，依旧掌握着数量最多的优质作者资源。

3.1.2.2 作者稿酬制度

根据起点中文网发布的"原创文学作品网络版权签约制度"，关于作者的收入，不同的签约级作品拥有不同的稿酬资助标准。签约作品经起点中文网代理销售版权成功，获得正式出版的机会，除网络版稿酬外，作者还可再获得纸书出版稿费。

目前，网络文学作者的稿费收入模式，主要分为分成和买断两种：

分成签约是指作者与网站按照一定的比例分成作品收入。大多数情况下，网站与作者五五分成，顶级作者可约定分成比例。再加上网站的种种福利，签约作者的最终稿酬会超过作品总收益的一半。福利中最重要的是全勤奖励和完本奖励，网络文学网站希望通过这种方式督促作者奉献更稳定的、持续更新的和更完整的作品。

买断签约类似传统出版制度中的稿酬模式，指网站用一个确定的价格买断作品,一般以千字多少钱约定一部作品的最终收益。买断的价格最低为每千字数元,最高则没有上限。

阅文集团(以起点中文网为例)的稿酬模式有一个简单的图解,如图 3-1 所示。

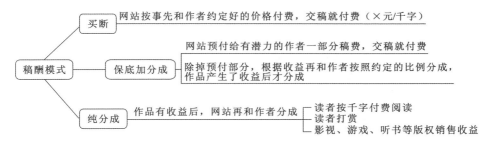

图 3-1　起点中文网稿酬模式示意图

阅文集团的主要薪酬体系为订阅分成(或买断)+"低保"。作者若想获得其他奖励项目则要靠自己的努力。

3.1.2.3　作者总收入公式

总结各个原创网站作者薪酬制度,作者收入的具体组成为稿酬(订阅分成或买断稿酬)+打赏分成+福利(以全勤奖和完本奖为主)+"低保"。

如果作品分销到其他渠道,或版权销售,作者收入还要加上无线分成(移动阅读客户端分成)、其他渠道收入分成(比如起点中文网台湾分站、云中书城销售)、实体书出版分成、IP 销售分成,等等。

对于渠道分成,前文已经指出,福利待遇最好的是网易云阅读,作品收入100%归于签约作者,而起点中文网在扣除中国移动 60%的作品销售分成后,作者和起点中文网五五分成,即作者只能获得无线收入的 20%。对于签约上架的作品,网易云阅读发放 300 元的云阅读红包奖励,纵横中文网和 17K 小说网也会有所表示。以 17K 小说网为例,对于全勤奖,大约每日更新 10000 字,作者可得 1000 元,然而一个月只能休息一两天。完本作品达 200 万字的奖励 1500 元左右。

3.1.3　作者等级制度

作者等级制度是网络文学网站推出的作者升级和发展体系。按照统一标准计算作家经验值(或积分),当经验值达到标准并升级后,作者即可享受相应待遇。等级越高,资源及服务越多,则奖励也就越多,保障和特权也就越大。

3.1.3.1　创世中文网的作者等级制度

创世中文网的作者等级制度比较完备,在其宣传页面上有清晰的作者等级待遇示意图,如图 3-2 所示。

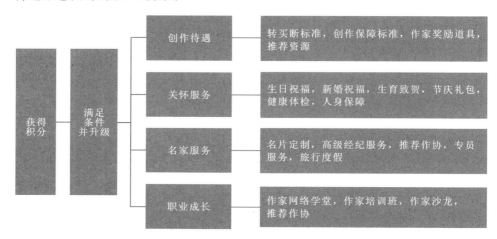

图 3-2　创世中文网作者等级待遇示意图[①]

图 3-2 中的"获得积分"是指作者经验值的获取,它由创作经验值、成就经验值、奖励经验值三项组成。以创作经验值为例,创世中文网的创作经验值与起点中文网有一些类似,通过对作者创作(以字数计算)、创作收入和月票人气进行计算得到。

①就作者创作来说,计算公式为

创作经验值(新增公众字数项目)=当月每日新增公众字数之和/10000

或

创作经验值(新增 VIP 字数项目)=当月每日新增 VIP 付费字数之和/10000×2

②就创作收入来说,计算公式为

创作经验值=作者在创世的理论稿费/10[②]

其中:

理论稿费=分成稿酬+道具分成+版权拓展×50%(单位为元)

---

① 创世作家体系开启原创新时代[EB/OL]. [2021-03-15]. https://pages.book.qq.com/pages/chengzhangtixi/zuojiadengji.html.

② 创世中文网注:按照作者名下所有作品在创世中文网所获得的订阅数及渠道销售稿酬、互动道具分成的全部,再加上通过创世实现的版权拓展(含出版)作者收益的 50%,即为作者理论稿酬。其中,买断作品的订阅、渠道销售等均按作品在分成状态下作者可以获得的稿酬计算;作家奖励、保障及未通过创世产生的作者收入等不计入理论稿酬。

③就月票人气来说,计算公式为

创作经验值＝作者当月所获月票/20(500 点经验值/月封顶)

表 3-4 所示为创世中文网分成作品理论稿酬示例。

表 3-4   **创世中文网分成作品理论稿酬示例**

项目	收入类型	作者所得稿酬、收入(税前)	经验值
理论稿酬	订阅	10000 元	1000 点
	渠道	10000 元	1000 点
	出版及改编	10000 元	500 点
	用户互动	10000 元	1000 点
总计		40000 元	3500 点

资料来源:创世中文网。

在表 3-4 所示作者所获得的理论稿酬中,若订阅稿酬为 10000 元,则获得经验值 1000 点;若出版及改编稿酬为 10000 元,则在除以 10 的基础上再乘 50％,所获经验值为 500 点。

创世中文网通过公开、透明的计算办法,可算出一位作者的具体经验值,然后按对应的等级给作者相应的待遇。如作者在获得 200000 的经验值后,可获得创世中文网首页封面推荐至少两次。创世中文网作者创作待遇见表 3-5。

表 3-5   **创世中文网作者创作待遇概览表**

等级	创世签约作者创作待遇					
	升级经验值	允许转买断价格标准	全勤奖励请假上限	勤奋写作豁免	创作保障标准	推荐资源
1	10 点	—	—	—	1500/月	合约约定
2	100 点	—	1 次/月	1 次/部	1500/月	合约约定
3	1000 点	—	1 次/月	1 次/部	1500/月	增加推荐 1 次
4	5000 点	15 元/千字	1 次/月	1 次/部	1500/月	增加推荐 1 次
5	10000 点	20 元/千字	1 次/月	1 次/部	1600/月	增加首页推荐 1 次
6	25000 点	30 元/千字	2 次/月	2 次/部	1600/月	增加首页推荐 1 次
7	50000 点	45 元/千字	2 次/月	2 次/部	1800/月	首页封推至少 1 次
8	100000 点	60 元/千字	2 次/月	2 次/部	2000/月	首页封推至少 1 次
9	200000 点	100 元/千字	2 次/月	2 次/部	2000/月	首页大封推至少 1 次
10	500000 点	120 元/千字	2 次/月	2 次/部	2000/月	首页大封推至少 1 次
11	1000000 点	150 元/千字	3 次/月	3 次/部	3000/月	首页大封推至少 2 次
12	2000000 点	200 元/千字	3 次/月	3 次/部	3000/月	首页大封推至少 2 次

资料来源:创世中文网。

3.1.3.2 起点中文网的作者等级制度

起点中文网按照作者价值创造能力区分作者等级,作者等级的生成将按照作者上年所产生的作者积分换算,每年更新一次。网络文学作者等级由五星作者、品牌作者两部分组成。五星作者是创世中文网签约作者的基础等级,通过作者价值创造能力和粉丝影响力反映从原创新人到主力作者的不同阶段。品牌作者榜单是最公平、最具权威性和时效性的优秀作者榜单,只有最具价值和最有号召力的网络作者才能榜上有名,他们享有专属待遇。①

起点中文网作者价值创造能力是依据积分来计算的,积分由创作积分、互动积分、赠送积分构成,其中创作积分是每位作者的主要积分来源。②

创作积分按照作者通过起点中文网范围内所有平台所获稿酬合并计算。作者在起点中文网所获得的订阅及渠道销售稿酬、互动道具分成、版权拓展(含出版)等,即为作者理论稿酬。奖励、保障等作者福利,以及未通过起点中文网产生的作者收入等不计入作者理论稿酬。2020 年阅文集团发起"文以载道"作者扶持计划,现实题材、传统文化及其他个性创作内容品类潜力题材,只要篇幅内容质量达到标准,就可获得 50000 元保障条约。③

互动积分是指人气积分,按照作者通过起点中文网所获得的月票数进行计算。换算方法:所获得月票数/20,最多可获得 500 积分,按月结算。

赠送积分是起点中文网出于祝贺作者创作取得进展、表彰作者特殊贡献、奖励作者在各类活动中优胜等原因,直接向作者赠送的积分种类。其中,作者的签约作品取得国家级奖项或在自身领域作出突出贡献的,视作者贡献而定,赠送积分数额不超过作者当年积分的 50%;在公开活动中取得优胜,如年度评选等,按照活动奖项发送,单次赠送积分数额不超过 10 万;加入省级作家协会的赠送1000 积分,加入中国作家协会的赠送 10000 积分。作者获得积分后,可通过积分兑换提升作者等级。起点中文网作者等级(星级)与积分值对应情况如表 3-6所示。

---

① 创世中文网 2015 作者体系星计划[EB/OL].[2021-03-15]. http://pages. book. qq. com/pages/2015/cssp/ppzjz. html#textID.
② 阅文集团作家专区-作家积分 [EB/OL].[2021-03-15]. https://write. qq. com/portal/help.
③ 重磅|阅文集团作者福利体系全面升级![EB/OL]. (2020-09-23)[2021-03-15]. https://write. qq. com/portal/newscontent？newsid=18081035808294501.

表 3-6   起点中文网作者等级(星级)与积分值对应表

作者等级	标准
1	作品签约
2	10000 积分
3	20000 积分
4	50000 积分
5	150000 积分

资料来源:起点中文网。

由表 3-6 可知,积分兑换出来的等级也就是作者等级。不同等级的作者有不同的待遇。起点中文网不同等级作者的待遇如表 3-7 所示。

表 3-7   起点中文网不同等级作者的待遇

项目	等级要求
线上推广资源	三星以上优先
外部广告	五星以上
媒体资源	五星以上
IP 重点推荐	五星以上
人力资源支持	五星以上
运营资源支持	五星以上

资料来源:起点中文网。

显然,起点中文网的资源分配明显倾向于等级高的作者。表 3-7 中,"线上推广资源"是指网站、移动端、集团渠道等推广渠道,向三星以上作者优先开放。"外部广告"是指线上广告、地面广告,向五星以上作者开放。"媒体资源"是指内部的网络媒体、传统媒体、自媒体等宣传资源,向五星以上作者开放。"IP 重点推荐"是指腾讯内部 IP 合作和外部 IP 合作,其中内部 IP 合作是指腾讯游戏、影视、动漫及合作开发商等;外部 IP 合作机构是指三百家出版社、游戏商家、动漫商家和影视机构等,起点中文网向五星以上作者重点推荐 IP 合作。"人力资源支持"是指起点中文网提供作者服务团队,包括运营专员和个人助理等。"运营资源支持"是指作者自主活动推广、作品活动奖品支持等,目的是支持和鼓励作者运作宣传。

起点中文网还有专属作者和白金作者之说。专属作者是指订阅成绩出色、版权拓展成就出众者。白金作者即品牌作者或"大神"作者,指网络文学界的领军人物,订阅成绩、版权拓展顶尖者。①

在起点中文网的作者成长体系中,一星至四星级作者是青年作者,即处于孵化阶段的作者,针对这类作者,网站的工作重点在培训、福利保障和激励上。五星作者和专属作者属于价值作者,网站会向移动端、自媒体、合作方渠道推广,向各种媒体曝光,并安排媒体见面会、签售会、读书会等活动。

"大神"作者在起点中文网会获得更高的待遇,如 IP"泛娱乐"改编、线上线下活动、社会身份主流化、知名媒体资源宣传、私人助理支持等服务。

总而言之,原创文学网站根据作者创造表现,以及获奖等兑换积分(或经验值),不同的积分对应不同的待遇、特权和服务。作者等级越高,所占有资源也就越多,所获得的推广和服务也就越全面。

总之,起点中文网和创世中文网等,都已经形成了以经验值或积分划分作者等级,从而给予其不同待遇的制度。决定作者等级的因素主要有稿酬、作者创作勤奋程度、作者人气、作者获得的奖项及作者是否加入作家协会等。作者等级制度的建立极大地减少了人为评价成分,同时,也使得原创文学网站商业化气息更加浓厚,一些"纯文学"作品在这种制度下不会得到较好的待遇。

3.1.4 作者的挖掘、培训和指导

对作者的挖掘、培训和指导大致可分为五个层次。第一,采用线上征文竞赛、推广和引导等。如阅文集团举办的"起点剧场"征文大赛②,该赛提倡"既赢得市场,又具有社会价值"。又如"掌阅文学创作大赛"③,该赛在全国数百家高校推广,并启动社会征稿。

第二,商业化写作指导。起点中文网为了培育作者,常常推出一些资深作者和编辑的经验之谈,以指导新手写作。如《网络商业写作新人指南之选题(方士版)》一文,作者无德道士是起点中文网多项制度的参与制定者、起点中文网编辑部的副主编、盛大娱乐小说的主编。该文指导的对象是"希望获得一份稳定收入的商业作者",而希图流芳百世、登大雅之堂的作品的作者不在指导之列。该文包括选题、大纲、角色塑造几个部分,对新手写作提出了种种建议。该文发表后被若干家网站转载。起点中文网三江小阵也发表有《网络原创文学写作指南》,

---

① 阅文集团作家专区-作家等级［EB/OL］.［2021-03-15］. https://write. qq. com/portal/help.

② 5～50万字"起点剧场"征文大赛［EB/OL］.［2021-03-15］. https://write. qq. com/portal/dashboard/actarticleDetail? id＝616.

③ 掌阅文学创作大赛启动投稿 各方支持期待佳作［EB/OL］.(2016-07-03)［2021-03-15］. http://mt. sohu. com/20160703/n457500481. shtml.

对网络文学的行业前景、作者生存状态、写手必备素质等进行说明指导。此外，起点中文网设有作家专区网页和作家助手 App，作家可分类目选择学习，了解实时资讯并与资深业内人士互动交流。林林总总的规定都有助于新作者的加盟。

第三，创作激励计划。起点中文网有创作题材激励计划，以扶持特定题材。如在 2015 年推出的"网络作家星计划"中，起点中文网宣布对历史、军事、竞技、武侠、职场、都市（文化传承、社会、乡土）题材进行扶持，要求作品"主题积极正面，传递正能量；有较好的文学、文化素养，有一定创作水准"，扶持标准为"长篇作品 5 万元/部起；中短篇作品视作品篇幅而定"，等等。在 2020 年推出的"网络作家星计划"关于作家的"扶持条件"中，起点中文网规定"申请作品应具备以下基础条件：①作品主题积极正面，传递正能量。②有较好的文学、文化素养，有一定创作水准。③长篇作品已发表字数在 10 万字以上。中短篇作品已完结"。扶持标准与 2015 年"网络作家星计划"规定的标准相同。

第四，网站办作家班。阅文星学院是起点中文网作家培养体系中的重要一环。该学院除了进行写作基础及进阶培训外，还涉及品牌营销、市场掌握等方面的培训。中文在线办有"网文大学"，其前身为"17K 商业写作青训营"，又称"商写青训学院"。面向作者进行专业的商业写作培训，并常年邀请已经取得成功的优秀写手、"大神"作者前来讲课。

第五，鲁迅文学院与网站合作举办网络文学作家培训班。从 2009 年开始，素有"作家摇篮"之称的鲁迅文学院就开始与网站合作举办培训班。当时，鲁迅文学院与盛大文学经过多次遴选，最终定下唐家三少、任怨等 29 名知名网络写手作为鲁迅文学院"网络文学作家培训班"的第一批学员。授课人员有中共中央党校原文史部副主任周熙明、中国作家协会副主席陈建功、著名作家蒋子龙、鲁迅文学院原常务副院长白描、《长篇小说选刊》杂志编辑部原主任马季、评论家胡平等。授课队伍代表了中国文学创作和理论的较高水平。此后，鲁迅文学院又与中文在线等合作举办了培训班。

3.2　读者（或用户）等级制度

网络文学网站设立读者等级制度的主要目的：一是配合作者成长制度；二是配合作品质量筛选；三是激励读者和提高网站黏性；四是帮助网站和作者了解市场，促进商业运作。网络文学网站的读者等级制度与各论坛网站的读者等级制度类似,它不是一种创新型制度,但却是网络作者制度的基础。

3.2.1 读者职业体系

读者也依靠积累经验值而成长,经验值等级越高,读者在职业体系中的等级越高。以起点中文网为例,读者经验值是指用户通过在起点中文网的一些读者行为累计获取的积分凭证。起点中文网部分功能(如投推荐票、发表书评等)需用户累积到一定经验值后方可使用。当用户的经验值累积达到不同等级要求后,也可获得相应的升级奖励。

读者获取经验值的主要方式:①在线时间长。例如,在线 30 分钟,读者可获15 点经验值。②完成每日任务。例如,订阅付费阅读章节 5 章,获 10 点经验值。③投月票。例如,每投一张月票,可获得 10 点经验值。④投推荐票。例如,每天至少投 1 张推荐票,可获 2 点经验值。⑤评论经验值。例如,书评普通加精,获得追加的 3 点经验值等。

当达到一定经验等级后,读者就可以根据指定条件选择开启职业体系,之后将会在书评区和个人中心显示读者的职业和等级,读者也就拥有了相应的职业道具。读者职业体系有游戏色彩,其目的是吸引年轻读者持续使用网站。

3.2.2 会员等级

以起点中文网为例,它将读者分为免费用户、普通会员、高级会员、初级 VIP和高级 VIP,如表 3-8 所示。从非会员升级到高级别的会员的途径是充值。

表 3-8 　　　　　　　**起点中文网不同会员等级的条件及特权一览表**

会员等级	条件及特权
免费用户	注册起点账号
普通会员	一次性充值 1 元,可以 5 分/千字的价格订阅 VIP 章节,其中包括 4 分基础消费＋1 分酬勤消费;每个自然日对单本书最多可投 3 张推荐票;本月主站订阅消费每满 3000 起点币可获得 1 张订阅月票,且享有投票权;等等
高级会员	账户在最近 12 个自然月内消耗累积达到 19900 起点币,可升级成为高级会员。高级会员,可以 5 分/千字的价格订阅 VIP 章节,其中包括 4 分基础消费＋1 分酬勤消费;符合月票投票资格的,上月主站订阅消费满 1000 起点币可获得 1 张保底月票,且享有投票权;本月主站订阅消费每满 2000 起点币可获得 1 张订阅月票,且享有投票权;等等

续表

会员等级	条件及特权
初级 VIP	账户在最近 12 个自然月内消耗累积达到 120000 起点币,可升级成为初级VIP。初级 VIP 可以 4 分/千字的价格订阅 VIP 章节,其中包括 3 分基础消费＋1 分酬勤消费;符合月票投票资格的,上月主站订阅消费满 1000 起点币可获得 2 张保底月票,且享有投票权;符合月票投票资格的,本月主站订阅消费每满1500 起点币可获得 1 张订阅月票,且享有投票权;对单本书可投该账号拥有的任意张数推荐票;等等
高级 VIP	账户在最近 12 个自然月内消耗累积达到 360000 起点币,可升级成为高级VIP。高级 VIP 可以 3 分/千字的价格订阅 VIP 章节,其中包括 2 分基础消费＋1 分酬勤消费;符合月票投票资格的,上月主站订阅消费满 1000 起点币可获得 3 张保底月票,且享有投票权;符合月票投票资格的,本月主站订阅消费每满1000 起点币可获得 1 张订阅月票,且享有投票权;对单本书可投该账号拥有的任意张数推荐票;等等

资料来源:起点中文网。

网络文学网站读者制度,明显鼓励增加在线时间、多订阅、多充值、发书评和投票等互动读者行为。而作者等级制度严重依赖读者的这些活动。所以,两种制度是严密配合的,可以说读者制度是作者等级制度的基础,辅助网站培养出大批品牌作家,进行作品的 IP 运营。

3.3 作品质量控制制度

3.3.1 网络文学内容质量的问题

网络对于文学,可以说是一把双刃剑,一方面,网络为文学创作提供了开放、自由的创作空间,使得很多优秀作品出现,如《第一次的亲密接触》《明朝那些事儿》《鬼吹灯》《星辰变》《宦海沉浮》《不认输》《我的美女老板》《梦回大清》《诛仙》《小兵传奇》《成都,今夜请将我遗忘》等;另一方面,网络也带来了一些"文字垃圾"。网络文学内容质量的主要问题如下:

首先,从网络文学的总体上看,作品内容趋于单一,文学创作走向模式化。其题材大部分局限在玄幻、奇幻、武侠、仙侠、都市言情及历史架空等类别。各类题材跟风现象严重,比如都市言情类里有《和空姐同居的日子》,在起点中文网里可以找到与此类似的《和校花同居的日子》《我和校花同居的日子》《跟校花同居的日子》《和大小姐同居的日子》《大学同居的日子》《和护士同居的日子》《和名模一起同居的日子》等。

其次,作品内容低俗。一是为谋取经济利益,一些网络文学网站的作品内容有宣扬色情的倾向或使用挑逗性的标题,一些网站提供有低俗问题的文学作品阅读或下载服务;二是以带有侵犯个人隐私性质的内容吸引网民的注意。[1]

再次,文字水平较低,逻辑性差。网络文学作品门槛低,很多作者创作经验不足,文化层次不高,语言表达达不到要求,错字、错词和标点符号错误都很常见。另外,网络语言本身也具有随意性、恶搞性。火星文、绰号、嘲谑、戏仿,甚至是粗俗的脏话都随处可见。作者为蹭热度,创作出来的作品内容违背历史事实、违反自然规律等屡见不鲜。

近年来,作品冗长注水也成为内容质量的重要问题。由于网络文学绝大多数以收益最大化为导向,字数和稿费挂钩;对于新手作者,作品需要达到一定字数才能被编辑审核、推荐。当字数成为衡量标准时,作者为达到要求,不可避免会扩充文章,加入与情节无关的低质量内容。[2]

3.3.2 网络文学质量内部控制机制

成熟的网络文学网站,已经形成了一套根据质量对文学作品进行筛选、淘汰和修正的工作办法,我们称这些工作办法为内部质量控制机制,这一整套"机制"值得我们全面研究。

由于网络文学运行机制不同,其产品作为内容质量控制对象有特殊性。首先,经济成本是网络文学网站考虑的重要因素。网络文学网站兼有作品传播和商务交易的功能,如果按传统的编审方式操作,没有一个网站能够承担起这笔巨额费用。以阅文集团为例,截至 2020 年上半年,阅文集团平台作品总数量超过1300 万部,[3]如此巨大的数量,所需的编辑队伍就会非常庞大,而且作品发布周期会很长,这显然不现实,与网络文学网站创办的初衷也相违背。

其次,点击率在网络文学网站的商业杠杆中起着重要作用,它反映了作品的受关注程度。网络作家根据点击率获得报酬,网站也可用点击率吸引广告主。

① 谢有顺. 通向网络文学的途中[N]. 文艺报,2001-07-24(3).
② 李婧璇. 助力网文迈向高质量发展新时代[N]. 中国新闻出版广电报. 2020-11-08.
③ 阅读行业数据分析:2020 上半年阅文集团平台作品数量超过 1300 万部[EB/OL]. (2020-12-09)[2021-03-15]. https://www.iimedia.cn/c1061/75667.html.

因此,作品常常需要"炒热",这需要大量的网民参与。网络"喧哗"实际上是网络文学出版中的重要推动因素,这就决定了传统出版幕后的精编精校不适合用在网络文学网站之中。

再次,网络文学传播过程中的特殊性还表现在其发表平台是互动的、开放的,作者、读者、编辑都在一个平台上保持着紧密的联系,任何一方的行为都能够在平台上清晰展现。作者每天的更新量、读者的评论和点击状况、编辑的推荐等,所有信息交汇在一起,可以更快地发现和改正错误。这就决定了网站可以采用"互动"等办法来进行质量控制。互动不但可以使问题在最短时间内得到解决,而且有利于"炒热"作品。

最后,网络传播有其特殊性,"置顶""加精"等功能的应用,可以将一篇好作品与网民分享。同时,长期没有人评论点击的作品就可能"沉底",这就形成了一种自然的淘汰制度。

网络文学网站利用上述特殊性,形成了对内容产品进行控制的一整套办法,包括内部制度控制、筛选机制、自我修正机制,另外再辅以作者激励机制等。

3.3.2.1　内部制度控制

网络文学网站上发布的作品数量众多,每名编辑平均每天要审读数百万字的作品,如果没有明确的内容质量要求,就不能对作品进行准确评价。对网络作家来说,必须有规则约束。而对网站管理本身来说,制定相关的作品发布制度、推荐规则、服务制度等,是必不可少的。

起点中文网"作者申请指南"对文学作品质量提出了要求,具体见表3-9。

表3-9　　　　　　　　　　　起点中文网对文学作品质量方面的要求

作品内容	作品应是作者的原创作品;作品不能涉及现实政治或影射现实政治;作品中不能有露骨的色情描写;作品中不能有影射或攻击他人的言行;作品中不能有大量极端低俗无味、有悖于现实社会公众道德的内容
作品篇幅	申请专栏时必须已写三个章节或者3000字以上,同时在开通专栏后、完成2万字的作品前不能再新增作品(特殊情况另行协商)
作品质量	作品应该有特色,语句要通顺、流畅;要准确、规范使用文字和标点符号,不能有太多错别字;排版要合理,以方便原创书库的收录。作品名与章节名应与作品内容相符,如果作品名不具有文学性、具有故意夸大其词的广告性、具有政治性及恶搞性,原创书库将拒绝收录该作品
作品题材	被收录的作品,题材以起点书库分类为标准,作品必须具有文学性
法律法规	反动、淫秽、违反国家法律法规、有悖社会道德伦理、政治色彩强烈的作品,网站不予发表;作品违反了国家有关法律政策的,网站有权撤销、删除相应作家的专栏;作者作品属于非原创作品的,将根据"非原创作品起点处理规定"进行处理。此类作品所产生的一切后果及责任由投稿人自负

17K 小说网的"17K 用户守则"①规定:用户单独承担发布内容的责任。用户必须承诺,在 17K 的网站上发布信息或者利用 17K 的服务时,必须符合中国有关法律法规。

百度文学旗下纵横中文网的"法律申明"②规定:①用户务必上传自己的原创作品;②内容违法、违规或被他人投诉的作品,网站保留不经通知本人先行删除、屏蔽上传内容,直至取消用户资格,应司法、行政机关要求披露用户个人信息的权利。如经最终认定用户的违法、侵权行为不成立,网站就上述已经采取的措施免责。③因用户违反法律、法规规定及网站要求,导致的一切纠纷及法律责任,由用户个人自行处理并承担,同时网站保留追究用户相关法律责任的权利。

归纳起来,对于作品的质量,网络文学网站一般必须具有以下几个方面的要求:①强调内容不得违法;③②强调不得侵犯版权;③强调不得有悖伦理道德;④反对低俗淫秽;⑤不得上传有强烈政治性的作品;⑥作品要有文学性,不得上传学习资料等类似文章。

起点中文网在作品内容方面的规定最为全面,不但有上述内容,而且对作品的题材、质量、篇幅等方面作了要求。虽然有内容上的规制,但一般不会审查内容质量。如起点中文网在新建作品第一次上传的时候,一般要在 48 小时内进行编辑审核,审核通过后方可公布。更新作品也需要简单的审核。但这些审核都不是传统意义的编辑审核,只是对违法等问题的粗放式审核,或称过滤性的审核(包括电子把关)。纵横中文网就明确申明"本网站除依据相关法律法规对涉黄、涉政以及违反公序良俗原则等禁止出版、传播的内容进行筛查和过滤之外,无法对用户上传的所有内容一一进行监测和审核"。

3.3.2.2　筛选机制

网络文学网站中体现出的信息传递结构是立体的,蕴含着一种评价筛选机制。它的结构是金字塔形的,包括基础层、中间层和最高层。

---

① 17K 用户守则[EB/OL].[2021-03-15].https://www.17k.com/inc/agreement/usercode.html.

② 纵横中文网-法律声明[EB/OL].[2021-03-15].http://www.zongheng.com/company/copyright.html.

③ 每个网络文学网站都重申《互联网信息服务管理办法》的九条规定。互联网信息服务提供者不得制作、复制、发布、传播含有下列内容的信息:反对宪法所确定的基本原则的;危害国家安全,泄露国家秘密,颠覆国家政权,破坏国家统一的;损害国家荣誉和利益的;煽动民族仇恨、民族歧视,破坏民族团结的;破坏国家宗教政策,宣扬邪教和封建迷信的;散布谣言,扰乱社会秩序,破坏社会稳定的;散布淫秽、色情、赌博、暴力、凶杀、恐怖或者教唆犯罪的;侮辱或者诽谤他人,侵害他人合法权益的;含有法律、行政法规禁止的其他内容的。这个办法在机构进入标准和内容方面都有明确的规定。

（1）基础层。

这是作品传播的最底层。对于阅读的作品，读者可以评论和推荐。如起点中文网对作品设置了"互动信息区"和"书评区"栏目，用"投推荐票""打赏"和"评价"等方式评价作品，而"点击量"、"本书月票"、好评指数和被"打赏"数又是作品进入不同排行榜的条件。

其中"基础层"的评价指标主要是月票量。网站一般设有"月票榜"，例如，2021年7月，起点中文网名列榜首的辰东的《深空彼岸》月票量高达7万张；卖报小郎君的《大奉打更人》月票量超过6万张，会说话的肘子的《夜的命名术》月票量超过4万张，榜单前十的作品的月票数量均过万张。[①] 这种评价方式虽然简单，但读者以打月票这种方式完成了对作品的初步评价，受读者欢迎的作品可以凸显出来。

（2）中间层。

通过基础层的评价，受读者欢迎的作品会得到编辑的推荐或进入各种各样的榜单，点击率达到一定数量的作品会被置顶，并被重新审读，发布到网站推荐栏目上。

①编辑推荐制度。网络文学网站一般都设有"编辑推荐""每周强推""热门作品精选"等栏目，作品进入这些推荐榜要达到相应的标准，是读者和编辑双重选择的结果。这些推荐榜显示在主页上，可以吸引更多读者阅读。通过中间层的传播，作品的影响力会进一步扩大。

网络文学网站还纳入了传统的编辑制度。如起点中文网的"三江推荐"是专门面向新晋作品的推荐榜单，它规定：满足"三江推荐"条件的起点中文网作品，其作者可为作品申请"三江推荐"，申请后会有网站编辑对作品进行审核，审核通过的作品将得到在主页推荐一周的机会。"三江推荐"规则中还规定："三江申请不考虑作品点击与推荐票方面的数据，只看文章质量；作品应情节生动精彩，有创意和新意，能激起读者的阅读欲望；人物性格鲜明，能给读者留下深刻印象。"凡作者想为作品申请"三江推荐"的，点击相关按钮即可，但每部作品每周只能申请一次。

②榜单制度。如起点中文网榜单主要有签约作者新书榜、新人签约新书榜、新人作者新书榜、公众作者新书榜、原创风云榜、会员点击榜、书友点击榜等。

其中，新书榜单有4个，分别为签约作者新书榜（作者拥有两部或以上的A签作品）、公众作者新书榜（作者已发表两部或以上的非签约作品）、新人签约新书榜（作者发表的第一部签约作品）、新人作者新书榜（非签约作者发表的第一部

---

① 本数据来自2021年7月起点中文网人气榜单。

作品)。①

4 个榜单不会同时收录同一部作品。榜单潜力值计算公式为

榜单潜力值＝当周会员点击量×5＋当周推荐票数×5＋总收藏量×2

会员点击榜是指起点中文网会员登录后对作品产生的非订阅点击数据排行榜。其统计方法为起点积分 500 以上的会员 6 小时内对文学作品的所有浏览均只计作一次点击,起点 VIP 会员计作两次。

书友点击榜是对会员点击榜的补充,为所有针对文学作品产生的点击数据的排行榜,不设置资格限制。

从上述内容可以看出,榜单制度与编辑推荐制度不同。榜单制度中起决定作用的是读者,由读者点击量和推荐票(如《斗破苍穹》总推荐票有 661.19 万张,总点击量有 14971.4 万次)等决定,非常透明、客观,但过度服从市场;而编辑推荐则存在编辑的主观因素,有时可以帮助一些特定主题和风格的作品在市场中占领一席之地。

(3)最高层。

受读者热烈欢迎的作品,在得到作者授权的情况下,会进入版权运营阶段。盛大文学是最早提出全版权运营的文学公司。目前,所有网络文学网站都会对优秀作品进行全版权运营。盛大文学就将小说的电子版权、无线发布权、纸质版权及动漫影视改编权等统一包装、运营,打造一条以文学为核心,整合影视、动漫、游戏等多方资源的产业链。很多网络文学作品在经过最高层的传播后,从"边缘"渐渐走进"主流"。②《第一次的亲密接触》《奋斗》《士兵突击》《杜拉拉升职记》《蜗居》《步步惊心》《盗墓笔记》等一系列网络小说被改编成影视作品,还有一些被改编成游戏,如玄幻类小说《盘龙》。作品到了这个阶段,能够继续得到读者或观众的认可,便是真正意义上的文学精品了。

3.3.2.3　自我修正机制

网络文学作品自我评价机制是一个选择性的过程,纵向上,通过三个层次的选择,可以把优秀的作品保留下来;横向上,借助读者和作者交流的信息碰撞来实现信息的修正,这是一种自发的、非制度化的过程。

首先,在网站上给读者一个简单便捷的评论入口。读者以发表评论的方式指出作品中存在的问题,作者可在回复中说明或者修改自己的作品。如果确有问题而作者没有及时修改,后续还会有读者提出,再次提醒作者修改。

其次,集中性的讨论会起到一个修正的作用。这些讨论可以呈现在某部作

---

① 起点榜单说明[EB/OL].［2021-03-15］.https://www.qidian.com/help/index/6.
② 贺子岳,邹燕.盛大文学发展研究[J].编辑之友,2010(11):75-77,89.

品的评论页面,也可以呈现在相互链接的其他页面,如百度贴吧、龙帝天空、豆瓣、开心网、人人网、QQ 群等。经过众人讨论,作品中的一些问题,会在这个过程中得到解决,还可以扩大作品的影响力。

再次,受到读者和编辑推荐的作品必须满足相应的标准,这时作者还会对作品内容进行直接修改,此时的作品在修改层次上已经趋于完善了。

通过这个机制,作者与读者的互动发挥了重要的修正作用。经过这样一层层的修正,优秀的作品会得到保存和传播。作者和读者互动的修正机制打破了传统出版中的编辑体制,节约了编辑成本,也历练了作者。但作者也需要辩证看待读者反馈的信息,并妥善处理。

3.3.2.4 作者激励机制

在网站这个写作和阅读基本上同步的环境下,要保证作品的质量,先要提高作者的积极性,使其尽可能地创作出高水平的文学作品。为此,应该做到以下几点:

第一点,保护作品版权,维护作品的原创性。版权保护得好,作者创作精品的积极性更高,因为可预期后续的 IP 运作所带来的荣誉和高收益。各网站都声明版权归属,作品分专属作品、驻站作品和授权作品。版权状态为专属作品的,网站可以代理版权,进行改编权等销售。

第二点,建立完善的稿酬制度和保障计划。网站作者根据点击量和文字数量获得报酬。在起点中文网,每年能产生 10 个收入上百万元的作者,100 个收入上十万元的作者,1000 多个收入上万元的作者。近年来,IP 改编爆火,更是有不少作者年收入突破千万元级别。[①] 起点中文网推出"作家福利计划",把作者分成未签约作家、签约作家和白金作家,并分别提供不同程度的保障,同时还根据不同情况推出了雏鹰展翅计划、完本奖励计划、月票奖励计划、分类月票奖励计划、全勤奖计划、开拓保障计划、买断计划、文以载道计划、出版激励计划等。这些措施为作者创作提供了多方保障,让作者可以专心创作。

第三点,定期举行征文比赛,对作者进行精神和物质两方面的激励。网络文学网站和文学期刊都会定期和不定期地举行文学作品比赛,这就使得许多优秀的作品脱颖而出。"起点中文网千万奖金写作大赛"中,各类别的名列前茅的作品,将被盛大文学以最高达 30 万元的版权交易金购入。表现特别突出的作者,将获得总价值为 100 万元的版权交易金和全套包装推广计划。

第四点,定期培训有发展潜力的作者,实施教育激励,纠正他们存在的不良

---

① 月入 511 万! 2020 年阅文最新"白金大神"作家榜出炉[EB/OL]. (2020-04-15)［2021-03-15］. https://baijiahao. baidu. com/s? id=1664027400411082657&wfr=spider&for=pc.

写作习惯,以提高他们的创作水平。2010 年,盛大文学携手鲁迅文学院举办了为期 10 天的"网络文学作家培训班",帮助学员了解文学创作潮流、掌握文学创作基本理论知识等,解决网络文学缺乏题材、语言缺乏锤炼的问题。随着网络文学网站盈利能力不断增强,这类培训会不断增多,对网络文学内容质量控制有重要意义。

综上,网络文学网站采取了较为简化的作品发布方式,但在作品传播的过程中则设置了一定的筛选和修正机制,从而形成了流程化的质量控制方法。全部流程可以简单表示为作者资格审定→电子把关→作者发布→读者阅读和评论→编辑审读和推荐→正式出版及版权运营。

首先,网站会对网络文学作者资格进行审批,一般作者上传的作品,需经过编辑的审查,编辑认可作者的写作能力后,作品才能成功上传。其次,在作品上传成功后,网站通过设置的敏感关键词可以将一些低俗的、危害社会稳定的、带民族歧视色彩等内容的词语屏蔽掉,这就是电子把关。再次,作者的作品发布后,网站编辑还会对作品的内容进行阅读,推荐优秀作品。同时,点击量大、受读者欢迎的作品还会再次得到编辑的审读,并可能进入传统出版渠道出版。这样,一部好的作品在这个过程中脱颖而出,最终得到广泛传播,而质量差的作品则淡出读者视野,自然淘汰。

3.3.3　网络文学质量外部控制机制

上文是从微观上分析网络文学网站内部质量控制机制,除此之外,宏观和中观上也存在相应的一些管理措施,这些措施构成了网络文学质量外部控制机制。

3.3.3.1　网络文学外部管理制度

外部管理制度是指网络文学网站以外的法规、政策,以及宏观和中观管理制度,如已经颁布的互联网传播法规等。

对网络文学质量控制有指导意义的法律法规有《互联网信息服务管理办法》《信息网络传播权保护条例》《互联网出版管理暂行规定》《出版管理条例》《网络出版服务管理规定》《互联网著作权行政保护办法》《关于推动网络文学健康发展的指导意见》及最新版的《中华人民共和国著作权法》(2020 年修正)等。

这些规定,一是指出了作品的禁区,如《互联网信息服务管理办法》指出作品不得涉及宪法确定的基本原则等九个禁区。二是规定了版权问题,如《信息网络传播权保护条例》规定任何组织或者是个人将他人的作品、表演、录音录像制品通过信息网络向公众提供,除法律规定外,都必须取得权利人许可,并支付报酬;故意删除或者是改变,都必须经权利人许可。三是规定了资质问题,如《网络出版服务管理规定》就有相关资质规定。① 各种法律法规,从宏观上对网络出版服务机构进行了规制,有利于控制网络文学作品的质量。但较之传统出版制度,法律法规体系则相对粗放得多。四是提出了发展方向,如原国家新闻出版广电总局颁布的《关于推动网络文学健康发展的指导意见》②为网络文学的发展指明了方向。

从互联网信息传播主要法规看,我国对互联网的规定是比较宏观的。主要是希望通过法律手段达到维护国家形象及维护国家稳定和统一的目的。其管制的内容主要包括三类:一类是违法和不良内容,如网络色情,暴力,宣扬性别、种族、民族、宗教歧视和仇恨等。二类是侵犯著作权内容,非法转载、链接、修改和扩散传播的行为。三类是侵犯他人隐私,未经他人许可,将他人的隐私泄漏到互联网,让他人知悉、复制和利用。③

3.3.3.2 网络文学行业自律

目前,主要的网络文学行业自律公约见表3-10。

表 3-10 **网络文学行业自律公约一览表**④⑤

自律公约	自律内容
《中国互联网行业自律公约》(中国互联网协会 2004 年 6 月发布)	规定互联网信息服务者应自觉遵守国家有关互联网信息服务管理的规定,自觉履行互联网信息服务的自律义务:不制作、发布或传播危害国家安全、危害社会稳定、违反法律法规以及迷信、淫秽等有害信息,依法对用户在网站上发布的信息进行监督,及时清除有害信息;不链接含有有害信息的网站,确保网络内容的合法、健康;制作、发布或传播网络信息,要遵守有关保护知识产权法律、法规

---

① 《网络出版服务管理规定》提出:从事网络出版服务,必须依法经过出版行政主管部门批准,取得"网络出版服务许可证";从事网络出版服务的单位,必须做到"除法定代表人和主要负责人外,有适应网络出版服务范围需要的 8 名以上具有国家新闻出版广电总局(现为国家广播电视总局)认可的出版及相关专业技术职业资格的专职编辑出版人员,其中具有中级以上职业资格的人员不得少于 3 名"。

② 《关于推动网络文学健康发展的指导意见》提出:用 3 至 5 年时间,使创作导向更加健康,创作质量明显提升,陆续推出一批思想精深、艺术精湛、制作精良、深受群众喜爱的原创网络文学精品;使运营和服务的模式更加成熟,与图书影视、戏剧表演、动漫游戏、文化创意等相关产业形成多层次、多领域深度融合发展,在网络内容建设和文艺创新中的作用更加突出;培育一批原创能力强、投送规模大、覆盖范围广、管理有章法的网络文学出版和集成投送骨干企业,打造一批具有市场竞争力的品牌,为弘扬社会主义先进文化、丰富人民群众精神文化生活,推动数字出版和文化产业繁荣发展发挥重要作用。

③ 刘兵. 关于中国互联网内容管制理论研究[D]. 北京:北京邮电大学,2007.

④ 网络文学行业自律倡议书新闻发布会在京举行[EB/OL]. (2016-07-21)[2021-03-15]. http://www.chinawriter.com.cn/n1/2016/0721/c403993-28571572.html.

⑤ 全国 136 位知名网络作家发出《提升网络文学创作质量倡议书》[EB/OL]. (2020-12-30)[2021-03-15]. https://baijiahao.baidu.com/s? id=1687432999423219475&wfr=spider&for=pc.

续表

自律公约	自律内容
中国作家网、盛大文学、中文在线、新浪读书频道、搜狐读书频道5家专业文学网站（频道）发出了自律倡议（2009年）	加强引导,坚决抵制网络文学的低俗之风,积极主动推介具有中国气派、体现时代精神、品位高雅的网络文学品牌,充分发挥网络文学滋润心灵、陶冶情操、愉悦身心的作用。不刊载、转载违反法律法规、有悖中华民族优秀传统和社会公德的文学作品。不以任何形式传播内容有害或不健康的文字。加强网络文学编辑培训工作,提高文学网站（频道）编辑人员的思想素质和文学修养
《网络文学行业自律倡议书》（中国作协网络文学委员会、中国音像与数字出版协会数字阅读工作委员会2016年7月共同发起）	倡议书包括七方面内容:一是坚持以人民为中心的创作导向;二是坚持把社会效益和社会价值放在首位;三是坚持培育和弘扬社会主义核心价值观;四是坚持把创新精神贯穿于创作生产过程;五是坚持完善编辑制度,把好网络文学品质关;六是坚持版权保护观念,抵制侵权盗版;七是坚持依法经营,努力营造良好发展环境
《提升网络文学创作质量倡议书》（唐家三少、蒋胜男等知名作家,"90后""95后"青年网络作家及各地网络作家协会的负责人2020年共同发起）	网络文学正处于转型升级发展的关键时刻,网络作家要承担起繁荣发展文化事业和文化产业、推进社会主义文化强国建设的使命和责任。网络作家应坚持正确的创作导向,弘扬社会主义核心价值观,抵制低俗、庸俗、媚俗;不做"码字工",在火热的生活中发现素材;提升文学素养,提倡"降速、减量、提质";拒绝跟风写作,反对同质化、抄袭风、粗制滥造;恪守职业道德,不以点击量和收入论英雄,抵制侵权盗版行为;坚定文化自信,推进网文出海

　　网络文学网站自律公约旨在营造积极健康和谐的网络文学创作和阅读环境,传播先进文化,抵制网络低俗之风,净化网络环境。如中国作家网等专业文学网站（频道）发出自律倡议;①17K小说网发布自律宣言;阅文集团新发布作家自律公约;②等等。

　　自律公约是为了全行业健康发展,维护行业人员利益,规范行业从业者行为制定的管理规则。从表3-10可以看出,自律分为三个级别:互联网级、行业联盟级和个体网站级。互联网宏观上的自律与《互联网信息服务管理办法》如出一辙,而真正可起到一定作用的是行业联盟自律和网站自律。但由于行业兴起时间较短,产业商业化过度,目前尚未形成完整、全面的行业自律公约和执行方案。

---

① 中国作家网等专业文学网站（频道）发出自律倡议[EB/OL].（2009-12-16）[2021-03-15]. http://www.gov.cn/jrzg/2009-12/16/content_1489098.htm.

② 阅文集团作家专区-作家自律公约[EB/OL].[2021-03-15]. https://write.qq.com/portal/help.

3.3.3.3　网络文学外部管理行为控制

网络文学外部管理主要来自政府监管及媒体和社会监督。政府部门既是宏观政策的制定者,也是微观管理的执行者,他们一方面要扶持引导优秀文化企业的发展,另一方面要监督文化企业的行为,对文学作品这种特殊商品进行"质检"。我国管理网络内容的行政部门是国家广播电视总局及全国"扫黄打非"工作小组办公室。两个部门长期对网络出版内容进行严格监控,检测力量和手段包括"网络出版监管系统""24小时网络出版内容实时动态检测站""网络出版舆情报告系统单位"等,长期对低俗内容进行管理和清理。

为依法严厉打击利用互联网制作传播淫秽色情信息行为,自2014年4月中旬至11月,全国"扫黄打非"工作小组办公室、国家互联网信息办公室、工业和信息化部、公安部发布公告,统一开展了打击网上淫秽色情内容的"扫黄打非·净网2014"专项行动。在这次行动中,飞卢小说网、潇湘书院、笔下文学、小说天下、比奇中文网、无限小说网、纵横中文网等被责令删除相关内容,一些网站被关闭。此后,2015年、2016年都有净网行动。经过几次严厉打击不当内容后,各大网络文学网站在站内会附上不良信息举报中心网址和扫黄打非举报网址,方便读者及时举报。

大众传播媒体对社会环境有监测功能,随着新技术的发展及网络媒体的加入,媒体强大的社会舆论监督力量表现得更明显,新兴SNS网络工具的应用,让任何一个人都可以在任何时候发挥监督作用。一方面引起管理者的高度重视,进而采取控制措施,另一方面提高人们的警惕意识,引导人们做出正确抉择。

4   中国网络文学阅读产业链研究

网络文学产业链可以分为两个层次,第一个层次是网络文学作品的生产和培育,由作者、网站和用户构成;第二个层次是 IP 的开发,以实现影视剧、网游、动漫等多个领域的跨界发展,获取市场经济效益的最大化为目的。本章重点探讨网络文学产业链的第一个层次——阅读产业链构成及各个环节,第二个层次 IP 的开发将在第 5 章探讨。

4.1   产业链和出版产业链概述

4.1.1   产业链的概念及内涵

从经济学角度来讲,产业链的最初形成与社会分工密切相关,分工让不同的人从事不同专业的工作,社会经济的发展让人们的需求多样化,从而使产业的划分越来越细,产业中的子系统之间的依赖性越来越强,从而形成一种与经济活动相关的序化结构,即产业链。产业链是各行业必谈的热门话题,学者们则从不同的角度阐释它的概念。

曹芳、王凯从产业链形成的原因切入,认为"横向一体化形成了从供应商到制造商再到分销商和零售商的贯穿所有企业的链条。由于每个节点的企业来自不同的企业,于是便把这根链条称为产业链"①。

李仕明从政府和企业的角度简单概括了产业链,认为"企业经营要有好的'上家'和好的'下家',这种经营环境中的上游—中游—下游,对企业而言,通常称为供应链,对于政府,则称为产业链"②。

---

① 曹芳,王凯.农业产业链管理理论与实践研究综述[J].农业技术研究,2004(1):71-76.
② 李仕明.构造产业链,推进工业化[J].电子科技大学学报(社科版),2002,Ⅳ(3):75-78.

从产业链上企业间的关系来看,陈博认为"不同的产业通过生产要素的提供和购买的关系,形成产业之间链条状的关系,称之为产业链"①。龚勤林认为,产业链是"各个产业部门之间基于一定的技术经济关联并依据特定的逻辑关系和时空布局关系客观形成的链条式关联关系形态"②。

从供应链的角度来看,张耀辉认为,产业链是"从自然资源到消费品之间的层次,即从一种或几种资源通过若干产业层次不断向下游产业转移直至到达消费者的路径"③。郁义鸿、管锡展认为,产业链是"在一定最终产品的生产加工过程中——从最初的矿产资源或原材料一直到最终产品到达消费者手中所包含的各个环节所构成的整个纵向的链条"④。

从价值增值的角度来看,芮明杰等认为,产业链是"厂商内部和厂商之间为生产最终交易的产品或服务所经历的增加价值的活动过程,它涵盖了商品或服务在创造过程中所经历的从原材料到最终消费品的所有阶段"⑤。杨公朴、夏大慰主编的《现代产业经济学》中指出,"产业链是构成同一产业内所有具有连续追加价值关系的活动所构成的价值链关系"⑥。

郑学益从核心竞争力的角度阐释产业链,认为"产业链就是以市场前景比较好、科技含量比较高、产品关联度比较强的优势企业和优势产品为链核,通过这些链核,以产品技术为联系,以资本为纽带,上下连接,向下延伸,前后联系形成链条,这样,一个企业的单体优势就转化为一个区域和产业的整体优势,从而形成这个区域和产业的核心竞争力"⑦。

蒋国俊、蒋明新从产业群聚和战略联盟角度指出,产业链是"在一定的产业群聚区内,由在某个产业中具有较强国际竞争力(或国际竞争潜力)的企业,与其相关产业中的企业结成的一种战略联盟关系链"⑧。

刘贵富从产品的角度定义产业链,认为"产业链是以产品为对象,以投入产出为纽带,以价值增值为导向,以满足用户需求为目标,依据特定的逻辑联系和

① 陈博.产业链与区域经济的发展[J].工业技术经济,1999(5):44-58.

② 龚勤林.论产业链构造与城乡统筹发展[J].经济学家,2004(3):121-123.

③ 张耀辉.产业创新的理论探索——高新产业发展规律研究[M].北京:中国计划出版社,2002:110.

④ 郁义鸿,管锡展.产业链纵向控制与经济规制[M].上海:复旦大学出版社,2006:3.

⑤ 芮明杰,刘明宇,任江波.论产业链整合[M].上海:复旦大学出版社,2006:1.

⑥ 杨公朴,夏大慰.现代产业经济学[M].上海:上海财经大学出版社,1999.

⑦ 郑学益.构筑产业链,形成核心竞争力——兼谈福建发展的定位及其战略选择[J].福建改革,2000(8):14-15.

⑧ 蒋国俊,蒋明新.论产业链理论及其稳定机制研究[J].重庆大学学报(社会科学版),2004,10(1):36-38.

时空布局形成的上下关联的、动态的链式中间组织"①。

吴金明和邵昶从产业链的形成机制出发,认为"产业链是由供需链、企业链、空间链和价值链四个维度有机组合而形成的链条"②。

杨锐从产业分工的角度出发,认为"产业链是一个融合了产业活动分工、产业活动组织模式(协调)以及空间上的产业构成这三个基本维度的概念。它是产业与空间相互交织的一种分工与协调形式"③。

丁冬认为"产业链是各个产业之间基于一定的技术经济关联,根据特定的逻辑与时空布局而形成的链条式关系。通过产业链这种形式,将其上游的供应商、中游的流通主体以及下游的消费主体进行关联,从其生产环节起步,逐渐到中间半成品的加工环节,再到最终产成品的形成,通过物流、信息流以及资金流的传递与管理,最终形成一个功能网链"④。

学者们从产业链形成的原因、产业链上企业间的关系、供应链、价值增值、核心竞争力、产业群聚和战略联盟等不同角度对产业链进行了定义,侧重点不同,但基本上都认为产业链是上下游企业之间的链条关系,其内涵可以概括为四点:一是产业链的最基本属性是供需关系;二是产业链中的企业是紧密相连、环环相扣的,相关企业处于一个利益共同体中;三是产业链的本质是价值增值,只有增值才能促进产业链的持续发展;四是产业链是一个战略联盟。

厘清产业链的核心特征是本书研究的基础,但本书并不是要从严格的产业经济学的角度使用"产业链"一词并做缜密的学理分析,而只想借用这一概念理出快速发展中的我国网络文学出版产业链的若干关键上下游节点。同时,本书将紧扣价值增值这一产业链组建及延伸的核心意义,分析我国网络文学产业链上的节点是如何实现网络文学产业的价值增值的。

4.1.2 出版产业链的概念及内涵

网络文学归根到底仍是一种出版活动,确切地说是数字出版的一种。在分析网络文学的产业链之前,我们先要厘清出版产业链的概念及内涵。

武汉大学的方卿对产业链的经济学概念及内涵进行深入分析后提出,"出版产业链是指以出版价值链为基础的具有连续追加价值关系的出版关联企业(如

---

① 刘贵富.产业链基本理论研究[D].长春:吉林大学,2006:27.
② 吴金明,邵昶.产业链形成机制研究——"4+4+4"模型[J].中国工业经济,2006(4):36-43.
③ 杨锐.产业链竞争力理论研究——基于产业链治理的视角[D].上海:复旦大学,2012.
④ 丁冬.吉林省稻米全产业链增值机理与路径优化研究[D].长春:吉林大学,2020.

工作室、出版社、印刷厂、书店等)组成的企业联盟。或者简单地讲,出版产业链就是出版关联企业基于出版价值增值所组成的企业联盟。出版产业链的基础和归宿是出版产品与出版服务的价值增值;出版产业链的表现形式是出版关联企业组成的企业联盟"①。这个概念基本上被大多数学者接受,而且基本能用来说明出版产业链的内涵,故本书不再过多地罗列其他学者作出的定义。

出版产业链是一种资源导向型产业链,而此种产业链的话语权由掌握内容资源的优势企业来掌控,一般而言,在编辑、印刷和发行三位一体的传统出版产业链中,出版内容资源完全掌握在出版机构手中。无论是图书、期刊的印刷与销售,还是作品的版权许可和转让,以及衍生产品的授权经营和使用等,基本都是由出版机构来决定,印刷和发行环节处于从属地位。但是,在现今这个数字出版急速膨胀的时期,手机、电子阅读器、平板电脑等阅读设备层出不穷。亚马逊、苹果公司等以其风靡全球的魅力昭示着,在这个互联网时代,内容提供商、互联网服务商、分销平台商、阅读终端等都有可能成为产业链的主导者。因此,我们就不得不重新探讨网络文学产业链。

4.2　网络文学产业链概述

4.2.1　网络文学产业链的概念、特点及结构

互联网技术是当前出版业迎来的一次新的技术变革,纵观出版业的历史,每一次技术变革都改变出版产业链的各个节点。纵向上来看,这种改变主要是写作方式和印刷技术的改变,从龟壳刻字到简刻再到写到帛上、纸上,而今又输入到计算机中,出版产业链上的某些节点在技术的革新过程中消失了,同时又有新的节点出现。毋庸置疑,互联网技术的推进使整个出版产业链随之重新衔接、布局。

数字出版之初,传统出版机构并没有表现出多大的热情,也囿于对其冲击原有纸书市场的担忧,因此刚开始的网络出版无非是数字化若干图书、杂志的小规模行为。后来,随着数字图书馆的出现,有了施普林格、爱思唯尔、超星图书馆和中国知网这样的内容集成商/平台提供商,于是非新书的数字化出版有了转机,

---

① 方卿.论出版产业链的基本属性[J].出版科学,2006(4):21-23.

呈现出一条以数据库这样的内容集成平台为核心的产业链,即作者→传统出版机构→内容集成平台→图书馆→读者。

2007 年之后,随着亚马逊 Kindle 电子书销售的成功,全球的数字内容产品的网络销售已完全被引爆,各种数字资源纷纷上线,苹果应用程序商店(App Store)、安卓应用商店、亚马逊商城等大力吸金,引得国内的淘宝、京东等各大网上商城也开始开辟电子书市场。数字出版的产业链可描述为作者→传统出版机构→技术服务商→内容销售平台→终端阅读设备→读者。

与此同时,网络文学受到关注。中国网络文学的先驱起点中文网诞生于 2002 年 5 月,但在很长一段时间内都没有探索出合适的盈利模式。直到 2003 年 10 月,起点中文网建立了付费阅读模式。此后十几年间,网络文学的付费市场规模不断扩大。2013 年中国网络文学市场规模为 34.2 亿元,2014 年增长至 43.7 亿元,2015 年增长至 66.3 亿元,2016 年增长至 95.6 亿元,2017 年增长至 129.2 亿元,2018 年增长至 159.3 亿元,2019 年增长至 201.7 亿元。[①] 随着网络文学市场加速发展的时代到来,统计显示付费阅读已经达到一定的规模,网络文学产业也在崛起。

网络文学产业链更具互联网的特点,不只印刷环节完全消失了,连出版社的作用也日趋减弱,取而代之的是盛大文学、阅文集团、百度文学等网络内容集成商。读者对数字资源的获取也越来越便捷,丰富的个性化的阅读终端设备充斥着人们的生活,人们随时可以用终端阅读设备上网下载电子书或阅读已下载的电子书。数字出版的火热发展也引来了其他一些服务商的介入,如支付宝等金融服务提供商,互联网一体化的文学出版模式日趋成熟、完善。这条产业链的基本结构为作者→网络文学网站→用户。

其中,中国网络文学网站在产业链构建上,一方面选取了横向扩展方式,即通过在产业链横向上扩展产业链的构建方式。这主要是对网络文学网站所掌握的核心资源——内容资源,进行深度整合开发,以提升资源的附加价值、拓宽产业链的宽度。[②] 因此,为了整合资源,网络文学商家不断进行兼并重组,诸如盛大文学和阅文集团都是在兼并和控股中爆发式地成长。另一方面,为了获得更大的利益,网络文学商家等还向下游延伸产业链,进一步拓宽销售渠道,向移动阅读发展。这样就形成了中国网络文学比较复杂的产业链结构,[③] 如图 4-1 所示。

---

① 艾瑞咨询《2020 年中国网络文学出海研究报告》。
② 曾元祥. 数字出版产业链的构造与运行研究[D]. 武汉:武汉大学,2015:48.
③ 贺子岳,梅瑶. 泛娱乐背景下网络文学全产业链研究[J]. 出版广角,2018(4):40-43.

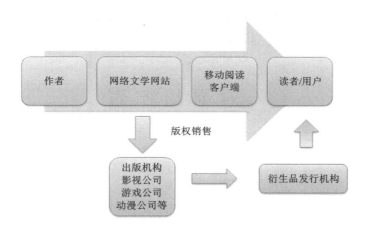

图 4-1　网络文学产业链示意图

图 4-1 显示中国网络文学产业链包括两部分：①作者→网络文学网站→移动阅读客户端→读者/用户；②作者→网络文学网站→出版机构、影视公司、游戏公司、动漫公司等→衍生品发行机构→读者/用户。其中产业链的第一部分显示的是网络文学生产和阅读产业，第二部分显示的是产业链的延伸，即内容的第二次售卖，这是全版权运营的结果。衍生出的影视、动漫、游戏产品及周边产品，产生了更大的市场价值和社会影响。尽管如此，二者之间的关系并不是分离的，而是有机统一的、以网络文学网站为中心的。

4.2.2　网络文学的延伸产业链

延伸产业链是指将一条已存在的产业链尽可能地向上下游深度拓展。产业链向上游拓展一般使得产业链进入基础产业环节和技术研发环节，向下游拓展则进入市场环节。① 对网络文学产业来说，延伸产业链的实质就是通过下游衍生品的开发，相关行业的不同企业之间产生关联，形成供给与需求关系。具体来说就是网络文学网站向关联企业出售版权，由关联企业生产出衍生品，从而达到拓展市场的目的。在易观智库及艾瑞咨询的报告中，这类活动被称为"全产业链渗透"或"全产业链运营"，但实际上主要是指向下游的渗透。

网络文学的衍生品是指由其演变而派生出的产品。从文化产业的角度讲，衍生品是对作品内容的重新改编或演绎。但从法律的角度讲，文学衍生品是指将原著版权二次授予或转让给第三方，或其他生产者进行再生产的结果，授予和

---

① 焦伟侠.四川省产业园区建设与发展研究[M].成都:西南财经大学出版社,2009.

转让的权利包括作品的改编权、发行权、表演权、广播权、摄制权等,也可以叫作品的 IP 售卖或作品的附属版权售卖。

4.3 网络作家

4.3.1 "网络作家"的称谓

网络作家处于网络文学产业链的最上游,承担内容生产的工作,但对于网络文学作者的称呼至今没有统一,网络作家、网络作者、网络写作群体等称呼不一而足。"作家"与"作者"的小小区别在于成就和资历,凡有专著者,都可称之为作者,但不一定是作家;作家是已成名成家的作者,须经文学界公认。《现代汉语词典》对"作家"的解释是"从事文学创作有成就的人",这里的文学是指传统文学。套用这个定义,网络作家应是指在网络文学上有成就的人。网络文学的代表性网站起点中文网,规定有网络作家注册制度,凡通过简单的注册审查的人,就可成为网络文学的作者。起点中文网的作者,需要在该网站"发布满一定字数,通过资深编辑、主编进行交叉审核",等等,审核通过后才能成为签约作家。因此,笔者认为,所谓网络作家,指以网络文学网站为平台,创作达到网站审核标准、有畅销潜力的作品的作者。他们是网络作者队伍的主体部分,其作品具有新奇、通俗等特点。当然,这是狭义上的网络作家,广义上的网络作家则包含注册后未签约的作者。一般为体现网络作家与传统作家的区别,人们会将网络作家称为"网络写手",近年越来越多的网络作家加入作家协会,进入主流体制,从而影响大众对网络作家的看法,现在"网络写手"一词已经渐渐淡出,一般用网络作者或网络作家等称呼。

4.3.2 中国网络作家的成长历程

网络作家诞生于海外留学生的论坛,发展于"榕树下"等优秀的网络文学网站。第一代网络作家的网络文学作品大都是高质量的纯文学作品。其创作缘由主要有二:一是寄托思乡情。网络文学萌发于海外留学生的论坛,这些海外留学生们以其对文学与华语的热爱来寄托他们的思乡情。二是实现他们的"文学梦"。第一代网络作家基本是"70 后",生活条件较好,受教育程度较高,他们大多不是专职作家。我国的网络文学进入快速成长期后,随着网络文学网站对盈利模式的尝试,网络作家开始有了收入。从第二代网络作家开始,网络作家呈现出职业化、高产化等特征。被网友称为"网络时代的赛车手"的唐家三少毕业于河北大学法学专业,因对工作不满意而辞职回家,开始了文学创作。对唐家三少来说,文学不仅是梦想,而且是谋生的手段。功利化、高速度的敲字劳作代替了字斟句酌的锤炼,或许连他们自己也分不清他们是为梦想而创作还是为了金钱而创作。

盛大文学公司自成立后就尝试着改变网络文学边缘化的状况,努力使其向主流化方向发展。盛大文学陆续做出几项具有重要意义的举措,网络作家的队伍也因之发生变化。2007 年 4 月,由起点中文网出资创办的国内第一个网络作家班——"网络作者文学创作高级研修班"正式开课。2008 年 9 月 10 日,"全国30 省(区、市)作协主席小说竞赛"在起点中文网开启。蒋子龙、杨争光、谈歌、秦文君等作家协会主席或副主席,从 9 月开始在起点中文网上连载他们的中长篇小说,读者可付费阅读。30 位著名作家共同参与的作品连载活动,无疑是传统作家对网络文学的一次集体尝试。2008 年 10 月 22 日,起点中文网又签下了海岩、赵玫、虹影、严歌苓等 18 位著名传统作家作品的首发权。显然,盛大文学希望通过笼络一批已经成功的传统作家,增强其网络文学的竞争力。2008 年 11月 21 日,韩寒也宣布加盟起点中文网。盛大文学的这四大举措使网络作家成为一个更加多元化的集合体,传统作家进入网络作家的队列,从整体上提高了网络作家的文学素质,而各大网络文学网站也开始注重对网络作家们的培养,使之成长为真正的网络作家,多管齐下,网络作家的文学素养得到大幅度提高。

2012 年 11 月 26 日,网络作家第七届中国作家富豪榜推出全新子榜单——"中国网络作家富豪榜"。同年,网络作家富豪榜首次公布,上榜作家基本都是各大文学站点签约的"大神"级作者。唐家三少以 5 年 3300 万元收入荣登富豪榜榜首。同一时期,人们还注意到不少网络作家加入作家协会,茅盾文学奖、鲁迅文学奖已经接受了网络文学。传统出版业与网络文学的互动性也得到了发展。网络上不断涌现出优秀的出版资源,出现了《杜拉拉升职记》等职场小说。2012年之后,网络文学作品的改编潮漫卷影视,盛大文学致力的主流化终于有了长足的进步。

自 2014 年国家新闻出版广电总局出台《关于推动网络文学健康发展的指导意见》以后,现实题材的网络文学逐渐成为新宠。从作家方面看,"大神"霸榜现象严重,再写玄幻求仙等脱离现实题材的作品很难有突破,想要超过"大神"更是难如登天,不如重新寻找出路。因此,现实题材网络文学作家不断涌现,反映中国改革开放过程中人民生活的题材正在成为主流,人们的关注点开始从"空中"

转向人间。其中起点中文网现实题材作品占比超过六成。代表作家有卓牧闲（代表作《朝阳警事》）、阿耐（代表作《欢乐颂》）、齐橙（代表作《大国重工》）、李开云（代表作《二胎囧爸》）等。

2020 年 9 月 23 日,阅文集团发布"职业作家星计划"。阅文集团希望通过该计划完善作家扶持、作家关怀、作家培训和品牌运营等各个方面,旨在优化作家创作环境,全面提升作家服务水平。①

近些年,网络作家人才队伍建设不断加强,广大网络作家素质日益提高,作家队伍也日益庞大、迭代加快,"95 后"作家成为创作主力,"00 后"作家日趋成熟;各地网络文学组织相继成立,网络作家队伍的水平不断提高。②

4.3.3　中国网络作家的数量

网络文学因门槛低、发表方式便捷,吸引了大量文学爱好者加入,从而形成了网络作家数量巨大的特点。《网络文学五年普查（2009—2013）》一书显示:我国综合性文学网站有 300 多家。但能在激烈的市场竞争中维持下来的网站主要有榕树下、红袖添香、幻剑书盟、起点中文网、17K 中文网等。随后,以纵横中文网、小说阅读网、书香门第等综合性文学网站及以凤凰读书、新浪读书等二级频道为代表的网站先后崛起,日均访问量已经突破千万人次。③ 2013 年腾讯文学成立之后,我国网络文学格局有所变化,腾讯旗下的创世中文网、云起书院等加入网络文学战局。基于国内文学类网站庞大的数量,无法精确统计出在这些平台上发布作品的网络作家的数量。据易观智库统计,至 2015 年第一季度,网络文学领先品牌起点中文网注册作家总数已达 113.2 万人。④ 另有统计数据显示,至 2013 年,原盛大文学旗下 7 家文学网站（起点中文网、红袖添香、潇湘书院、榕树下、小说阅读网、言情小说吧和晋江文学城）,以及中文在线 17K、百度纵横网、逐浪网、幻剑书盟等主流文学网站签约原创作家分别达到 160 万人、10 万人、5 万人、2 万人、2 万人,排除同作家异 ID 等因素,文学网作家数量已经超过

① 阅文集团发布"职业作家星计划"　设爱心救助基金最高补助 30 万[EB/OL].（2020-09-23）[2021-03-15]. https://baijiahao. baidu. com/s? id=1678614607104423529&wfr=spider&for=pc.

② 2020 中国网络文学蓝皮书[EB/OL].（2021-06-02）[2021-06-02]. http://www. chinawriter. com. cn/n1/2021/0602/c404023-32119854. html.

③ 欧阳友权. 网络文学五年普查（2009—2013）[M]. 北京:中央编译出版社,2014:18.

④ 易观智库:2015 年第 1 季度中国网络文学网站起点中文网用户覆盖率排名第一[EB/OL].（2015-07-04）[2021-03-15]. https://www. analysys. cn/article/detail/10844.

200 万人,专职从事网络小说创作的作家也有 1 万人左右。[①]近年来,中国网络文学作家数量逐年增长,从 2015 年的 480 万人增长至 2019 年的 929 万人,如图 4-2 所示。网络文学作家数量大幅增长的主要原因有两个:一是网络文学商业模式的建立使得该行业有利可图,尤其是头部作家的高收入也吸引着许多人,因此越来越多的人投身于网络文学写作中;二是网络文学写作门槛较低,新手作者可以按章节发布作品并听取读者意见以获取灵感,写作起始难度较小。[②]

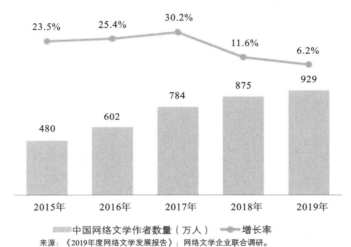

来源:《2019年度网络文学发展报告》;网络文学企业联合调研。

图 4-2 2015—2019 年中国网络文学作者数量及增长率

4.3.4 中国网络作家的收入

网络作家收入呈金字塔式结构——大部分作者处于金字塔的底层,收入并不高;而极少数作者处于金字塔的顶部,拥有较高的人气和收入。起点中文网总编杨晨将网络作家按能力与收入的不同,大致划分为如下五个等级:[③]

一是预备级作者,也可以称之为入门级作者。这一等级的作者能写出足够字数的长篇小说,但预备级的作者,还缺乏依靠作品质量,从读者手中赚取稿费收入的能力。

二是初级作者,也可以称之为签约级作者。网络作家达到初级水准,有一个

---

① 欧阳友权.网络文学五年普查(2009—2013)[M].北京:中央编译出版社,2014:18.

② 艾瑞咨询《2020 年中国网络文学出海研究报告》.

③ 网络作家分级标准[EB/OL].(2014-10-11)[2021-03-15].https://3g.163.com/news/article/A89P0MJ100923P3U.html.

较为明确的标志——获得签约资格。这说明其作品在某个方面有亮点,可能有商业价值。这样的作品或多或少能争取到一些读者付费。不过初级作者对商业写作的认识也只停留在较粗浅的阶段。因此,初级作者通过写作可勉强养活自己。

三是中级作者,也可以称之为职业级作者。中级作者完全是凭借自己优质的作品,吸引相当数量的读者订阅付费。如果说初级作者还需要网站作者福利制度来"保障"自己的话,那么,中级作者已经能够与网站共赢。中级作者数量较多,他们是各大文学网站的骨干力量。从创作能力上看,中级作者的作品已经能看准市场,能顺应商业化的大潮。在版权运作方面,中级作者的作品已具有一定的潜力,但主要还限于作品的纸书出版。中级作者年收入少则十万元,多则数十万元甚至上百万元。

四是高级作家,也可以称之为"大神"级作家。"大神"是网民对深受读者喜爱的、著名网络作者的一种戏称,网络文学产业界采纳了这一称呼。所谓"大神"一般同时具备如下条件:拥有较深厚的写作功底及较高的商业素养,成名后平均年收入在百万元以上,曾在某一类型小说领域登顶或接近登顶、至少拥有两部成功的作品或拥有一部长年维持高人气的作品,笔名具有强大的影响力。"大神"级作家比中级作者对市场的理解更为透彻,能准确把握读者的心态,能控制作品的节奏,有足够的读者号召力。在版权延伸方面,"大神"级作家拥有明显的优势,不仅在纸书出版方面,而且在游戏改编、影视改编,以及其他各类版权的运作方面都有较好的机会。"大神"级作家的收入与中级作者的收入高线相当。

五是特级作家,也可以称之为宗师级作家。宗师级作家脱颖于优秀的作家,读者号召力极为强大。他们不仅是在出售版权,更是在运作粉丝经济。从某种意义上说,他们同时也是公众人物。宗师级作家的年收入以千万元为底线。

在第四届中国"网络文学+"大会上发布的《2019中国网络文学发展报告》显示,2019年中国网络文学作者平均月收入为5133.7元,超四成作者月收入在2000元以下,只有少量作者平均月收入上万元,另有极少数作者可以获得2万至3万元甚至3万元以上的月收入。各个文学网站待遇和保障的标准不尽相同,作者在完成一定作品要求后即能获得报酬,同时,每月或每一段时期网站会根据作者作品的受欢迎程度(通常是月票榜等)给予一定的奖励。以上几种方式构成了网络作家收入来源的基础。

2012年,中国作家富豪榜首次推出子榜单"网络作家富豪榜",持续追踪记录中国网络作家财富变化情况,反映网络文学阅读潮。表4-1~表4-6所示分别为2012—2017年网络作家富豪榜(限于篇幅仅列出前六年的榜单)。

表 4-1   **2012 年网络作家富豪榜**①

排名	作家	籍贯	版税(万元)	作家年龄(岁)	经典代表作
1	唐家三少	北京	3300	31	《斗罗大陆》
2	我吃西红柿	江苏扬州	2100	25	《吞噬星空》
3	天蚕土豆	四川德阳	1800	23	《斗破苍穹》
4	骷髅精灵	山东烟台	1700	31	《圣堂》
5	血红	湖南常德	1400	33	《光明纪元》
6	梦入神机	湖南常德	1000	28	《圣王》
7	辰东	北京	800	30	《神墓》
8	耳根	黑龙江牡丹江	700	31	《仙逆》
9	柳下挥	河南信阳	650	28	《火爆天王》
10	风凌天下	山东莱芜	620	30	《凌天传说》
11	跳舞	江苏南京	600	31	《猎国》
12	鱼人二代	黑龙江哈尔滨	450	29	《很纯很暧昧》
13	苍天白鹤	浙江宁波	430	37	《武神》
14	高楼大厦	山东淄博	410	32	《僵尸医生》
15	无罪	江苏无锡	400	33	《仙魔变》
16	月关	山东平原	370	40	《回到明朝当王爷》
17	天使奥斯卡	江苏南京	300	36	《篡清》
18	忘语	江苏徐州	260	36	《凡人修仙传》
19	猫腻	湖北宜昌	230	35	《将夜》
20	打眼	江苏徐州	200	35	《天才相师》

---

① 作家榜官方网站-榜单[EB/OL].[2021-03-15]. http://www.zuojiabang.cn/Rangking/List? n=7&t=12.

表 4-2   **2013 年网络作家富豪榜**①

排名	作家	籍贯	版税（万元）	作家年龄（岁）	经典代表作
1	唐家三少	北京	2650	32	《斗罗大陆Ⅱ》
2	天蚕土豆	四川德阳	2000	24	《大主宰》
3	血红	湖南常德	1450	34	《光明纪元》
4	我吃西红柿	江苏扬州	1300	26	《莽荒纪》
5	梦入神机	湖南常德	1200	29	《圣王》
6	辰东	北京	1000	32	《完美世界》
7	骷髅精灵	山东烟台	890	32	《圣堂》
8	打眼	江苏徐州	800	36	《宝鉴》
9	柳下挥	河南信阳	600	29	《火爆天王》
10	跳舞	江苏南京	550	32	《天骄无双》
11	高楼大厦	山东淄博	530	33	《僵尸医生》
12	耳根	黑龙江牡丹江	500	32	《求魔》
13	无罪	江苏无锡	430	34	《冰火破坏神》
14	鱼人二代	黑龙江哈尔滨	400	30	《校花的贴身高手》
15	月关	山东平原	380	41	《锦衣夜行》
16	烽火戏诸侯	浙江杭州	300	28	《雪中悍刀行》
17	方想	江西德安	280	28	《不败战神》
18	风凌天下	山东莱芜	250	35	《傲世九重天》
19	苍天白鹤	浙江宁波	200	38	《武神》
20	鹅是老五	安徽宣城	180	38	《最强弃少》

---

① 作家榜官方网站-榜单［EB/OL］.［2021-03-15］. http://www.zuojiabang.cn/Rangking/List？n＝8&t＝17.

表 4-3   **2014 年网络作家富豪榜**①

排名	作家	籍贯	版税(万元)	作家年龄(岁)	经典代表作
1	唐家三少	北京	5000	33	《斗罗大陆》
2	辰东	北京	2800	33	《遮天》
3	天蚕土豆	四川德阳	2550	25	《大主宰》
4	耳根	黑龙江牡丹江	2500	33	《我欲封天》
5	梦入神机	湖南常德	2150	30	《星河大帝》
6	猫腻	湖北宜昌	1700	37	《择天记》
7	骷髅精灵	山东烟台	1350	33	《星战风暴》
8	乱	福建三明	1300	24	《谁与争锋》
9	高楼大厦	山东淄博	1200	34	《寂灭天骄》
10	血红	湖南常德	1100	35	《三界血歌》
11	方想	江西九江	930	29	《不败战神》
12	烽火戏诸侯	浙江杭州	925	29	《雪中悍刀行》
13	无罪	江苏无锡	920	35	《剑王朝》
14	跳舞	江苏南京	900	33	《天骄无双》
15	流浪的蛤蟆	吉林长春	850	39	《龙神诀》
16	鱼人二代	黑龙江哈尔滨	820	31	《极品修真强少》
17	蝴蝶蓝	湖南湘潭	800	31	《全职高手》
18	忘语	江苏徐州	700	38	《魔天记》
19	柳下挥	河南信阳	670	26	《终极教师》
20	鹅是老五	安徽宣城	600	39	《造化之门》

---

① 作家榜官方网站-榜单［EB/OL］.［2021-03-15］. http://www. zuojiabang. cn/Rangking/List？ n＝9＆t＝23.

表 4-4   **2015 年网络作家富豪榜**①

排名	作家	籍贯	版税（万元）	作家年龄（岁）	经典代表作
1	唐家三少	北京	11000	34	《斗罗大陆》
2	天蚕土豆	四川德阳	4600	26	《大主宰》
3	辰东	北京	3800	34	《完美世界》
4	骷髅精灵	山东烟台	2800	34	《星战风暴》
5	高楼大厦	山东淄博	2100	35	《叱咤风云》
6	烟雨江南	辽宁沈阳	2000	41	《尘缘》
7	跳舞	江苏南京	1600	34	《天启之门》
8	月关	山东平原	1500	43	《回到明朝当王爷》
9	烽火戏诸侯	浙江杭州	1450	29	《雪中悍刀行》
10	流浪的蛤蟆	吉林长春	1420	40	《龙神诀》
11	方想	江西九江	1300	30	《修真世界》
12	妖夜	湖南郴州	1150	31	《焚天之怒》
13	无罪	江苏无锡	1125	36	《仙魔变》
14	何常在	河北石家庄	1120	39	《问鼎》
15	鱼人二代	黑龙江哈尔滨	1000	32	《校花的贴身高手》

表 4-5   **2016 年网络作家富豪榜**②

排名	作家	籍贯	版税（万元）	作家年龄（岁）	经典代表作
1	唐家三少	北京	12200	36	《斗罗大陆》
2	天蚕土豆	四川德阳	6000	27	《武动乾坤》
3	我吃西红柿	江苏扬州	5000	30	《星辰变》
4	月关	辽宁沈阳	4800	45	《锦衣夜行》
5	骷髅精灵	山东烟台	4600	36	《圣堂》
6	天使奥斯卡	江苏南京	4500	41	《盛唐风华》

① 作家榜官方网站-榜单[EB/OL].［2021-03-15］. http://www. zuojiabang. cn/Rangking/List？n＝10&t=30.

② 作家榜官方网站-榜单[EB/OL].［2021-03-15］. http://www. zuojiabang. cn/Rangking/List？n＝11&t=34.

续表

排名	作家	籍贯	版税（万元）	作家年龄（岁）	经典代表作
7	梦入神机	湖南常德	2700	33	《龙符》
8	辰东	北京	2600	35	《完美世界》
9	柳下挥	河南信阳	2500	29	《逆鳞》
10	高楼大厦	山东淄博	2100	37	《绝世天君》
11	烟雨江南	辽宁沈阳	1900	43	《永夜君王》
12	烽火戏诸侯	浙江杭州	1800	31	《雪中悍刀行》
13	妖夜	湖南郴州	1700	33	《不灭龙帝》
14	无罪	江苏无锡	1660	38	《剑王朝》
15	何常在	河北石家庄	1650	41	《问鼎》
16	小刀锋利	黑龙江牡丹江	1300	34	《弑天刃》
17	鱼人二代	黑龙江哈尔滨	1280	34	《校花的贴身高手》
18	丛林狼	湖南郴州	1250	42	《最强兵王》
19	鹅是老五	安徽宣城	1100	42	《不朽凡人》
20	雨魔	江苏南京	1000	35	《兽王》

表 4-6   **2017 年网络作家富豪榜①**

排名	作家	籍贯	版税（万元）	作家年龄（岁）	经典代表作
1	唐家三少	北京	13000	37	《斗罗大陆》
2	天蚕土豆	四川德阳	10500	28	《元尊》
3	无罪	江苏无锡	6000	39	《流氓高手》
4	月关	辽宁沈阳	5000	46	《大运河》
5	天使奥斯卡	江苏南京	4930	42	《盛唐风华》
6	骷髅精灵	山东烟台	3900	37	《斗战狂潮》
7	跳舞	江苏南京	3400	37	《恶魔法则》
8	柳下挥	河南信阳	2600	30	《天才医生》

---

① 作家榜官方网站-榜单［EB/OL］.［2021-03-15］. http://www.zuojiabang.cn/Rangking/List？n＝12&t＝40.

排名	作家	籍贯	版税(万元)	作家年龄(岁)	经典代表作
9	藤萍	福建厦门	2500	37	《中华异想集》
10	何常在	河北石家庄	2500	42	《问鼎记》
11	水千丞	海南海口	2000	31	《深渊游戏》
12	高楼大厦	山东淄博	2000	38	《太初》
13	鱼人二代	黑龙江哈尔滨	1650	35	《校花的贴身高手》
14	白姬绾	山东青岛	1600	22	《缥缈》
15	妖夜	湖南郴州	1500	34	《不灭龙帝》
16	小刀锋利	黑龙江牡丹江	960	35	《弑天刃》
17	雨魔	江苏南京	700	36	《少年幻兽师》
18	犁天	江西上饶	660	37	《三界独尊》

2012 年网络作家富豪榜榜单是在 2007—2012 年 5 年间,对中国网络作家网络写作和相关授权方面的总收入的统计。在发布榜单中,唐家三少连续六年名列第一,在 2012 年、2013 年、2014 年、2015 年、2016 年、2017 年版税收入分别为 3300 万元、2650 万元、5000 万元、11000 万元、12200 万元和 13000 万元。2015 年起,其版权收入每年都突破了 10000 万元。榜上其他作家的版权收入也逐年提高,这说明"大神"们已经依靠写作致富,且吸金速度明显加快。表 4-1～表 4-6 显示,六届榜单有 113 人次上榜,但实际上榜的只有 36 人。唐家三少、天蚕土豆、骷髅精灵、高楼大厦等人多次上榜,这不但说明了上榜者的实力,还凸显了网络文学 IP 运营制度的特点。

4.3.5　中国网络作家的特点

综合上文所述网络作家的情况,笔者对网络作家的特点做了以下归纳:

(1)网络作家逐渐被传统文学界接受。2010 年前后开始,网络文学渐渐走向主流。2010 年,鲁迅文学奖将网络作品纳入评选范围,网络作家唐家三少也在 2010 年加入中国作家协会。随后,茅盾文学奖也接纳了网络作品。2013 年 12 月 25 日,唐家三少还开始担任上海视觉艺术学院网络文学专业兼职教授。高等教育也开启了网络文学教育。

(2)网络作家收入差距大。艾瑞咨询发布的《2018 年中国网络文学作者白皮书》以阅文集团签约作者为调研对象,报告显示,在作者群中,"大神"级作家仅占 17.8%,其余的多是普通作者,他们认为梦想是支撑写作的最大动力。普通作者大多兼职写作,主要原因是"写作收入不稳定"。作家的收入来自付费阅读和影视游戏改编、纸质出版等。网络作家跳舞多次进入网络作家富豪榜前 20 名。他曾谈到一线作者收入情况:以一线作者为例,一本小说,订阅的营收,一年大概为 200 万~300 万元。但是,一本热门的小说 IP,卖掉一个游戏版权,就是大几百万元甚至一两千万元,卖掉一个影视版权,又是大几百万元甚至一两千万元。因此,网络作家收入呈现金字塔式结构,顶级作家因全版权运营而收入多,吸金速度快。当然,对于庞大的网络作家群体而言,能获得这样收入的人毕竟是位于金字塔顶的少数人。

如果读者在网站每订阅 1000 字需要花 3 分钱,分成给作者 2 分钱左右,也就是说,如果作者每天写 5000 字,有 1000 位读者肯花钱订阅,那么作者 1 天才能收入 100 元,一个月收入 3000 元,还涉及缴税的问题[①]。任何行业,都具有金字塔效应,大家只看到了顶端的几百位让人羡慕的网络文学作家,但实际上,绝大多数网络作家难以依靠网络文学写作过上温饱以上的生活。能够成为"大神"的,更是少之又少。绝大多数网络作家收入微薄,与他们每日码字上万的生活状态形成强烈反差。

重庆市网络作家协会曾在微信公众号上发帖,为当地网络作家王勇募款。王勇笔名潇铭,是一家中文网站签约作家。因母亲生病,王勇无法承担 8 万余元手术费,重庆市网络作家协会为他向公众募款。王勇于 2010 年加入网络文学行业,入行 5 年写了 1000 多万字,收入却不理想。"每月到手也才四五千元,有时候写得少,只有两三千元。收入只够维持生活,买房买车更是奢求"。

(3)网络作家长期处于高强度的工作状态。在作者申请成为网络作家时,网站就规定作者需按时大量更新而不得"断更",作者想要保住位次和点击量就必须每日更新相应字数。著名作家刘震云曾说:"传统作家和网络作家最科学的区分应该是'一本几百次写成的书'与'一本一次性写成的书'。"传统作家们"十年磨一剑"的节奏远远跟不上读者阅读品位的变化。要想从数以万计的网络作者中脱颖而出,需要付出很大的努力。

网络作者多为兼职,每天除了伏案码字,还有其专职工作需完成,超强度的工作使身体难以负荷。也有些心理素质较好的网络作者将写作作为兴趣,一小

---

① 很光鲜?网络作家入行 5 年写 1000 多万字吃低保[EB/OL]. (2016-04-28)[2021-03-15]. http://education.news.cn/2016-04/28/c_128939614.htm.

时就能写出四五千字。如唐家三少就创下了连续更新 100 个月的记录①,由此可见,网络作家必须具备良好的身体素质和心理素质,要能承受得住高额的工作量及每天码字不止却难有出头之日的失落。

2019 年,中国网络文学作者数量达到 1936 万人,签约作者数量达到 77 万人②,其中大多数作者是处在一个收入与身体透支状况难以平衡的状态下。大多数读者仅关注作品,对作者本人从不过问,更有甚者,几百万字的作品读完都不知道作者叫什么。而唯一与作者有联系的网站编辑也是从不与作者见面,仅靠邮件互相交流。只有"大神"级别甚至更高级别的作家,可以享受更多的编辑服务,可以召开读者见面会,而这样的作家却屈指可数。由此可见,网络作家的写作环境并不令人满意。

(4)网络作家熟悉读者市场,擅长商业化写作。网络文学作家的写作目的是获得高点击量,作家的收入与点击量直接挂钩,如何写出深受读者喜欢的作品就成了网络作家日夜考虑的问题。于是很多网络作家写出的作品被打上了商业烙印,内容世俗化,按照市场需求来制作文学商品。读者开始喜欢"都市言情",网络作家便一窝蜂地创作都市言情小说;开始流行"清宫穿越",网站又出现大批穿越小说。网络作家一直不被传统作家看好,也是因为很多网络作家创作的作品质量较差,思想性、艺术性都不高,而造成这一现象的原因就是网络小说的商业化需求。

网络作家的创作风格有其独特优势,在这样随性的写作中更容易开创出"独创性"的消费性趋向,如早期流行的宫斗、盗墓、仙侠等题材,以及近些年兴起的现实题材就是网络文学的贡献,由此创造出不菲的商业价值。

(5)网络作家与网站常常发生利益纠葛。传统作家与出版社的合作方式一般为约稿或直接投稿,约稿定下的截稿日期一定是作家在自身能力范围内可以写完作品的日期,投稿也可以一稿多投,最终敲定合作对象。在与一家出版社合作的同时也可以同时寻找另一部作品的合作方。对于传统作家而言,工作量、工作时长和合作对象都是可以自由选择的。相较于传统作家,网络作家就没有这样的便利,在与网站的相处中,网络作家们往往处于弱势地位,受到网站的制约。网络作家与网站的利益纠葛自网络文学出现的早期就已存在。当时的网络作家完全听命于网站,网站给出什么权益网络作家就得到什么权益,作品版权完全掌

---

① 唐家三少已连续创作 100 个月　欲申报吉尼斯[EB/OL]. (2012-04-23)[2021-03-15]. http://www. chinanews. com/cul/2012/04-23/3839455. shtml.

② 中国网络文学作者数量达到 1936 万人[EB/OL]. (2020-09-06)[2021-03-15]. https://www. 163. com/dy/article/FLRUGU7905455EF5. html.

握在网站手中,网络作家与网站签订的合约基本等同于"卖身契"。随着网络文学发展加快,部分网络作家开始小有名气,出现在大众的视角下,网站才慢慢开始尊重作者权益,制定较为合理的签约制度。随着业内竞争加剧,各大网站更是想尽办法防止网络作家"跳槽",定期检查"大神"级作家邮箱以防外网发送约稿信件,在合同中加入严禁在外网发布作品的条款。网络作家与网站签订的合约除了明确双方收益以外,在很大程度上还是网站约束网络作家的砝码。合约一旦签订,对网络作家来说,虽然有了保障,但是也断了更多的财路,在合约期间内,网络作家只能服务一家网站,专心写一本书,而这本书的收益如何却是未知数。因此会有很多网络作家铤而走险,如梦入神机背着原东家起点中文网,与另一家网站签约发表连载作品,最后被起点中文网告上法庭,最终支付起点中文网违约金 101 万元。[1]

(6)网络文学作家年轻化趋势明显。艾瑞咨询发布的《2018 年中国网络文学作者白皮书》以阅文集团签约作者为调研对象,报告显示,30 岁以下的作者占比超过七成,"90 后""95 后"已经逐渐成为主流。2020 年阅文集团新增网络作家中,1995 年以后出生的群体占比近八成,成为网络作家队伍新增主体。同时,结合艾瑞咨询《2020 年中国网络文学作家影响力榜单解读报告》及阅文集团推选出的 2020 网络文学年度榜样作家"十二天王"样本分析可以发现,不仅新增作家呈现出年轻化趋势,新生代作家的接连崛起也使得"成神作家"愈发年轻[2]。

在阅文集团推选出的 2020 网络文学年度榜样作家"十二天王"(年度网络作家中的新晋佼佼者盘点)中,"90 后"群体过半。其中最年轻的是 1996 年出生的云中殿,他凭借《我真的不是气运之子》"一书封王",获"轻小说气运之王"称号,并在起点中文网拥有超百万人的粉丝量。

网络文学作家和读者这两个群体的年龄层不断靠近,使得价值观的传递更容易被接受。他们有着有相似的成长经历和兴趣爱好,作家可以更大程度地满足读者的阅读需求。年轻化的作家有着更敏锐的网络嗅觉和更细腻的网络语言表达,能更好地理解网络文化与网络思维,更加懂得以"圈粉"和"埋梗"等技术手段来维持粉丝黏性和个人热度。同为网络原住民的年轻作家通过作品所传达出来的个性和自我实现的意愿也更容易获得读者共鸣,很多"90 后""95 后"甚至"00 后"作家的成名期较之以前更短,有的甚至"一书成名"[3]。

---

[1] 网络作家违约另觅"东家" 起点中文网获赔 60 万元[EB/OL]. (2012-05-14)[2021-03-15]. http://www.dyzxw.org/html/article/201205/14/89706.shtml.

[2] 社科院:2020 年中国网络文学发展报告[EB/OL]. (2021-03-27)[2021-03-27]. https://new.qq.com/omn/20210327/20210327A0C3BE00.html.

[3] 同上。

4.4　网络文学网站

　　网络文学网站是作品的发布平台和阅读平台,也是粉丝的聚集地。中国网络文学网站大体分为四种类型:论坛类文学网站、博客、网站读书频道和专业的网络文学网站。据 CNPP 品牌数据研究,至 2021 年,网络文学网站排名靠前的有起点中文网、创世中文网、纵横中文网、云起书院、潇湘书院、晋江文学城、17K 小说网、红袖添香等。

4.4.1　网络文学网站的主要职能

　　网络文学产业链中,参与者甚多,包括作者、网络文学平台(内容提供商)、移动阅读商、用户及衍生品生产商等。其中,起到关键作用、拥有产业链话语权的是网络文学网站,它是网络文学产业商业模式、运行制度和版权拓展机制的创立者,是网络文学产业链的主导者,在行业中的地位举足轻重。

　　网络文学网站的主要职能:

　　(1)充当内容提供商,建设发表作品的平台。为此,需要建立一系列的流程和制度。其一,建立作品发布流程,指导作家发布作品;其二,建立作家管理制度,包括作家的认定、薪酬制度、作家的级别、作家低保制度,网站还进一步建立了培育作家的制度,包括指导作家写作、举行文学大赛、举办培训班等,这一系列制度都是为了助力网络作家的成长;其三,建立网络文学作品的筛选机制,包括制定作品的推荐规则、榜单制度等;其四,建立读者管理制度,包括指导读者使用网站,建立作者激励制度、VIP 用户管理制度、打赏制度等。

　　(2)提供阅读服务。为此,需要建立一系列有利于阅读和推广的制度。主要有:其一,推广作品,包括设计推广功能模块,如分类、榜单、推荐、书库、搜索等,以便于读者找到图书;其二,建立读者制度,激励读者成长;其三,建立分享机制,助力作品的推广;其四,建立互动机制,有利于作者和读者的互动,读者和读者的互动。

　　(3)向移动阅读客户端推广作品。例如阅文集团会利用本集团的"QQ 阅读"分销作品,也会向诸如咪咕阅读等其他移动客户端分销作品。①

---

　　① 马季.网络文学的渠道与内容关系解析[J].中国文学批评,2018(3):95-101,159.

（4）进行版权运营。对于优秀的作品，会进行版权售卖，这些作品会得到纸书出版、游戏改编、动漫改编、电视剧和电影改编等机会，以实现 IP 价值最大化。

4.4.2 网络文学网站的用户覆盖情况

艾瑞咨询《2020 年中国数字阅读产品营销洞察报告》将中国数字阅读行业发展分为三个阶段，分别是 2009 年以前的数字化阶段，2010 年至 2017 年的移动化阶段，以及 2018 年至今的智能化阶段。在 2009 年以前，PC 端网站页面是用户接触网络文学的主要方式，随着智能手机及移动网络的发展，数字阅读平台在 2010 年至 2014 年间由 PC 端向移动客户端发展过渡。至 2020 年，数字阅读用户中使用移动客户端的用户占比高达 84.6%，网页阅读用户已不足一半，其中 67% 的数字阅读用户最感兴趣的阅读产品是网络文学。但网络文学网站仍是网络文学发展中的重要阶段及用户接触网络文学的重要渠道。

易观智库统计的相关数据显示，2014—2015 年，腾讯文学、中文在线旗下的17K 小说网、百度文学旗下的纵横中文网等用户覆盖率名列前茅，如表 4-7 所示。

表 4-7　　　　　　　　2014—2015 年中国网络文学用户覆盖率　　　　（单位：%）

网站名称	母公司	2014Q3[1]	2015Q1[2]	2015Q2[3]	2015Q3[4]
起点中文网	腾讯文学	20.2	38.4	33.1	31.3
创世中文网	腾讯文学	12.8	13.3	11.8	12.7
17K 小说网	中文在线	9.3	16.3	14.1	20.4
纵横中文网	百度文学	8.4	10.6	8.6	7.7
小说阅读网	腾讯文学	7.5	10.2	8.1	5.5
晋江文学城	晋江文学城	6.2	7.8	8.8	11.2
起点女生网	腾讯文学	5.4	7.0	4.3	4.0

[1] 易观分析：2014 年第 3 季度中国互联网收单交易规模达到 22376 亿元[EB/OL].（2015-05-15）[2021-03-15]. https://www.analysys.cn/article/detail/6290.

[2] 易观智库：2015 年第 1 季度中国网络文学网站起点中文网用户覆盖率排名第一[EB/OL].（2015-07-02）[2021-03-15]. https://www.analysys.cn/article/detail/10844.

[3] 2015 年二季度网络文学市场监测报告解读[EB/OL].（2015-08-22）[2021-03-15]. http://www.chinaidr.com/tradenews/2015-08/67379.html.

[4] 易观国际：2015 年 Q3 中国网络人气小说 TOP50[EB/OL].（2015-12-11）[2021-03-15]. http://www.199it.com/archives/416176.html.

续表

网站名称	母公司	2014Q3	2015Q1	2015Q2	2015Q3
言情小说吧	腾讯文学	4.4	4.5	4.2	7.7
逐浪网	空中网	4.0	3.1	1.6	1.8
潇湘书院	腾讯文学	3.8	4.4	4.3	8.7
红袖添香	腾讯文学		3.9	3.7	5.4
飞卢小说网	飞卢小说网		9.5	8.0	8.3
其他		18.0			

在 2014—2015 年易观智库统计的 12 家文学网站中,阅文集团旗下的起点中文网和创世中文网居于前列;17K 小说网、纵横中文网、小说阅读网以及晋江文学城居紧随其后;飞卢小说网为后起之秀;起点女生网、言情小说吧、逐浪网、潇湘书院和红袖添香在竞争中分有一杯羹。

上面是易观智库的统计,以下谈谈艾瑞咨询的调查。艾瑞咨询推出的网民连续用户行为研究系统 iUser Tracker 数据显示,2016 年 9 月,垂直文学网站日均覆盖人数如表 4-8 所示。

表 4-8　　**iUser Tracker2016 年 9 月垂直文学网站日均覆盖人数排名**[①]

排名	网站	日均覆盖人数（万人）	日均网民到达率（%）	排名变化
1	起点中文网	151	0.6	不变
2	晋江文学城	139	0.6	不变
3	17K 小说网	58	0.2	不变
4	纵横中文网	54	0.2	不变
5	中国散文网	40	0.2	上升
6	散文吧	32	0.1	上升
7	潇湘书院	30	0.1	下降
8	起点中文网	28	0.1	下降
9	有妖气	19	0.1	下降
10	吾读小说网	15	0.1	不变

注:日均网民到达率＝该网站日均覆盖人数/所有网站总日均覆盖人数。

---

① 艾瑞:2016 年 9 月垂直文学网站行业数据[EB/OL].(2016-11-02)[2021-03-15]. http://report. iresearch. cn/content/2016/11/264958. shtml.

　　艾瑞网 iUserTracker 数据显示,2016 年 9 月,垂直文学网站月度有效浏览时间排名如表 4-9 所示。

表 4-9　　**iUserTracker2016 年 9 月垂直文学网站月度有效浏览时间排名**[①]

排名	网站	月度有效浏览时间(万小时)	月度有效浏览时间比例(%)	排名变化
1	潇湘书院	1589	9.5	上升
2	起点中文网	1447	8.7	下降
3	我听评书网	1233	7.4	下降
4	晋江文学城	909	5.4	下降
5	吾读小说网	586	3.5	上升
6	纵横中文网	490	2.9	下降
7	17K 小说网	424	2.5	不变
8	有妖气	284	1.7	不变
9	品书网	219	1.3	上升
10	就爱网	191	1.1	不变

注:月度有效浏览时间比例＝该网站月度有效浏览时间/该类别所有网站总月度有效浏览时间。

　　表 4-8 显示,起点中文网、晋江文学城、17K 小说网在用户覆盖量上分列前三;表 4-9 显示,在用户有效浏览时间方面,潇湘书院、起点中文网、我听评书网排名前三,晋江文学城、吾读小说网、纵横中文网和 17K 小说网紧随其后。

4.4.3　网络文学网站的作品量

　　网络作家发表的作品包括小说、漫画、杂文、影视剧本和诗歌等,其中数量最多、影响最大的是网络小说,并且以类型小说为主要形态。大多网站的作品数量是指类型小说的数量。

　　网络文学网站的作品数量是随时更新的,因而统计起来有较大困难。速途研究院发布的《2015 年 Q3 网络文学市场分析报告》对各大网站书库存量做了统计,结果如图 4-3 所示。

---

① 艾瑞:2016 年 9 月垂直文学网站行业数据[EB/OL]. (2016-11-02)[2021-03-15]. http://report. iresearch. cn/content/2016/11/264958. shtml.

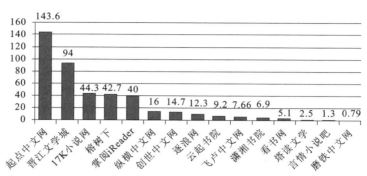

图 4-3　各大网络文学平台书库统计结果①（单位：万种）

由图 4-3 可以看出,阅文集团旗下的起点中文网以 143.6 万种的书库存量稳居第一。居第二位的是晋江文学城,书库存量为 94 万种,也具有相当优势。以下网站依次排第 3～8 名:17K 小说网（44.3 万种）、榕树下（42.7 万种）、掌阅 iReader（40 万种）、纵横中文网（16 万种）、创世中文网（14.7 万种）和逐浪网（12.3 万种）。此外,云起书院、飞卢中文网、潇湘书院、看书网、塔读文学、言情小说吧、磨铁中文网等书库存量均不足十万种。

笔者在 2016 年和 2022 年两次对各大网络文学网站官网上的网络文学作品做了统计。如,逐浪网 2016 年 6 月作品数量为 130313 部,2022 年 2 月已达 40 万部;②创世中文网 2016 年 6 月作品数量为 11303 部,2022 年 2 月已达 377412 部;③17K 小说网 2016 年 6 月作品数量为 481979 部,2022 年 2 月已经达 3344927 部;④晋江文学城 2015 年 9 月"拥有在线作品 190 万余部",2022 年 2 月拥有在线网络小说超 462 万部。⑤ 数量不同的原因除统计时间不一外,有可能是一些文学网站数据统计不全。总的来说,网络文学作品数量较多,作品数量增长快,如晋江文学城就宣称"平均每个月新增签约版权在 2800 部以上"。⑥

总体来看,中国网络文学总作品数量呈逐年上升的趋势,从 2015 年的 1168.0 万部增长至 2019 年的 2594.1 万部,如图 4-4 所示。网络文学作品快速增长的主要原因:第一,互联网的普及及移动通信技术的发展使得网络文学市场发展迅速;第二,网络文学作者的逐年增长为作品的增长提供了保障;第三,网络

---

① 速途研究院:2015 年 Q3 网络文学市场分析报告[EB/OL]. (2015-12-08)[2021-03-15]. http://www.sootoo.com/content/659130.shtml.

② 逐浪网"关于逐浪"[EB/OL]. [2022-02-15]. https://www.zhulang.com/help/about.html.

③ 创世中文小说网[EB/OL]. [2022-02-15]. https://chuangshi.qq.com/bk/.

④ 17K 小说网[EB/OL]. [2022-02-15]https://www.17k.com/all/book/2_0_0_0_0_0_0_334.html.

⑤ 晋江原创网"关于晋江"[EB/OL]. [2022-02-15]. http://www.jjwxc.net/aboutus/# fragment-28http://www.jjwxc.net/aboutus/# fragment-28http://www.jjwxc.net/aboutus/.

⑥ 同上。

文学受众规模不断扩大,且受众的内容消费和精神消费需求也在逐年增加。其中,2018 年新增网络文学作品数量高达 795.0 万部,这是由于 2017 年 8 月,原文化部颁布了《关于推动数字文化产业创新发展的指导意见》,大力推动数字文化产业发展。[①]

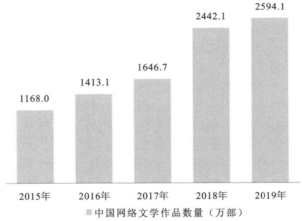

来源:《2019年度网络文学发展报告》;网络文学企业联合调研。

图 4-4　2015—2019 年中国网络文学作品累计规模[②]

4.4.4　网络文学核心网站

目前,我国网络文学网站众多,其总数目没有权威的统计。虽然队伍庞大,但核心成员比较固定。

综合用户覆盖率、作品数量及品牌认知度,至 2021 年,CN10/CNPP 数据研究认为十大核心网络文学网站主要有起点中文网、创世中文网、纵横中文网、云起书院、潇湘书院、晋江文学城、17K 小说网、小说阅读网、红袖添香和起点女生网等。结合它们所属的公司来看,无疑原创平台的第一梯队为腾讯阅文集团,旗下有起点中文网、创世中文网、小说阅读网、起点女生网、潇湘书院和红袖添香等。

中文在线的 17K 小说网、百度文学的纵横中文网及晋江文学城居于第二梯队。2016 年 6 月,百度公司将百度文学(旗下有纵横中文网、熊猫看书、百度书城等)以 10 亿元的价格卖给了完美世界,而 2013 年 7 月,百度才从完美世界手

---

① 头豹研究院《2021 年中国网络文学行业概览》。
② 艾瑞咨询《2020 年中国网络文学出海研究报告》。

中买下纵横中文网,仅 3 年时间纵横中文网又回到完美世界。但百度给自己仍留有余地,占有两成股份,并继续对百度文学提供流量支持。[①] 百度文学在短期内的多次易手,显示出百度公司对纵横中文网的信心不足。第二梯队中,17K小说网和晋江文学城在移动阅读端也处在较为弱势的地位。

4.5　移动阅读平台商

移动阅读平台商是指移动阅读客户端(即移动阅读 App,或移动阅读应用)的经营者。[②] 移动阅读客户端本是网络原创作品的分销渠道,但近年来因网络文学市场的火爆,一些原本仅仅经营移动阅读业务的商家,开始进军网络文学领域,但它们还处在生产网络文学作品的起步阶段,业绩尚不明显。仅就阅读来说,移动端已经成为网络文学的最主要消费渠道。

4.5.1　移动阅读客户端的用户覆盖情况

Trustdata 发布的《2021 年 Q2 中国移动互联网行业发展分析报告》对移动阅读客户端的月活跃用户人数进行了统计,数据如图 4-5 所示。

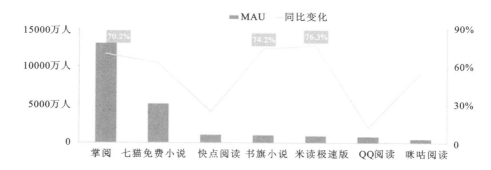

数据来源:Trustdata移动大数据监测平台。

图 4-5　2021 年 6 月主流文学阅读应用 MAU(月活跃用户人数)及同比变化情况[③]

---

① 完美世界控股百度文学,为何 3 年后再吃"回头草"? [EB/OL]. (2016-07-04)[2021-03-15]. https://www.thepaper.cn/newsDetail_forward_1493265.
② 黄先蓉,冯婷. IP 生态视域下移动阅读产业盈利模式创新研究[J].出版科学,2018,26(1):20-26.
③ Trustdata《2021 年 Q2 中国移动互联网行业发展分析报告》。

图 4-5 显示,掌阅的领跑地位优势明显,月活跃用户人数超过了 1 亿人。七猫免费小说紧随其后,月活跃用户人数在 5000 万人左右。快点阅读、书旗小说、米读极速版、QQ 阅读和咪咕阅读等紧随其后。

Trustdata 发布的《2021 年 Q2 中国移动互联网行业发展分析报告》还对移动阅读客户端的日均启动次数进行了统计,数据如图 4-6 所示。

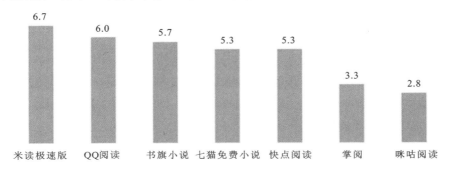

数据来源:Trustdata移动大数据监测平台。

图 4-6 2021 年 6 月主流文学阅读应用日均启动次数情况[1](单位:次/人)

调查显示,米读极速版和 QQ 阅读的用户黏性较高,移动客户端的日均启动次数均超过了 6 次/人;紧随其后的是书旗小说、七猫免费小说和快点阅读,它们的日均启动次数都在 5 次/人以上;掌阅的日均启动次数为 3.3 次/人;咪咕阅读的日均启动次数为 2.8 次/人。

2019 年中国数字阅读全景生态流量市场份额中,阅文集团以 25.2% 的市场份额排名第一,掌阅文学以 20.6% 的市场份额排名第二,书旗小说以 20.4% 的市场份额排名第三,米读小说、连尚文学分别以 9.6%、9.0% 的市场份额名列第四、第五,如图 4-7 所示。阅文集团凭借强大的内容资源,以及 QQ 阅读和微信等流量入口优势,生态流量居行业首位;掌阅科技拥有掌阅 App、手机厂商、电子书阅读器的多元流量支持;书旗小说拥有超亿人的日活跃用户,并通过细分内容增加流量用户群,此外还有 UC、支付宝、优酷等超级 App 提供了更多入口和全景流量。连尚文学、米读小说等应用主打免费文学,其阅读 App 活跃用户规模增长迅速,由于免费阅读厂商的全景生态阅读流量主要来自阅读 App,因此在移动阅读全景生态流量市场份额中占比并不高。[2]

---

① Trustdata《2021 年 Q2 中国移动互联网行业发展分析报告》。
② 比达咨询《2019 年度中国数字阅读市场研究报告》。

数据来源：比达（BigData-Reasearch）数据中心。

图 4-7   2019 年中国数字阅读全景生态流量市场份额①

4.5.2　移动阅读客户端的作品量

头豹研究院《2021 年中国网络文学行业概览》对"中国网络文学行业竞争格局"进行了整理，并对各个企业的移动客户端布局及作品数量进行了统计，如表 4-10 所示。

表 4-10 　　　　　　　　　　**中国网络文学行业竞争格局**②

梯队分布	企业	介绍
第一梯队	阅文集团	作家数量：810 万位 作品总数：达到 1220 万部 月活跃用户数量：2.3 亿人（2020 年上半年） 阅文集团旗下包含 QQ 阅读、起点中文网、新丽传媒等
第二梯队	中文在线	作家数量：370 万位 作品总数：超 400 万部 中文在线旗下包含 17K 小说网、汤圆创作、四月天文学网
	掌阅	月活跃用户数量：1.7 亿人（2020 年上半年） 掌阅旗下包含掌阅 App、有乐中文网、趣阅小说网等
第三梯队	阿里文学	阿里文学旗下包含书旗小说、淘宝阅读、UC 小说等 阿里文学将依托内容生产，从数字内容阅读、版权衍生等多个角度出发，建立跟文学产业相关的开放生态链
	百度文学	百度文学旗下包含纵横中文网、熊猫看书、百度书城等子品牌 全面建立包含动漫、游戏、影视、周边产品等增值业务在内的文学产业链

---

① 比达咨询《2019 年度中国数字阅读市场研究报告》。

② 头豹研究院《2021 年中国网络文学行业概览》。

　　由表 4-10 可知,目前,处于第一梯队的是阅文集团,作品总量达到 1220 万部,是国内含内容最多的移动端产品。阅文集团旗下的移动阅读客户端有 QQ 阅读、起点中文网、起点女生网、红袖添香等。该集团的作家人数超过 810 万,有数亿活跃用户,与超过 2000 家出版单位建立合作关系,内容品类达 200 余种。从引进业务继续保持出版全品类需求,强化长尾书籍及中短篇内容,坚持内容建设投入,开放内容合作模式、引入优质文学内容培育,探索新内容合作形式五大维度夯实内容优势。2020 年,阅文集团通过渠道拓展、联合运营、异业合作三种形式构建更多元的分发渠道,满足用户多元化、多层次、细分化、多场景化的内容获取需求。①

　　中文在线与掌阅处于第二梯队。中文在线拥有中文书城 App、慧读分级阅读平台,平台数字内容资源超 460 万种,网络原创驻站作者超 370 万名,作品数量超过 400 万部;与 600 余家版权机构合作,签约知名作家、畅销书作者 2000 余位。② 此外,中文在线还不断拓宽数字内容分销渠道,除持续为三大运营商提供服务外,还积极扩展其他渠道,如与米读小说、番茄小说等合作,通过这些平台分发内容。③ 掌阅旗下的移动阅读客户端有掌阅 App,集团用户规模不断扩大,2020 年上半年,掌阅平均月活跃用户数达 1.7 亿人,④并先后与国内外 600 余家优质版权方合作,依托自身技术优势和海量正版内容储备,持续打造数字阅读生态圈,有声阅读就是掌阅完整阅读生态体系的重要一环,用户既可以在掌阅 App 内"看书",也能"听书",进一步提升用户体验,满足不同用户需求。⑤

　　第三梯队的有阿里文学和百度文学。阿里文学的自建移动客户端渠道包括书旗小说、UC 小说、PP 书城、优酷书城等 App。阿里文学将依托内容生产,从数字内容阅读、版权衍生等多个角度出发,建立跟文学产业相关的开放生态链。⑥ 百度文学旗下包含纵横中文网、熊猫看书、百度书城等子品牌。

　　目前,随着网文 IP 市场的发展,第二梯队、第三梯队的企业,以及新兴崛起的企业的,未来上升空间巨大。

---

① 比达咨询《2019 年度中国数字阅读市场研究报告》。
② 头豹研究院《2021 年中国网络文学行业概览》。
③ 同上。
④ 同上。
⑤ 比达咨询《2019 年度中国数字阅读市场研究报告》。
⑥ 头豹研究院《2021 年中国网络文学行业概览》。

4.6 网络文学用户

  根据中国互联网信息中心(CNNIC)《第 48 次中国互联网络发展状况统计报告》,截至 2021 年 6 月,我国网络文学用户规模达 46127 万人,占网民整体的 45.6％。据艾瑞咨询测算,2021 年中国数字阅读市场达 416 亿元,网络文学市场规模稳步扩大,如图 4-8 所示。①

数据来源:中国互联网络信息中心(CNNIC)历年中国互联网络发展状况统计报告。

图 4-8 2012—2021 年中国网络文学行业用户规模②

  网络文学的快速发展带来了大众阅读方式的改变。在 2020 年网络文学用户年龄分布中,50 岁及以上的占 2.3％,40～49 岁的占 6.9％,30～39 岁的占 20.7％,20～29 岁的占 34.1％,14～19 岁的占 36.0％;用户每周网文阅读时长在 8 小时以上的占 8.9％,5～8 小时的占 25.7％,1～4 小时的占 48.3％,1 小时以下的占 17.2％,如图 4-9 所示。

---

  ① 艾瑞咨询《2020 年中国网络文学版权保护研究报告》。
  ② 同上。

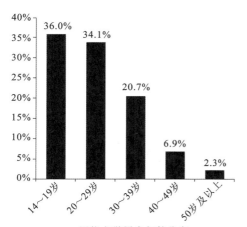

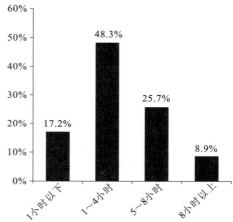

网络文学用户年龄分布　　　　　　　　网络文学用户每周网文阅读时长分布

数据来源：沙利文，头豹研究院编辑整理。

图 4-9　2020 年网络文学用户年龄及每周网文阅读时长分布[1]

　　2020 年网络文学用户阅读频率，每天一次及以下的占 11.9%，2～4 次的占 29.8%，5～7 次的占 27.6%，几乎每天都看的占 30.7%，并且有 86.40% 的用户表示会固定周期追更，如图 4-10 所示。

■一次及以下■几乎每天都看▨5～7次▧2～4次　　　　　　　■会■不会
网络文学用户每天网文阅读频率分布　　　　网络文学用户固定周期追更比例分布

数据来源：沙利文，头豹研究院编辑整理。

图 4-10　2020 年网络文学用户每天阅读频率及固定周期追更比例分布情况[2]

　　由此可见，网络文学用户数量大，用户数量持续增长，且逾八成用户会固定周期追更网络文学作品。

---

① 头豹研究院《2021 年中国网络文学行业概览》。
② 同上。

4.6.1　主流群体阅读网络文学比例增大

　　表 4-11 所示为易观智库、艾瑞咨询、比达咨询、Mob 研究院和头豹研究院调查的网络文学用户的年龄结构和受教育程度。

表 4-11　　　　　**网络文学用户的年龄结构和受教育程度**

统计报告	年龄结构	受教育程度
易观智库《中国网络文学产业年度研究报告 2013》	56 岁及以上的占 0.4%,46～55 岁的占 1.8%,36～45 岁的占 6.5%,26～35 岁的占 42.2%,18～25 岁的占 39.2%,18 岁以下的占 9.9%	博士占 0.7%,硕士占 2.4%,本科占 18.5%,大专占 27.1%,高中(职高、中专、技校)占 37.6%,初中占 12.9%,小学及以下占 0.8%
艾瑞咨询《2016 年中国网络文学行业研究报告》	40 岁以上的占 11.4%,36～40 岁的占 17.1%,31～35 岁的占 19.2%,25～30 岁的占 21.3%,19～24 岁的占 22.4%,18 岁及以下的占 8.5%	硕士及以上占 6.4%,本科占 49.1%,专科占 27.6%,高中(中专)占 13.7%,初中及以下占 3.3%
比达咨询《2019 年度中国数字阅读市场研究报告》	40 岁以上的占 3.6%,36～40 岁的占 10.1%,31～35 岁的占 26.0%,25～30 岁的占 22.9%,25 岁以下的占 37.4%	硕士、博士占 4.3%,本科占 29.6%,大专占 31.2%,高中及以下占 34.9%
Mob 研究院《2020 年移动阅读行业研究报告》	—	硕士及以上占 3.7%,本科占 35.1%,专科占 41.1%,高中及以下占 20.1%
头豹研究院《2021 年中国网络文学行业概览》	50 岁及以上的占 2.3%,40～49 岁的占 6.9%,30～39 岁的占 20.7%,20～29 岁的占 34.1%,14～19 岁的占 36.0%	—

　　从以上 5 份报告中可以看出网络文学用户群体的变化过程。对比报告发现,用户年龄结构产生较大变化,35 岁以上用户群体人数不断增加,说明网络文学已经逐渐被成熟和稳健读者选择。用户学历结构也发生较大变化,大专及以上学历用户数量增长幅度较大,说明网络文学正逐渐改变"边缘"形象,走进主流阅读群体。

4.6.2 网络文学读者粉丝化

粉丝(fans),指崇拜某位名人的一种人。粉丝经济是指架构在粉丝和名人等被关注者关系之上的经营性创收行为。[①] 网络文学原创网站建立了鼓励作者成长的制度,当作者成为"大神"级作家,就会受到"名人"式的推广和待遇。如唐家三少,几度蝉联网络作家富豪榜榜首,并进入中国福布斯名人榜。唐家三少有强大的粉丝团,号称"唐门",其作品无论是网络阅读,还是线下出版及改编,都会受到粉丝们的热捧。又如,《鬼吹灯》《盗墓笔记》等小说,在线下出版后,发行量逾千万册,这在传统文学领域是罕见的。2019 年,IP 爆款改编影视剧《庆余年》在腾讯视频和爱奇艺双平台总播放量突破 130 亿次,一举摘得 2020 年上海电视节"白玉兰奖"两项大奖。类似的改编影视剧《赘婿》也成为 2021 年开年首个爆款,《赘婿》自播出以来,持续占领爱奇艺热播剧榜首,上线 9 天就在爱奇艺站内热度破万,成为平台站内 2021 年首部热度破万剧集,也是平台站内史上最快破万的剧集。[②] 粉丝的黏性积累是网络文学 IP 的核心要素之一,通过粉丝的口碑传播、粉丝的规模化和粉丝的参与,网络文学作品的衍生体更容易体现其价值。受粉丝追捧、话题热度高、粉丝基础牢固的网络小说更容易成为 IP。原著粉丝见证着 IP 的养成,对原著内容、故事情节和人物有较深的甚至是痴迷的情感认同。[③] 作品之外,以作家为中心的粉丝群体也逐步孵化形成。2020 年,阅文集团所有作品评论量累计超过 100 万条的作家有 69 位,阅文集团自有平台累计粉丝数超过 100 万人的作家有 19 位。[④]

《杜拉拉升职记》是粉丝经济的典型案例。李可的网络小说《杜拉拉升职记》最初在李可个人博客上发布。2007 年 9 月正式出版,2007 年年底位列卓越网畅销书小说类销量第二;2008 年,上海文广集团高价获得电视剧改编权,中央人民广播电台倾情制作同名广播剧;2008 年 7 月 18 日售出繁体版权;2008 年 7 月,上海、浙江、广东三地话剧改编权同期售出;2008 年 10 月,繁体版在台湾出版;2008 年 12 月底,《杜拉拉 2:华年似水》隆重上市;2009 年 4 月,姚晨版《杜拉拉升职记》话剧上演;2010 年 4 月 15 日,徐静蕾版《杜拉拉升职记》电影首映;2010 年 5 月 1 日,《杜拉拉 3:我在这战斗的一年里》出版;2010 年,王珞丹版《杜拉拉

① 杨婧.粉丝经济背景下我国数字音乐产业发展研究[D].海口:海南大学,2020.

② 男频 IP 改编破局,重估阅文生态价值[EB/OL].(2021-03-02)[2021-03-15].https://baijiahao.baidu.com/s? id=1693094485909232430&wfr=spider&for=pc.

③ 曾一果,杜紫薇.数字媒介时代网络文学 IP 改编的再思考[J].中国编辑,2021(6):75-78.

④ 社科院:2020 年中国网络文学发展报告[EB/OL].(2021-03-27)[2021-03-27].https://new.qq.com/omn/20210327/20210327A0C3BE00.html.

升职记》连续剧上映,同名音乐剧启动。截至 2014 年,杜拉拉品牌系列图书发行 500 万册。杜拉拉品牌鞋帽服装广受欢迎。美国艺电有限公司也开发杜拉拉白领益智游戏。可谓是一本书带动多个领域的产业,《杜拉拉升职记》一书已经带动了图书、听书、话剧、电影、电视、服装、鞋业、游戏、音乐剧、网络剧、无线增值等多个领域的产业,创造了 3 亿元的市场价值。①

4.6.3 网络文学阅读是休闲阅读

读书是一种重要的休闲方式。对于每天都在快节奏中生活的人们来说,通过阅读网络文学来释放压力是一种简单易行的方式。因此,这使得人们更趋向于阅读那些娱乐性、趣味性较强的作品。这种需求从根本上决定了网络阅读就是一种简单意义上的休闲阅读。②

艾瑞咨询《2020 年中国数字阅读产品营销洞察报告》对网络文学用户的阅读倾向进行了调查,结果如图 4-11 所示。

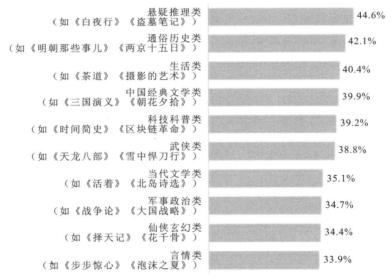

样本:N=1997;于2020年8月通过艾瑞iClick社区调研获得。

图 4-11 2020 年数字阅读产品用户阅读题材 TOP 10③

① "杜拉拉"吸金记:已创造出 3 亿元市值[EB/OL].(2010-05-14)[2021-12-15].http://www.xin-huanet.com/zgjx/2010-05/14/content_13486363.htm.

② 欧阳友权.网络文学五年普查(2009—2013)[M].北京:中央编译出版社,2014:60.

③ 艾瑞咨询《2020 年中国数字阅读产品营销洞察报告》。

艾瑞咨询《2020 年中国数字阅读产品营销洞察报告》指出,数字阅读用户中,对网络文学感兴趣的占比高达 65.7%。结合图 4-11 可以看出,网络文学用户更偏好的题材是悬疑推理类、通俗历史类、生活类。其中,喜爱悬疑推理类的用户占比高达 44.6%,喜爱武侠类、仙侠玄幻类和言情类等的用户占比也都超过 30%。这反映了读者的阅读倾向,同时反映出休闲阅读是网络文学阅读的主要特点。

纵观各大文学网站,其书库充满了玄幻(奇幻)等各种类型的小说。其中一些题材从传统角度来看是登不上大雅之堂的。网络小说的作者常常一年码字逾百万,许多作品桥段雷同,动辄穿越、盗墓,这严重违背了传统文学创作精心锤炼、字斟句酌的做法,因而,网络文学作品历来被称为另类文学或边缘文学。但正是这种在传统作家看来"发育不良"的"草根"作品,成为都市人休闲生活的选择。网络小说的读者在工作之余,不需要深层次的思考,阅读和付费方便,就能打发时间。这样的需求导致网络文学作品大量产生,且作品良莠不齐。但也正是在这样的背景下,一些生动活泼的质量较好的作品脱颖而出。早期,由网络小说改编的宫斗剧(如《甄嬛传》和《芈月传》等)大放异彩,而网络小说《鬼吹灯》至今仍然在不断产生衍生作品。2020 年,《庆余年》屡上热搜,阅读话题多达 1234 亿个;《大江大河 2》等现实题材改编作品引发观看热潮;动漫改编持续走热,《斗罗大陆》稳居全网播放量第一。[①] 由此,我们可以看出,网络文学阅读不是传统文艺青年的盛宴,而是普通大众的狂欢;它不再停留在传统文学阅读追求精神享受的层面,而是成为一种普遍的、世俗的娱乐休闲方式。[②]

4.6.4 付费阅读基本成惯例

从 2003 年起点中文网建立 VIP 付费阅读模式,到 2004 年盛大集团收购起点中文网,2008 年成立盛大文学,随后盛大文学掌控网络文学八成左右的市场。在这个过程中,盛大文学和其他文学网站一直坚持推行起点中文网创建的付费阅读模式。2013 年至 2015 年,腾讯文学、百度文学、阿里文学等陆续成立,盛大文学退出历史舞台。到 2019 年,网络文学行业总体市场规模为 195.1 亿元。[③]艾瑞咨询《2020 年中国数字阅读产品营销洞察报告》显示,80% 的数字阅读产品用户具有较稳定的内容付费倾向,用户付费习惯良好;从付费方式来看,用户偏好直接购买整书与购买单月会员,自动扣费的会员包年付费方式占比较低

---

① 中国作协网络文学中心《2020 中国网络文学蓝皮书》。
② 欧阳友权. 网络文学五年普查(2009—2013)[M]. 北京:中央编译出版社,2014:61.
③ 艾瑞咨询《2020 年中国网络文学版权保护研究报告》。

（图 4-12）。由此可见,数字阅读产品用户付费的意愿更多基于特定作品,付费阅读已成为用户的习惯,从而成就了数字出版的一种商业模式,并为网络作家的成长奠定了基础。

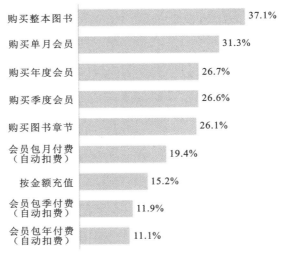

样本：N=1997；于2020年8月通过艾瑞iClick社区调研获得。

图 4-12　2020 年数字阅读产品用户付费方式分布①

艾瑞咨询《2020 年中国网络文学版权保护研究报告》对用户付费意愿和版权意识进行了调查,结果显示,只看正版的用户占 32.9％,正版和盗版都看的用户占 46.7％,不清楚看的是正版还是盗版的用户占 18.4％,而只看盗版的用户占比不高,为 1.9％。②

驱动用户付费阅读网络文学的因素有以下四点:一是提高内容质量,二是降低收费价格,三是改善用户权益,四是优化付费方式,如图 4-13 所示。总体来说,提高用户付费意愿需要平台提供更优质的服务,并使收费标准更加合理。

由此可见,有相当一部分用户愿意为网络文学买单,包括订阅、打赏和实体书购买等。但就版权意识来看,只看正版的用户只有三成左右(32.9％),比例仍然偏低,而大多数读者阅读作品时不考虑是否是正版(正版和盗版都看的用户占 46.7％,不清楚看的是正版还是盗版的用户占 18.4％)。这一则说明用户素质仍有待提高;二则说明相关管理部门应加大对盗版网站的惩罚力度,杜绝盗版出现;三则应该考量网络文学的服务,是否将文学作品推广到位,使用户可以更方便地获取和阅读正版作品。

---

① 艾瑞咨询《2020 年中国数字阅读产品营销洞察报告》。
② 同上。

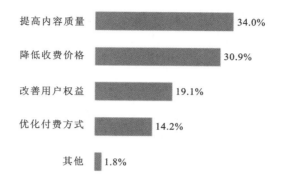

数据来源：艾媒数据中心（data.iimedia.cn）。
样本来源：草莓派数据调查与计算系统（Strawberry Pie）。
样本量：N=1596。
统计时间：2021年1月。

图 4-13　2020 年中国移动阅读用户付费驱动因素调研①

4.6.5　用户偏好移动端阅读

　　艾瑞咨询《2020 年中国数字阅读产品营销洞察报告》显示，移动端阅读用户数量已远超 PC 端阅读用户数量。用户整体偏好从移动端使用数字阅读产品，用户最常通过 App 触达数字阅读产品，这部分用户占比 84.6％；同时，同属移动端的小程序与数字阅读器也是超过半数用户使用数字阅读产品时选择的渠道；相比之下，建立于 PC 端的网页与浏览器关联数字阅读板块使用率偏低，均未超过 50％，如图 4-14 所示。由此可见，灵活便捷是用户对数字阅读渠道及其所植于的终端的主要诉求。移动端阅读已是大势所趋。

样本：N=1997；于2020年8月通过艾瑞iClick社区调研获得。

图 4-14　2020 年数字阅读产品用户使用渠道分布②

---

① 艾媒咨询《2020 年中国移动阅读行业发展专题研究报告》。
② 艾瑞咨询《2020 年中国数字阅读产品营销洞察报告》。

网络文学阅读移动化是由便携型电子产品对碎片时间的利用及网络文学连载阅读等特点决定的,也是大屏幕手机的发展、移动阅读 App 的普及等促成的结果。移动化阅读不但操作容易、付费方便,而且增加了盗版的难度,网络文学网站和阅读群体乐意接受。因而也导致掌阅、咪咕等移动阅读客户端大商进入网络文学行业,加剧了网络文学产业的竞争。同时也对缺乏移动端支持的老牌原创网站提出了挑战,使得这类原创平台不得不与其他公司的移动端合作。如 17K 小说网与阅文集团的合作,显然,阅文集团看重 17K 小说网的内容资源,而 17K 小说网则属意阅文集团的 QQ 阅读客户端等。

4.7 网络文学产业链的运营

上文分析了我国网络文学产业链的各个环节,但要深入地厘清产业链各环节间的关系,则要先了解其商业运营模式。以下对网络文学产业的商业运营模式进行分析。

4.7.1 全版权运营模式

所谓全版权运营,是指对一个版权产品的所有版权进行运营开发,包括网上的电子版权、线下的出版权、手机上的电子版权、影视和游戏改编权,以及一系列衍生产品的版权等。[①] 盛大文学是国内全版权运营的先驱。

网络文学全版权运营有一个发展过程。早在 20 世纪 90 年代,图书附属版权销售的概念就在国外动漫产业兴起。如美国 DC 漫画公司授权的《超人》《蝙蝠侠》等系列电影,随后又有漫威漫画公司授权的《美国队长》和《钢铁侠》等电影产生。

在国内,20 世纪 90 年代,中国影视逐渐市场化,但产业链各个环节收入分配却极其不合理。演员片酬居高不下,而编剧收入则很低,且创作上的自主性很弱,从投资方、制片人到导演,都可以干预剧本创作,导致好剧本难寻。长期的内容资源匮乏,导致网络小说崭露头角。2006 年的《成都,今夜请将我遗忘》《向天真的女生投降》《爱上单眼皮男生》,2007 年的《谈谈心恋恋爱》和《双面胶》,2010 年的《泡沫之夏》《佳期如梦》和《美人心计》等,2011 年的《千山暮雪》《倾世皇妃》《后宫·甄嬛传》《裸婚时代》和《步步惊心》等网络小说均被改编成了影视剧。

---

① 周艳. 全版权运营:网络文学营销的转型维度[J]. 出版广角,2019(22):68-70.

2011 年有超过 50 部小说影视改编权被售出。① 阅文集团 2017 年年度财务报告显示,仅 2017 年一年,阅文集团就对 100 多部网络文学作品进行了改编,②其中由网络文学作品改编的动画《全职高手》得到了极好的收益。并且《全职高手》在经历了一次改编之后,还推进了主题人物形象建设和主题餐厅开设的二次运营开发,把版权资源利用到了极致,逐渐向全版权运营中的"全"字靠拢。2018 年 6月,阅文集团 IP 手游《新斗罗大陆》上线,同年 9 月,阅文集团独家 IP 改编剧《斗破苍穹》开播。2019 年,阅文集团把 160 部文学作品改编权授予第三方,在版权授予改编方面取得进展,涉及电影、电视剧、网络剧及游戏等多种形式。如 2019 年由网络文学作品改编的电视剧《庆余年》一经播出,便广受好评。③

版权运营具有重要意义:首先,版权运营延长了作品品牌的寿命。优秀的网络文学作品虽然直接占领部分市场,但是图书本身的影响力和受众面仍然比较有限,一旦开发成衍生品,将大大增加该品牌的用户数量,形成品牌延伸后的支撑力量。

其次,版权运营降低了原创平台经营的成本,增加了作者收入,从而稳定和激励了作者队伍。网络文学衍生品产生的前提是其他经营者购买了作品的附属版权中的一项。通过作品附属版权的销售,作品的成本不再由网络文学网站单独承担,而是由其同各个衍生品的开发者共同承担,这无疑会降低网络文学作品的经营成本,同时作者还可以从附属版权的销售中分成获利。

再次,形成传播联动效应。衍生品尤其是影视产品对原著的促进作用非常明显。如果没有电视剧版《芈月传》的热播,网络小说《芈月传》的付费阅读及纸书销售也不会如现在这样火爆。同时以图书促进衍生品的营销也比较常见,典型的例子为《鬼吹灯》。2006 年,起点中文网首发网络文学作品《鬼吹灯》,后由安徽文艺出版社于 2007 年出版发行纸本《鬼吹灯》,截至 2015 年获得 1000 万册的发行量。④ 此后,《鬼吹灯》先后有有声小说、评书、漫画等发布或出版。2015年 9 月,由《鬼吹灯之精绝古城》改编的电影《九层妖塔》上映,获 6.78 亿元的票房;⑤2015 年 12 月,由《鬼吹灯》原著作者天下霸唱编剧、乌尔善执导的电影《寻龙诀》上映,票房达到 12 亿元。⑥ 新动互娱联合上海游趣与掌域科技签下《鬼吹

---

① 艾瑞咨询《2015 年中国网络文学 IP 价值研究报告》。
② 数据源于阅文集团 2017 年公开年度财务报告。
③ 头豹研究院《2021 年中国网络文学行业概览》。
④ 艾瑞咨询《2015 年中国网络文学 IP 价值研究报告》。
⑤ 同上。
⑥《寻龙诀》累计票房突破 12 亿 茬架老炮儿输给恶棍[EB/OL]. (2015-12-29)[2021-03-15]. https://society. huanqiu. com/article/9CaKrnJSJvE.

灯》IP,推出《鬼吹灯 3D》手游,其 iOS 版于 2016 年 6 月 12 日正式上线,游戏上线 3 个月,注册人数已突破 300 万,流水超过 8000 万元。[①] 2019 年,《鬼吹灯》系列网剧《怒晴湘西》上线。2020 年,《鬼吹灯》系列网剧《鬼吹灯之龙岭迷窟》一上线,就有近 10 万人参与评分,豆瓣评分为 8.1 分,是目前所有《鬼吹灯》系列影视剧中,分数最高的一部。2021 年,腾讯视频宣布了《鬼吹灯》系列网剧《云南虫谷》《昆仑迷宫》《南海归墟》《巫峡棺山》连拍计划,这也让《鬼吹灯》系列成为近几年国内为数不多的可以稳定排播的季播剧,并将长期稳定产生价值。[②]

最后,网络文学 IP 销售支撑了文化产业的发展。网络文学越来越成为文化产业中的焦点。艾媒咨询《2020 年中国移动阅读行业发展专题研究报告》显示,中国电视剧行业 IP 剧数量占比逐年上升,截至 2019 年,IP 剧数量占总电视剧数量的 71%(图 4-15),已成为电视剧的主流。

数据来源:艺恩智库,艾媒数据中心(data.iimedia.cn)。

图 4-15　2017—2019 年中国电视剧行业 IP 剧数量占总比[③]

4.7.2　全版权运营的起点——VIP 付费阅读模式

盛大文学真正成立的时间是 2008 年 7 月,但其网络文学经营的起点是 2004 年 11 月对起点中文网的收购。"先有起点中文网,然后才有盛大文学"。起点中文网是盛大文学的起点,而起点中文网的付费阅读模式也正是盛大文学全版权运营链条上的起点。

VIP 付费阅读模式为网络文学阅读变现而设计,2003 年 10 月由起点中文网推出,首创真正意义上的网络文学盈利模式。网络文学作品发布后,首先进入公众章节阶段,即免费阅读阶段。编辑根据市场表现,选择优秀作品与作者签约。签约作品上架后,进入 VIP 章节阶段,即付费阅读阶段,这时用户需要订阅。以起点中文网为例。在起点中文网上使用的虚拟货币为起点币,100 起点

---

　　① 头豹研究院《2021 年中国网络文学行业概览》。
　　②《鬼吹灯》作者侵权《鬼吹灯》? 没办法,它已成为国内最有价值 IP [EB/OL]. (2020-05-01)[2021-03-15]. https://baijiahao.baidu.com/s? id=1665488314962290165&wfr=spider&for=pc.
　　③ 艾媒咨询《2020 年中国移动阅读行业发展专题研究报告》。

币等于 1 元人民币,可用于订阅 VIP 章节、打赏等,读者可以通过网上银行、支付宝等方式在网站上付费购买起点币。作者参与订阅费的分成,一般为月结,分成方式一般为五五开,但要除去起点中文网的运行成本。起点中文网合同的具体表述为"乙方(指作者)将获得相当于甲方网站电子订阅净收益 50％的销售分成"[1]。

起点中文网的付费阅读模式完善了集创作、培养、销售于一体的在线出版机制,初步探索出了网络文学网站的盈利模式,也给其他网络文学网站作出了示范,各大文学网站如晋江文学城、纵横中文网、潇湘书院、17K 小说网等文学网站纷纷开通付费阅读功能。

4.7.3　移动阅读——版权的二分销售

(1)网络文学网站移动阅读的布局。

要立足中国的移动阅读市场,掌控渠道是关键。一般会布局自有渠道:一是自建 WAP 网站,供用户付费阅读;二是自建客户端,如阅文集团自建 QQ 阅读。客户端植入手机的方式,一是与手机厂商合作,在手机中内置 QQ 阅读,二是在应用商店中分发。如腾讯集团拥有"应用宝",对推销阅文旗下的 QQ 阅读及起点读书等非常有利。

合作渠道也是移动阅读的关键,如与市场份额较大的掌阅、咪咕阅读等合作。尤其是没有自建移动阅读渠道的商家,必须依赖合作渠道。

(2)移动阅读付费制度,以咪咕阅读为例。

咪咕阅读的前身是中国移动阅读基地,它是中国较早开展移动阅读的商家,移动阅读的付费模式有代表意义。咪咕阅读以手机 WAP、移动阅读客户端为业务呈现形态,整合了各类阅读内容以满足客户的无线阅读需求。咪咕阅读中最受用户青睐的内容是网络文学。咪咕阅读与内容提供商采用四六分成协议,中国移动获得六成,内容提供商获得四成。[2]

用户使用咪咕阅读的资费分为点播和包月两种,移动数据流量费在资费中打包收取,不再单独计价。

点播包括按章收费、按本收费两种方式。①按章收费:每章 0.04～0.15 元不等,点播后可长期阅读该章节内容。②按本收费:一般每本 1～10 元,按本点播后可长期阅读该图书。就目前手机阅读中按本点播的电子书价格来看,大部

---

① 该内容由阅文集团编辑提供。
② 这些数据为采访所得。

分原创小说按本收费标准为每本 1～10 元。传统出版社的图书一般定价为纸质图书码洋的 10％左右。

包月产品按价格可分为手机悦读会会员包、精品包、畅读包。手机悦读会免费体验:0 元/月(可连续使用三个月),仅限非"手机悦读会会员"办理。手机悦读会会员包:3 元/月。精品包:卓越经管包 8 元/月、幽默漫画包 3 元/月,其余精品包均为 5 元/月。此外,2017 年咪咕阅读推出了每月 9.9 元无差别包全站的付费阅读模式(即畅读包),颠覆了现有市场的付费模式。[①] 全站包月的模式为用户提供了更方便、经济的选项,使其能以更少的花费享受更全面的阅读体验,能为用户带来更大的满足感。此后,各大平台也纷纷推出 VIP 包月套餐,例如掌阅 App 推出了连续包月 15 元一月,98 元一年的 VIP 套餐。[②]

4.7.4　改编权的销售

网络文学作品在阅读阶段吸引了大量粉丝,并通过一定的评估后,就可进入改编阶段。改编形成的衍生品市场规模远远大于阅读产业本身。在备受资本青睐的情况下,IP 销售制度正在形成。在 IP 销售中,估值是第一环节。

(1)粉丝群体的估算。

核心粉丝是热门 IP 估值的第一要素,其不但可以直接带来衍生品的市场,而且可以减少衍生品营销成本,并开发出潜在粉丝。如何确定核心粉丝群体的数量呢?首要考量是点击量。如风凌天下四部作品的点击量,如图 4-16 所示。

注:数据统计时间截至2015年7月。

图 4-16　风凌天下四部作品的点击量[③]

---

① 艾瑞咨询《2019 年中国移动阅读发展趋势研究报告》。
② 头豹研究院《2021 年中国网络文学行业概览》。
③ 艾瑞咨询《2015 年风凌天下 IP 价值研究报告》。

截至 2015 年 7 月，风凌天下所著《凌天传说》《异世邪君》《傲世九重天》在起点中文网的点击量均在千万次之上，而在中国移动阅读基地和阅读 App 的点击量则都高达数亿次。其作品《天域苍穹》发布半年后，在起点中文网和创世中文网的点击量已经超过 500 万次。

粉丝还通过多渠道支持喜欢的作者，如图 4-17 所示。

关注其他人推荐和分享的
作者/作品消息付费打赏

情感
付费

内容付费   看小说

影响力价值
IP扩散价值

关注作者/作品的
微博/微信公众号等

玩作品改编的游戏
看作品改编的影视剧/动漫/话剧等
购买作品周边

图 4-17　粉丝通过多渠道支持喜欢的作者①

（2）改编潜力的考量。

在对粉丝进行考量之后，就要考量作品改编的潜力。其中，题材独特性非常重要，一要作品题材新颖；二要改编作品类型符合市场热门风格。② 一般来说，首开类型的小说比较热门，IP 估值很高。

用户匹配度指标也是重要指标。它是指在对粉丝群体进行精准分析后，对原 IP 粉丝可转化的衍生品潜在用户数量及兴趣匹配度进行的分析。③ 如，通过对《盗墓笔记》的粉丝群体进行分析，就可以对其性别、年龄和学历进行画像，从而确定该群体关注的作品类型，进而策划有针对性的衍生品。

艾瑞咨询在《2019 年中国文学 IP 泛娱乐开发报告》中，给出了 IP 价值的评估模型（图 4-18）。该模型认为，IP 开发的价值评估主要从"影响力"和"消费力"两个维度进行。IP 的"影响力"是从作品属性、作品表现、作品关注、内容评估以及所属平台属性等方面进行评估；IP 的"消费力"则从线上观看/阅读付费、游戏流水、电影票房及其他市场变量等方面进行评估。从"影响力"到"消费力"的转化则需要考虑原作的衍生适配度评价、衍生产品类型、潜在市场规模、转化率及同类产品表现。成熟的 IP 价值的分析模型可以科学地考量 IP 的改编潜

---

① 艾瑞咨询《2015 年风凌天下 IP 价值研究报告》。

② 易观智库《中国网络文学 IP 价值研究及评估报告 2015》。

③ 杨雪. 中国 IP 影视产业国际竞争力提升研究[D].武汉：武汉大学,2018.

力,为资本投资确定依据、降低风险。

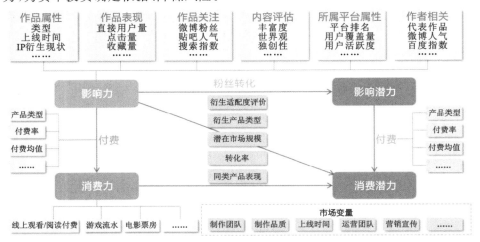

来源:艾瑞咨询研究院自主研究并绘制。

图 4-18　文学 IP 开发价值评估模型

(3)IP 销售中的分成模式。①

IP 的改编也使版权商家和作者的收入大增。在阅文集团 2020 年 6 月推出的《作品合作授权协议》合同中,其为作者提供了"甲版"和"乙版"两种合作方式的合同,并由作者自行选择。两版合同的作家分成比例如下。

"甲版"授权协议中规定:协议作品独家授权期限为"自签署之日起至协议作品著作财产权保护期满之日止"。平台转授第三方行使协议作品影视/动画/漫画/游戏改编权、周边衍生品开发权、商品化权并产生收益的,应将平台所得净收益的 50% 分配给作家;平台转授第三方行使协议作品电子版权/音频改编权/"互动阅读体验作品"开发权/翻译作品并产生收益的,应将平台所得净收益的 50% 分配给作家;平台转授第三方行使协议作品简、繁体中文出版权并产生收益的,应将平台所得净收益的 70% 分配给作家;平台转授第三方行使协议作品其他权利并产生收益的,应将平台所得净收益的 50% 分配给作家。

此外,平台将为作家提供包括编辑、推广等在内的系统增值服务,给予作品各种形式的宣传和推荐,协助作家全面提升作品价值。同时还为作家提供包括但不限于保障、激励、奖励、扶持等各种形式的作家福利。

"乙版"授权协议中规定:协议作品独家授权期限为"自签署之日起至协议作品完本之日起二十年止"。平台转授第三方行使协议作品影视/动画/漫画/游戏

---

① "IP 销售中的分成模式"来自对阅文集团于 2020 年 6 月新推出的《作品合作授权协议》的分析。

改编权、周边衍生品开发权、商品化权并产生收益的,应将平台所得净收益的70％分配给作家;平台转授第三方行使协议作品电子版权/音频改编权/"互动阅读体验作品"开发权/翻译作品并产生收益的,应将平台所得净收益的50％分配给作家;平台转授第三方行使协议作品简、繁体中文出版权并产生收益的,应将平台所得净收益的70％分配给作家;平台转授第三方行使协议作品其他权利并产生收益的,应将平台所得净收益的50％分配给作家。与此同时,合同中对甲方网站推荐、作家福利等不做强制规定。

5 中国网络文学作品 IP 开发研究

网络文学 IP 运营业务是使网络文学产业链向下游延伸,目的是开拓更大的市场空间,促进网络文学 IP 运营体系进一步成熟和完善,是网络文学产业盈利的关键点。本章对 IP 开发产业链进行了系统陈述,并就 IP 开发中的问题进行了深入分析,并据此提出改进的策略。

5.1　中国网络文学 IP 开发概述

5.1.1　IP 的概念

IP 是"intellectual property"的缩写,即知识产权。

近年来,随着"IP"概念的火爆,学界关于网络文学 IP 运营的讨论也逐渐增多。IP 运营是指围绕 IP 进行价值开发的过程。"IP 运营"与"全版权开发"在概念界定和实践上都有许多重合之处。

贺子岳、邹燕在分析盛大文学的商业化发展历程后提出,全版权运营的起点是付费阅读,具体来讲,就是以其网络文学网站为依托,在获得作者授予的网络文学作品版权后,展开一系列的市场化运作,布局图书出版、游戏授权、影视改编,甚至实体衍生品生产等,最终形成一条完整的产业链。[①] 张凤杰提出,作品的价值能通过全版权运营得到有效开发,但在开发时也要注意避免侵犯作者权益、运营混乱等问题。[②] 何莹归纳了版权开发的三条路径,依据不同特点分析了

---

① 贺子岳,邹燕. 盛大文学发展研究[J]. 编辑之友,2010(11):75-77,89.
② 张凤杰. 数字时代版权保护任重道远:为跨界传播营造良好的版权环境[J]. 中国报业,2014(9):14-18.

企业在进行版权开发时的路径选择,重点提出了创新、差异化的战略思想。① 李昕揆在梳理网络文学主要盈利模式的演变过程后,提出时代与受众的共同需求,以及网络文学产业的盈利需要促使全版权开发模式的诞生。② 王新娟将全版权运营与泛娱乐相联系,认为版权进行形态转化并产生协同效应是泛娱乐实现的重要基础。③ 刘潇在梳理 BAT 三家头部互联网公司进军全版权市场的过程后,认为资本入局全版权市场导致规模经济的形成,三家公司在之后的市场竞争中更应围绕自身比较优势来进行版权运营。④ 何培育、马雅鑫对网络文学全产业链结构进行了探析,总结了整个过程中出现的版权问题。⑤ 周艳提出协助行政监管加大对盗版行为的打击力度、将周边产品市场纳入网络文学营销整体策划,以此来推进我国网络文学全版权运营模式价值功能的有效发挥。⑥

相较而言,IP 的指称范围更大,"IP 运营"更注重粉丝运营和社群关系的维系,这一点在"全版权开发"中体现不明显。

IP 主要涉及版权、专利、商标等领域。音乐和文字等形式的艺术作品,以及一些发现、发明、词语、词组、符号、设计都能作为知识财产而受到保护。IP 的概念已经在互联网时代得到了扩充和泛化,其意指和内涵都有了改变,学者们对 IP 的概念做出了新的解释,角度和侧重点各有不同,比较主流的观点有几种:一种说法主要强调 IP 的受众基础,认为有一定的粉丝并且可以跨媒介进行改编的内容就可被称为 IP,丁亚平⑦、郑勇和郑周明⑧就持这种观点;王传珍则强调 IP 的经济价值,IP 作为归属其创作者的财产权利,不仅能给其产权人带来收益,更能打通产业链条,为整个文化产业创造巨大的商业价值;⑨还有一些学者从形态转变的角度出发,认为 IP 的主要特点就是能够在包括文学、影视、动漫、游戏等不同形态间进行转化,从而使价值在不同产业间自由流转,这种形态转化能够满足用户丰富的多元层次的需求,从而使用户对其产生文化认同。⑩

---

① 何莹. 版权开发的路径选择及策略转向——以版权经济价值为中心的考察[J]. 宁夏社会科学,2014(1):24-29.

② 李昕揆. 我国网络文学产业化发展模式论析[J]. 出版科学,2015,23(4):16-21.

③ 王新娟. "泛娱乐"战略视角下的企业全版权运营[J]. 人文天下,2015(5):26-29.

④ 刘潇. 聚焦全版权时代 BAT 的资本运营[J]. 新闻爱好者,2016(3):73-76.

⑤ 何培育,马雅鑫. 网络文学全产业链开发中的版权保护问题研究[J]. 出版广角,2018(21):30-32.

⑥ 周艳. 全版权运营:网络文学营销的转型维度[J]. 出版广角,2019(22):68-70.

⑦ 丁亚平. 论互联网语境下电影 IP 转化的现状、问题与对策[J]. 当代电影,2015(9):4-8.

⑧ 郑勇,郑周明. 网络时代知识产权国际保护法律适用原则探析[J]. 乐山师范学院学报,2004,19(7):129-131.

⑨ 王传珍. 互联网时代的 IP 经济[J]. 互联网经济,2015(12):62-69.

⑩ 袁萱. 基于动漫 IP 的数字出版跨媒体模式发展研究[J]. 出版广角,2020(14):25-28.

从学者们的观点中可以看出,关于IP的概念,学者们有一个基本的共识,即IP强调创作者对其智力成果的权利归属。除此之外,IP的具体形态是多种多样的,但本质上,IP是一个具有独特创意的文化符号。这种文化符号最重要的特质是具有转变为其他形态创造价值的能力。从价值创造层面来说,IP的价值创造与粉丝经济紧密相关。IP本身具有文化资本,在与具体的产品结合后,会为其带来附加价值。当一个IP在其原生内容领域积累了大量的粉丝后,再被转化为其他形态的产品时,粉丝基于与IP的情感联系往往倾向于对其消费。

5.1.2　网络文学IP开发历程

自1991年网络小说逐步流行以来,我国网络文学IP改编经历了从"野蛮生长"到"趋于理性"的过程,大致可以分为网络文学内容积累(1991—2013年)、网络文学改编野蛮生长(2014—2016年)、网络文学改编降温(2017—2018年)、网络文学改编趋于理性(2019年至今)四大阶段。

(1)网络文学内容积累阶段(1991—2013年)。

1991年开始,中文网络小说逐渐流行,少量网络小说被改编为影视作品。2011年,盛大文学售出50多部小说的影视化改编权,为网络小说掀起IP改编热潮奠定基础。总体来看,在这一阶段,我国网络文学内容不断扩充,网络文学改编的内容资源不断丰富,整个网络文学IP改编处于内容积累阶段。

(2)网络文学改编野蛮生长阶段(2014—2016年)。

2015年被称为"IP元年",大量网络文学被改编为影视剧,影游联动取得了一定的成绩。资本纷纷进军网络文学市场,以控股、收购、整合等方式进行布局,以IP为突破口和中心,试图在网络文学泛娱乐全产业链中抢占先机。在这一阶段,网络文学改编热潮持续推进,推动了网络文学IP改编的全产业链发展。

(3)网络文学改编降温阶段(2017—2018年)。

随着由大IP改编的电视剧屡遭滑铁卢,以及我国网络文学IP改编的电影票房远没有达到预期目标,"大IP+流量演员"等运作方式开始失效,网络文学改编市场呈现降温和下沉的趋势,这也在一定程度上推进了我国网络文学IP改编精品化发展。

(4)网络文学改编趋于理性阶段(2019年至今)。

在IP热潮逐步退去的背景下,国家相关政策对我国网络文学改编市场进行进一步规范,囤积、哄抢网络文学IP等狂热现象逐步消失,盲目开发、投资等乱象也逐渐减少。2019年,我国网络文学改编市场规模发展速度明显放缓,而且逐步呈现理性发展趋势。①

5.1.3　网络文学 IP 开发类型

网络文学积淀多年,优质的 IP 愈来愈引起人们的关注,逐渐成为电视剧、电影、游戏和动漫等创作的重要来源。网络文学的衍生品主要有影视、游戏、动漫、音频、简体纸书、繁体纸书及周边产品等。具体如下。

①影视。如 2016 年,已经有《鬼吹灯》《路从今夜白》《诛仙》《翻译官》《巫蛊笔记》等 110 部网络小说获得影视改编权。② 电视剧《花千骨》至 2015 年 8 月覆盖观众人数近 1.6 亿。电影《致我们终将逝去的青春》票房达 7.19 亿元。③

②游戏。2014 年,大量网络文学作品被改编成游戏,精品 IP 售价高达百万元甚至上千万元。如手机游戏《苍穹变》上线 3 日,营业额突破 4000 万元,月营业额破亿元。手游《花千骨》上线首月营业额近 2 亿元。④

③动漫。近年来,随着网络文学 IP 价值的开发不断深入,网络文学公司在动漫领域的布局也逐渐深化,其形式不仅包括将小说动画化、联合制作动画,还有投资、收购动画公司。以阅文集团为例,其在 2018 年花了 6200 万元来制作动画,2019 年陡增到了 5.54 亿元,2020 年虽然受疫情影响,但上半年的动画制作成本也高达 3282 万元。⑤

④音频。这类产品包括有声图书和音乐剧等。如《盗墓笔记》等都被改编为有声产品,供用户在开车、散步、等人等多个碎片时间欣赏。

⑤简体纸书和繁体纸书。起点中文网白金作家天蚕土豆的《斗破苍穹》在国内简体书市场发行量高达 300 万册,⑥《鬼吹灯》《刑名师爷》等作品的版权还远销韩国、泰国和越南等国。

⑥周边产品。周边产品是衍生品中最庞杂的一部分,多是由企业通过授权使用作品的内容、人物形象等来进行衍生品开发。如漫画因其或唯美或有个性

---

① 网络文学 IP 赋能历程与现状:网络文学 IP 价值得以持续释放,文化产业呈"新常态"[EB/OL].(2020-09-11)[2021-03-15]. https://36kr.com/p/877243462861827.

② 易观智库《中国网络文学 IP 价值研究及评估报告 2015》。

③ 电影票房-致我们终将逝去的青春票房[EB/OL].[2022-02-15]. http://58921.com/film/703/boxoffice/.

④ 艾瑞咨询《2015 年中国网络文学 IP 价值研究报告》。

⑤ 阅文"业绩反转"的 2020:利润大部分来自下半年[EB/OL].(2021-03-24)[2021-03-25]. https://baijiahao.baidu.com/s? id=1695068581897631194&wfr=spider&for=pc.

⑥《斗破苍穹》出版销量突破 300 万册[EB/OL].(2012-11-04)[2021-12-20]. https://article.pchome.net/content-1565244.html.

的人物,或精致或有趣的画面吸引着漫画迷们,也使得他们热衷于收集各种漫画的相关纪念品。因而不论是人偶、模型、镜框、毛巾、手绢、钥匙扣,还是服饰、手提袋、明信片、笔、瓷杯等,都是漫画迷们收藏的对象,也会吸引大量非漫画迷们购买。

⑦网络文学出海。早在中国网络文学方兴之际,优秀的网络文学作品向海外输出的案例便已经出现,但仅局限于日本、韩国和东南亚等国家和地区。2004年,起点中文网开始向全世界出售文学作品版权。2005年以来,以历史类和言情类为主的网络文学输出泰国。2006年,《鬼吹灯》被翻译成越南语、韩语等在多国发售。而在当年火爆一时的《诛仙》在越南也颇受欢迎。据统计,从2009年到2013年,越南翻译并出版了841种中国文学作品,其中617种是网络文学作品。2012年,文学网站红袖添香向越南输出《穿Prada的王妃》《大姑子北北小姑子南》等7部小说,由当地出版机构出版。① 2017年8月24日,中国数字出版企业掌阅科技与泰国红山出版集团签署协议,9部中国网络小说被翻译成泰语在红山出版集团网站上供当地读者付费阅读,后续还将有40部中国网络小说被输往泰国。而在日韩地区,我国的网络文学作品也受到了欢迎。根据《后宫·甄嬛传》《琅琊榜》《从前有座灵剑山》等网络文学作品改编的影视动漫作品先后登陆日本、韩国。韩国ParanMedia出版社收购了网络作家桐华的《步步惊心》《大漠谣》和《云中歌》的韩语版权,译介作品在韩国非常畅销。截至2019年,国内向海外输出网络文学作品10000余部,出海覆盖40余个"一带一路"沿线国家和地区。其中2019年翻译的网络文学作品就达到3000余部,中国网络文学海外市场规模达到4.6亿元,海外中国网络文学用户数量达到3193.5万人。②

5.2 网络文学IP开发产业链的层次及结构

网络文学IP开发产业链的延伸方向是泛娱乐产业。网络文学商家,影视、游戏等方面的公司及政府主管部门布局的"泛娱乐"战略,都指向网络文学IP运营,也就是说,作为IP核心来源的网络文学产业的格局会发生深刻改变,行业发展已进入拐点。在过去,付费阅读是网络文学产业的重点,在泛娱乐背景下,阅读阶段仅仅是IP的培育阶段,更大的商机在产业链的后端——泛娱乐产业,网

---

① 郭悦.中国网络小说在越南遭遇"冰火两重天"? [N]青年参考,2015-06-03(12).
② 数据来源于《2020网络文学出海发展白皮书》。

络文学的商业模式升级。①

5.2.1　产业链的层次及市场规模

2016 年,中娱智库发布《2015—2016 中国泛娱乐产业发展白皮书》。中娱智库认为,根据 IP 流转规律,网络文学及动漫为 IP 运营的培育阶段,对应于 500 亿~1000 亿元的市场规模;电影、电视剧、音乐为中层运营阶段,有 1000 亿~2000 亿元的市场空间;游戏、演出和其他衍生品为下游阶段,指向 2000 亿元以上规模,②如图 5-1 所示。

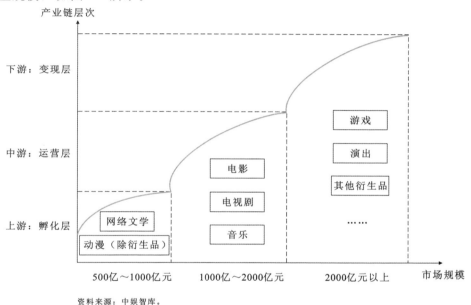

资料来源:中娱智库。

图 5-1　泛娱乐产业链的层次及市场规模

5.2.2　产业链的结构分析

下面以网络小说的有声读物、纸书出版和动漫改编为例,分析泛娱乐产业链。

---

① 杨涛,颜怡然. 泛娱乐背景下网络文学 IP 的开发及运营 —— 以网络小说《楚乔传》为例[J]. 武汉理工大学学报(社会科学版),2020,33(5):124-129.

② 2015—2016 中国泛娱乐产业发展白皮书[EB/OL]. (2016-03-07)[2021-03-15]. https://games. qq. com/a/20160307/052889. htm? tu. biz＝v1.

（1）有声读物产业链。

上述中娱智库发布的报告中，并未提到有声阅读市场。但观研天下发布的《2021 年中国有声书市场分析报告》中指出，2019 年，我国有声书行业市场规模为 63.6 亿元，较 2018 年同比增长 37.4%，增长速度迅猛，前景可期。①

近年来，语音技术成熟，PC、智能手机、平板电脑、车载收音机、可穿戴设备等听书设备多元化，为小说、电台广播、影视、广播剧、网络剧等收听打下了基础；在内容制作方面，有声读物采用用户生成内容模式（user-generate content，UGC）和专业生产内容模式（professionally-generated content，PGC）结合；在政策方面，2016 年国家新闻出版广电总局出台《专网及定向传播视听节目服务管理规定》等规制，鼓励和推动有声读物市场的发展；在社会需求方面，驾车、坐公交、坐地铁、做家务等场景碎片化，特别适合消费有声娱乐产品。在各种条件之下，有声读物平台迅速发展，懒人听书、酷我听书、氧气听书、掌阅听书、喜马拉雅FM、咪咕听书等兴起。中国电信运营商就是在这样的背景下取得快速增长的业绩。

网络小说改编成有声读物产业链结构如图 5-2 所示。

图 5-2　网络小说改编有声读物产业链结构

在听书产业链中，改编者得到原著授权，同时也拥有了改编作品的知识产权。而听书平台主要由专注音视频的公司、通信商（如中国移动）及广播电台等经营。阅文集团旗下也经营有懒人听书和天方听书网。因此，对阅文集团而言，听书产业链又有向内部延伸和向外部延伸之区别。在阅文集团的作者成长制度中，作者通过创作、互动等获得积分，一定的积分匹配一定的作品推广服务，如果要向外部推广，则需要网络文学作者有较高的积分。

（2）网络小说授权纸书出版的产业链。

网络小说实体出版产业链结构如图 5-3 所示。

---

① 观研天下《2021 年中国有声书市场分析报告》。

图 5-3 网络小说实体出版产业链结构

点击量高、粉丝众多的网络小说，会受到出版商的热捧。出版商争夺到网络小说授权后，就可以按照传统出版走流程，即进行三审三校一通读。所谓三审制，是指图书责任编辑对书稿进行初审（一审），编辑室主任或副主任进行复审（二审），社长或总编辑进行终审（三审）。所谓三校一通读，是指一般书刊都必须至少经过三次校对（初校、二校、三校）和一次通读检查后，才能付印。① 网络小说生产中，由于传统审校制度的缺失，错字、漏字及病句比比皆是，传统出版社的编辑加工有助于提高原著质量。而且，网络小说要想进入国家的收藏系统——图书馆，则必须出版成纸书后，经图书馆采购进入。图书馆是文化的保存机构，一名作家如果希望自己的作品被传承下去，则图书馆是实现作品纵向传播的重要途径。

网络小说在纸书出版环节，会遭遇盗版问题。据媒体报道，一些出版机构常常从网上找一些关注度不高的玄幻小说进行出版，盈利也十分客观。盗版问题是网络文学产业中存在的较大的问题之一。

另外，知名网络小说正式出版后，常常会有很高的发行量，但这也并不能说明网络文学的操作模式完胜传统文学的出版模式。创世中文网"大神"级作家三戒大师点明了行规：网络小说有特殊的暗节奏。有些小说每 6 万字会有一个高潮情节，因为作者希望未来面向繁体字读者市场，繁体字出版一般是 6 万字一册。很多小说会在 30 万字时达到最高潮点，因为网络文学网站的行规是 30 万字上架收费。② 起点中文网创建的 VIP 付费制度规定，作品在 30 万字前是公众章节，30 万字后进入 VIP 付费阅读环节，也就是说，30 万字后，作者才有较好的"钱途"。网络小说动辄几百万字，这是典型的商业化写作，而经典文学中不乏篇

---

① 新闻出版署 1997 年颁布的《图书质量保障体系》。

② 网络文学背后的产业链：一天发表量超出版社一年[EB/OL]. (2013-12-25)[2013-12-25]. http://www.chinanews.com/cul/2013/12-25/5662673.shtml.

幅短小者,在 VIP 付费模式下不可能有"钱途",所以,经典和高端文学市场仍由传统出版社掌控。但值得注意的是,2020 年 6 月,阅文集团推出全新版本合同。新合同有三类四种授权分级,免费或付费可自选,赋予作家更大的自主权,扩大作者权益范围,鼓励内容创作。这是网络文学平台与作家关系迭代更新的标志性事件,可能会为网络文学的后续发展带来的新的变革。①

(3)网络小说动漫改编产业链。

网络小说动漫改编产业链结构如图 5-4 所示。

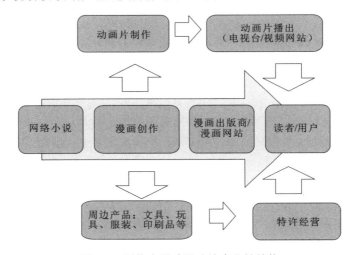

图 5-4 网络小说动漫改编产业链结构

漫画改编是网络小说的一大市场,诸如《鬼吹灯》有不同的改编版本,漫画版可以由传统出版社、期刊社(如《知音漫客》等)出版,也可以由网站发布。动画改编与漫画改编息息相关,作品由电视台、电影公司及视频网站发行。② 动漫市场的一大特色是容易形成周边产品,包括文具、玩具、服装、箱包、印刷品、钥匙扣、冰箱贴等。动漫周边产品在经销时常常采用特许经营(franchising)模式。所谓特许经营,是特许经营权拥有者以合同约定的形式,允许特许经营者有偿使用其名称、标志、专有技术、产品及运作管理经验等,以从事经营活动的商业经营模式。③ 我国目前的动漫市场尚不够成熟,动漫衍生品特许经营规模并不大。

---

① 社科院:2020 年中国网络文学发展报告[EB/OL].(2021-03-27)[2021-03-27].https://new.qq.com/omn/20210327/20210327A0C3BE00.html.

② 先勇.中国内地漫画改编电视剧发展态势研究[J].中国广播电视学刊,2019(5):81-83.

③ 孙嘉欣.浅析中国动漫周边产业研究[J].芒种,2021(3):121-123.

5.2.3　网络小说改编案例:《鬼吹灯》的改编

《鬼吹灯》是一部极为经典的悬疑盗墓小说,为中国盗墓类小说的开山鼻祖,奠定了盗墓世界的基础与名词体系。作者天下霸唱,真名张牧野,出生于1978年,最初因为喜欢看恐怖文学,开始创作恐怖小说,著有《凶宅猛鬼》《雨夜谈鬼事》《阴森一夏》等作品。2006年3月开始在天涯论坛上写《鬼吹灯》,受到欢迎,后到起点中文网连载。

(1)实体书出版。

《鬼吹灯》蹿红网络后,已出版两部八册图书。第一部包括《鬼吹灯之精绝古城》《鬼吹灯之龙岭迷窟》《鬼吹灯之云南虫谷》《鬼吹灯之昆仑神宫》;第二部包括《鬼吹灯之黄皮子坟》《鬼吹灯之南海归墟》《鬼吹灯之怒晴湘西》《鬼吹灯之巫峡棺山》。2007年9月,《鬼吹灯》简体中文版由安徽文艺出版社出版。《鬼吹灯》是继金庸武侠小说之后,销量最大的通俗小说。

(2)影视剧改编。

由于近年来影视作品市场日益火爆,网络小说改编影视作品具有极大"吸金效应"和增值空间,《鬼吹灯》系列作为盗墓类小说的顶级IP,被认为是最具商业气质、最有可能改编为系列大片的悬疑小说之一。已出品与待出品的《鬼吹灯》影视剧众多,而其改编版权归属问题较为复杂。

《鬼吹灯》原作(两部八册)相关版权由起点中文网出售,天下霸唱正式授权电影改编权:第一部四册图书的改编版权归属于中国电影股份有限公司,第二部四册图书的改编版权归属于万达影视传媒有限公司。目前两家公司已分别出品《九层妖塔》与《寻龙诀》两部电影。

电影《九层妖塔》改编自《鬼吹灯之精绝古城》,由陆川执导,赵又廷、姚晨、唐嫣等主演,中国电影股份有限公司北京电影制片分公司出品,乐视影业发行,已于2015年9月30日上映,累计票房6.82亿元。

电影《寻龙诀》根据《鬼吹灯》第二部四册图书改编,天下霸唱亲自参与剧本写作,由万达影视传媒有限公司、华谊兄弟传媒股份有限公司、北京光线影业有限公司、浙江蓝巨星国际传媒有限公司联合出品,乌尔善执导,陈国富监制,陈坤、黄渤、舒淇、夏雨等主演。该片于2015年12月18日上映,首日票房超1.6亿元。

企鹅影视拥有《鬼吹灯》原版八册小说的网络剧改编权。截至目前,《鬼吹灯》系列已经完成了五部网剧拍摄和播出,分别是2016年《鬼吹灯之精绝古城》、2017年《鬼吹灯之黄皮子坟》、2019年《怒晴湘西》、2020年《龙岭迷窟》、2021年

《云南虫谷》,均得到了良好的市场反馈。其中,网剧《鬼吹灯之精绝古城》2016年春天开机,汪涛导演,白一骢编剧,靳东、陈乔恩主演。《鬼吹灯之精绝古城》开播 24 小时网络播放量突破 1.7 亿次;播出 16 天,网络播放量突破 11 亿次;剧情过半,网络播放量接近 16 亿次。

(3)《鬼吹灯》后续作品。

电影《寻龙诀》的制作方是工夫影业股份有限公司,该公司与天下霸唱签约,并且成立天下 99 公司,签下了《鬼吹灯》小说之后几本续集的影视改编版权,续集中已确定的书名依次为《鬼吹灯摸金校尉》《鬼吹灯搬山道人》《鬼吹灯九幽将军》和《鬼吹灯阴阳端公》。2015 年 12 月,《摸金校尉之九幽将军》实体书由新华先锋出版科技有限公司出版,《寻龙诀》建立在此书剧情之上。工夫影业股份有限公司将根据后续实体书进行影视剧及游戏产品开发。

(4)漫画改编。

小说大获成功之后,由上海城漫漫画有限公司改编的《鬼吹灯》漫画也首发脱销,并探索出了中国原创漫画改编出版的新模式。《鬼吹灯》漫画版在第一届中国国际动漫创意产业交易会中,拿下了“2006—2007 年度我最喜爱的十大动漫图书”奖项。之后,任玩漫画又推出了著名漫画家姚非拉的创意——互动式全彩有声漫画《鬼吹灯:龙之烙印》。2021 年 6 月 3 日,阅文集团正式公布年度网络文学动画开发名单,其中《鬼吹灯》为 300 部网文漫改计划目标之一。①

(5)有声读物。

《鬼吹灯》已经被开发成有声读物,共有周建龙、艾宝良、青云等 6 个版本;评书版《鬼吹灯》则由卧龙先生主播,从中国移动的咪咕阅读中的听书频道、专业性听书平台“企鹅 FM”等,皆能收听到。

(6)游戏。

根据小说《鬼吹灯》改编的游戏较多,有《鬼吹灯外传》《鬼吹灯 Online》等。其中,《鬼吹灯外传》于 2009 年 9 月 22 日上线;《鬼吹灯 Online》则是一款盛大集团与麦石信息联合研发的横版过关格斗游戏。

据易观智库研究,《鬼吹灯》于 2006 年在网络上流行,当时最先阅读网络小说的受众年龄集中在 20～39 岁,以专科、本科学历的男性为主,这些人现已成为社会的中坚力量,②《鬼吹灯》IP 运作至今已经有 15 年,其衍生作品持续效应不绝,与其拥有强大的粉丝阵营有关。

---

① 阅文发布新使命愿景,基于网络文学发力 IP 生态链［EB/OL］.（2021-06-03）［2021-06-15］. https://www.kejixun.com/article/210603/528520.shtml.

② 易观智库《中国网络文学 IP 价值研究及评估报告 2015》.

5.3　网络文学 IP 开发的困境与对策

以网络文学 IP 为核心,可以进行影视剧、游戏、动漫、周边衍生品、音乐等多种文化产品的资本运作,从中可以产生巨大的经济效益。① 因此,在网络文学 IP 开发市场,出现了盲目抢占或肆意囤积 IP 的现象,严重破坏我国网络文学 IP 生态。下面将对我国网络文学 IP 开发的困境进行分析,并提出相应对策建议。

5.3.1　网络文学 IP 开发的困境

围绕网络文学 IP 交易的各方权利关系繁杂,这导致后续围绕版权归属、利益分配等的纠纷时有发生。网络文学 IP 开发涉及多个环节的穿透和转售,越到下游,相关方越多,而网络文学公司作为最上游的内容源头,几乎会参与每一轮的 IP 交易。环节和相关方繁多,IP 交易的纠纷难以避免。②

例如,某网络文学 IP 所有方为网络文学公司,某影视公司希望将网络文学 IP 改编为影视剧,需要从网络文学公司处取得网络文学 IP 版权,而某游戏公司希望根据网络文学 IP 改编的影视作品制作游戏,则该游戏公司必须获得网络文学公司和影视公司双方的授权。到了更下游,如果某衍生品公司想根据游戏中的形象制作实体衍生品,那么该公司可能需要获得网络文学公司、影视公司、游戏公司三方的授权才能开始制作。并且,当前市场上的网络文学 IP 开发节奏加快,以往大多是从网络文学到影视再到游戏这样递进式开发,而现在许多网络文学 IP 在开发时,会影视、动漫、游戏多线并进,即平行式开发。这样的转变也为网络文学 IP 权利关系的厘清增加了难度。

5.3.2　网络文学 IP 开发的对策

为了解决上述网络文学 IP 开发中的问题,下面提出了两个方面的对策,一是建立新的网络文学 IP 价值评估体系,二是建立网络文学 IP 中心委员会统筹

---

　① 王志刚,李阳冉.知识管理视角下网络文学 IP 生态体系重构[J].编辑之友,2021(5):40-45.
　② 李若男,张斌. 从受众行为特点谈新媒体环境下的 IP 开发新策略[J]. 视听界,2021(1):89-91,94.

版权交易。

（1）建立新的网络文学 IP 价值评估体系。

当前市场比较通行的网络文学 IP 价值评价标准，是将网络文学作品连载时的数据指标作为最主要的依据。网络文学作品的人气和知名度越高，网络文学IP 交易价格也就越高。重建网络文学 IP 价值评价标准，首先要打破这种"人气至上"的思维。此外，还应将"社会效益"和"转化价值"两个关键指标纳入评价标准中。

社会效益指标主要衡量网络文学 IP 的内容是否贴近并反映时代精神，价值观是否积极、健康、向上，是否能够弘扬正能量，并且这一项指标的评判，还应兼顾国家对相关行业的政策和宣传导向。[①] 例如，"限古令"限制了古装剧的拍摄和播出，相关题材的网络文学 IP 价值也应打折扣。文化产业已经迈入高质量、高效益发展的阶段，因此要更加强调文化产品经济效益和社会效益的统一。具有良好社会效益的网络文学 IP，符合政策监管的要求，能提升大众的文化品位，能促进网络文学 IP 产业的健康发展。

转化价值是指网络文学 IP 转化为某个特定类型的内容产品所能创造出的价值。桑子文、金元浦研究认为，网络文学 IP 价值与网络文学 IP 转化价值不同，二者常常混淆。[②] 网络文学的 IP 价值是一种宏观上的品牌价值。某一类型的改编并不能获取网络文学 IP 的全部价值，网络文学 IP 的转化价值要结合特定内容类型的市场状况进行评估。举例来说，某热门网络文学 IP 被改编成电影，其读者的人口结构与电影观众的人口结构相差较大，且网络文学的核心内容对未读过原著的观众吸引力不强，该网络文学 IP 改编电影的成绩就不佳。这说明该网络文学 IP 虽然本身品牌价值高，但改编成电影的转化价值却较低。而如果该网络文学 IP 被改编成动画，动画观众的人口结构与读者的人口结构较为相符，那么该网络文学 IP 改编为动画的转化价值就会有所不同。网络文学 IP 的转化价值可以结合特定内容类型的市场需求、用户购买率、用户重合率和用户转化率进行具体评估。合理、规范的网络文学 IP 价值评价标准，应在网络文学 IP的数据指标的基础上，结合社会效益和转化价值两项指标进行折算，如此才能得出网络文学 IP 改编为某类型内容产品时的合理交易价格。同时，关联网络文学IP 交易的各方需共同认同和使用一套统一的评估标准，以便让网络文学 IP 交易的市场价格真正回归合理。

---

① 刘燕南，李忠利. 网络文学 IP 价值评估体系探析[J]. 现代出版，2021(1)：84-91.

② 桑子文，金元浦. 网络文学 IP 的影视转化价值评估模型研究[J]. 清华大学学报（哲学社会科学版），2019，34(2)：184-189，202.

（2）建立网络文学 IP 中心委员会统筹版权交易制度。

我国网络文学 IP 交易相关的各个企业间权利关系比较混乱，难以厘清，导致后续围绕版权归属、利益分配等的纠纷时有发生。要解决这一问题，可以实行版权集体管理（collective administration of copyright），即版权人（包括邻接权人）以信托方式把自己的权利转让给版权集体管理组织，授权管理组织管理他们的权利，权利人享受由此带来的利益。

版权集体管理组织具有免责功能和降低交易成本功能。免责功能是指版权人免除自己的版权权利管理职责，而将其交付给版权集体管理组织。版权集体管理组织履行如监管版权作品使用情况、与版权使用人谈判、授予版权许可、在版权人中分配利益等职责。降低交易成本功能是指版权集体管理组织可以组织的名义开展活动，不必每次行动时接受版权人授权或以版权人名义从事业务，这明显降低了交易成本。在发现受到版权侵权时，也可以组织的名义进行维权和诉讼，减少管理费用。这两大功能使版权集体管理能够有效地在版权保护与版权开发之间达成平衡。[①]

网络文学 IP 产业大国日本通行的制作委员会制度，事实上就是版权集体管理的一种实践。日本的网络文学 IP 多以动画为起点，在进行动画企划时，与网络文学 IP 后续开发相关的各方，如音乐公司、漫画出版公司、衍生品公司等，会共同出资组建一个制作委员会，制作委员会具有民事主体资格，网络文学 IP 版权归制作委员会所有，与网络文学 IP 开发相关的一切事宜，也由制作委员会这一单独主体处理。网络文学 IP 的授权和利益分配等都由制作委员会统一处理，避免了各方在相互进行版权交易时产生混乱。

国内在进行网络文学 IP 交易和后续开发时，也可以效仿这种模式，建立以网络文学 IP 为中心的委员会，在网络文学 IP 开发伊始，就将各关联方纳入网络文学 IP 中心委员会中，提前规划网络文学 IP 版权分配情况。后续如果有希望获取网络文学 IP 版权的公司，只需要联系网络文学 IP 中心委员会进行授权交易即可，无须与各个相关方进行复杂的相关交易。这个制度也能够有效地降低网络文学 IP 侵权问题的发生率。网络文学 IP 中心委员会作为一个主体负责网络文学 IP 的一切相关运作，可以减少网络文学 IP 交易的中间环节，从而协调各方利益，明晰权利范围，降低合作和沟通成本。

---

① 李晶，张靖辰.《音乐现代化法案》对我国版权制度的启示——著作权集体管理组织、音乐数据库、版税计算[J]. 贵州师范大学学报（社会科学版），2021（1）：139-150.

6　中匡网络文学影响研究

网络文学发展的规模和速度是惊人的。2020 年,网络文学全年新增签约作品约 200 万部,全网作品累计约 2800 万部,全国文学网站日均更新字数超 1.5 亿,全年累计新增字数超过 500 亿。① 由于传播速度快、用户覆盖面广、传播方式多样,以及改编产生的效益极高,网络文学已经对社会产生了深刻的影响。

6.1　对文学的影响

首先必须指出,网络文学和传统文学并不是对立的文学,网络文学是在大众文学的基础上,融合了网络的特征和原创文学制度的特征而产生的文学形态。此外,弄清了网络文学的特征和规律,才能避免对网络文学做出偏颇的评价。诸如目前有学者要求的建立网络小说选题制度,②实际上是不符合网络文学的发展规律的。

6.1.1　形成了当代网络通俗文学的内涵和特征

网络文学刚出世时,很多人宣称它是全新的文学。网络文学有一个显著特点,即作品一般不采用悲剧故事模式。男性向作品中的男主角往往都是底层社会的小人物,通过奋斗获得成功,他们身上有强烈的独立意识、自我意识和平等意识。女性向作品中的女主角多是在磨难中不屈不挠,最终获得美好爱情,尤其是古代言情小说中的女主角。③ 目前已经积累了相当数量的网络文学作品,通

————————

　① 2020 中国网络文学蓝皮书[EB/OL]. (2021-06-02)[2021-06-02]. http://www.chinawriter.com. cn/n1/2021/0602/c404023-32119854.html.

　② 付昌玲. 网绡文学出版中的问题及对策分析[J]. 合肥师范学院学报,2013,31(1):129-132.

　③ 一篇文章读懂 20 年中国网络文学的过去、现在和未来[EB/OL]. (2019-10-10)[2021-03-15]. https://www.sohu.com/a/345951412_99941658.

过对网络文学的前世今生进行考察,网络作家和文学界大致有了共识——它就是当代的通俗文学,其基本形态就是类型小说。通俗文学是指创作通俗化、大众化,商业价值较高,以满足一般读者休闲娱乐需求为主要目的的文学作品。相对于严肃文学、雅文学而言,通俗文学又称俗文学或大众文学。①

中国古代就有通俗文学。最早如《诗经》中的"风"也是从民间采集,后来如汉乐府、唐传奇、宋话本、元曲、明清小说及民国出现的鸳鸯蝴蝶派小说等都是通俗文学,即使到了 20 世纪 80 年代,琼瑶、金庸、梁羽生、古龙等的言情小说或武侠小说也都属于偏重消费性和娱乐性的文学作品。随着改革开放的大步前进和市场经济的快速发展,以及人民精神文化需求的日益增长,大众对通俗文学作品的需求也越来越大。但是,在"纯文学""雅文学"占据主流的情况下,通俗文学很难在原有的文学生产机制中得到释放。到 20 世纪末期,互联网为我们带来一片新天地,这种需求和能量一下子在网上爆发出来,通俗文学"投胎转世"为网络文学,成为历史的产物,其发展方向就是草根化、通俗化、类型化。欧美虽然没有类似起点中文网这类网络文学平台,但他们照样有通俗文学的生态,如兰登书屋、企鹅出版社等,每年生产大量的虚构类小说。古今中外的文学发展都表明,通俗文学深受大众欢迎,是"纯文学"(即通常所说的"传统文学")不可替代的。

通过对比网络文学和传统文学,我们发现网络通俗文学可以从以下几个方面来理解。

(1)在价值上,网络小说延续了通俗文学的大众化品格,具有较高的商业价值,以满足人民休闲娱乐为主要目的,属于大众文学,与严肃文学、雅文学和纯文学相对,而后者被学界称为"传统文学"。在价值评价上,网络文学也有突出的特征,即以读者为导向,读者的点击和订阅情况是最主要的标准。网络作品在后期的评价中才引进了传统文学的一些评价标准。

(2)在创作观念上,网络文学遵循通俗文学的主旨,力求适应大众的精神趣味和价值取向,描写大众喜闻乐见的内容。网络通俗小说的大众化品格决定了它不追求时代公认的精神上的高雅品位,不注重思想上的严肃性、探索性和独特性,不具备人文精神导向功能和理想主义精神取向,而这些对传统文学都是至关重要的。当然,通俗小说的社会影响,主要表现在读者、作者、主人公三者之间的共鸣上。读者愿意读通俗小说,从通俗小说主人公身上寻找自己的影子。作者通过小说描写折射生活现状,很容易使"闻者伤心,听者流泪",能激荡起读者共鸣。因而优秀的通俗小说在给人以阅读快感的同时,往往可以给人们以世俗文

---

① 吴秀明. 当代大众通俗文学研究的历时演进与学术建构[J]. 浙江学刊,2021(2):219-228.

化皆可接受的理想主义的精神召唤。①

（3）网络文学具有网络性。文学的发展历来在一定程度上受到技术的影响。在竹帛时代，文章一般不太长，古人言简意赅，行"春秋笔法"。到造纸术和印刷术产生后，文学作品越来越长，最终章回小说产生并开始流行。

首先，网络文学作品是一种超文本结构，它内含众多链接，可引领读者深入内部，也可通向外部。这就使得网络文学作品具有开放性和流动性。其次，网络文学具有互动性。读者不但可以直接和作者交流，也能与其他读者交流，打赏、拍砖、投票等均制度化。在网站外部社区，读者也能构建贴吧之类的互动区。优秀作品的读者形成网上部落，粉丝经济氛围逐渐形成。再次，网络文学的网络性指向与 ACG 文化的连通性。网络小说深陷 ACG 的海洋，不但游戏、动漫同人作品成为一大类型，而且小说的改编指向 ACG。作者在创作的时候也会深入考虑改编 ACG 的可能，故玄幻、魔幻等类型的小说大量产生。网络的超文本结构也便于 ACG 改编作品的营销，所以，我们可以从网络小说的入口跳到游戏的入口，这就加强了作品的联动传播。②

（4）网络通俗文学的主要形态是类型小说。网络类型小说对传统的通俗文学有继承，也有发展。一些小说类型来自传统文学。类型小说是指在题材、主题、结构、人物塑造等方面具有一定的基础规模，形成相似的审美风貌，存量达到一定规模的网络小说范式。③ 2014 年，国内网络文学研究者贺予飞调查国内排在前列的 100 家网络文学网站，统计出 57 种网络类型小说。其中武侠小说历史久远，从石玉昆的《三侠五义》，到还珠楼主的《蜀山剑侠传》，到金庸、梁羽生和古龙等的作品，共同构成了网络武侠小说的参照系。又有如香港著名武侠宗师黄易的代表作《寻秦记》，这部小说被称为穿越小说的鼻祖，后来穿越小说在网络中得到了更快的发展，因而出现《步步惊心》等优秀的网络文学作品。又如魔幻类小说，追溯其根源，与我国古代的《封神演义》《西游记》及西方的《哈利·波特》等有相通之处。通俗文学的客观规律就是类型化，这是通俗文学或大众文学叙事的基本特征。一个被大众熟悉的模式才有可能为大众所接受，他们阅读、观赏、倾听的过程，就是他们的心理期待不断兑现和落实的过程，也就是获得快感和满足的过程。④ 当然，随着人们兴趣的发展，新的类型小说会出现，比如同人、游

---

① 林慧频. 网络通俗文学与传统小说比较——从人物塑造方面谈网络通俗文学对传统小说的继承与发展[J]. 青年文学家,2019(30):46.

② 宋亚楠. 网络文学传播主体的传播动机分析[J]. 传媒,2020(4):74-76.

③ 吴长青. 网络历史类型小说创作的史传传统重建——以曹三公子的网络历史类型小说为例[J]. 西南石油大学学报(社会科学版),2021,23(3):95-103.

④ 汤哲声. 中国通俗文学:当代类型小说研究[J]. 苏州教育学院学报,2020,37(1):60,97.

戏、耽美、职场、都市和官场等类型的小说，都是随着现代大都市的出现而出现的。

目前，整个网络文学沉浸在类型小说的海洋中。网站的结构及设计原理加速了类型小说的进程。进入一个个网络文学网站，首先映入眼帘的是各种类型频道。网站内容的组织方式及类型加标签的搜索方式，不但方便了读者找到各类小说，而且对网络作家的写作也形成了一种潜意识的导向，促成了类型小说的大量诞生。此外，读者对类型小说的热爱也造就了类型小说的崛起。网络小说是以读者为导向的。网络文学网站为抢占市场份额，形成了以读者为中心的创造机制。2020年，都市、玄幻、现代言情、古代言情、科幻、二次元、历史、悬疑等题材类型仍然受网络文学读者喜爱，热血成长的男频题材和婚恋育娃的女频题材持续升温，科幻元素得到重视，逻辑性、专业性更强的"硬核写作"成为网络作家的自觉追求。多元化、小众化题材垂直细分成为创新趋势，网络小说类型融合更加明显。[①] 网站设立的分类和标签体系，促成了作家写作类型小说，读者受其指引阅读之，反过来，读者对类型小说的热爱又促进了网站体系的定型，而作家则在二者的导向下，创作了大量的类型作品。

类型小说为影视、游戏和动漫改编提供了大量IP。虽然并不是所有的类型小说都是因网络文学而兴起的，但网络文学确实对其发展起了很大的促进作用。近年流行的宫斗剧及盗墓风源于网络文学。但是，网络小说也暴露了一些问题，其主要弊端是写作模式化。网络类型小说陷入商业激流之中，网站和作者都以追逐商业利益为目的，作者必须频繁更新，且收费阅读价格在3～5分钱/千字，模式化写作因此而起。在各种论坛、共享文库和贴吧中，各种经验介绍频繁可见。如网络小说的基本写法[②]、网络小说写作技巧[③]、网络小说开头写法[④]、网络小说十大必然定律[⑤]，等等。作者通过标准化情节的设定，机械化地复制出大量"文学泡面"，不但缺乏人文担当，遮盖了文学的品质，而且阻碍了网络文学的长

---

① 2020中国网络文学蓝皮书[EB/OL].(2021-06-02)[2021-06-02]. http://www.chinawriter.com.cn/n1/2021/0602/c404023-32119854.html.

② 网络小说开篇写法技巧[EB/OL].(2018-06-17)[2021-03-15]. http://www.360doc.com/content/18/0617/15/3980569_763083835.shtml.

③ 网络小说写作技巧[EB/OL].(2013-03-01)[2016-01-24]. http://wenku.baidu.com/view/9e6e1c0feff9aef8941e0666.html? re=view.

④ 网络小说开头写法,大神之路[EB/OL].(2012-12-12)[2021-03-15]. http://wenku.baidu.com/view/a1f5e20ade80d4d8d15a4fa8.html? re=view.

⑤ 网络小说十大必然定律[EB/OL].(2015-08-25)[2021-03-15]. http://wenku.baidu.com/view/27aa769f6c85ec3a86c2c52b.html.

远发展。①

（5）网络小说呈现超长化趋势。网络小说类型化和超长化是网络文学的商业化赋予其的形式特征。中国网络文学平台创新了一套制度——网络文学生产和传播制度，包括作者成长制度和 VIP 收费制度等。这套制度蕴涵着严密的商业性，由此而形成一个产业，能保障市场的运行和作者的收入，并能够在读者阅读作品的过程中，通过不断更新、互动等方式，吸引稳定的粉丝群体。VIP 收费制度规定 30 万字左右都是"公众章节"，作者的主要收入从发布 30 万字之后的"VIP 章节"才开始，这就意味着作品篇幅长，收入才高，而粉丝群体也有可能更加壮大。这套格式化的制度，形成了网络文学的写作惯例。

目前，网络小说动辄 100 万字以上，篇幅宏大已经成为长篇网络小说的标志。比如，唐家三少的《斗罗大陆》有 300 余万字，我吃西红柿的《斗破苍穹》共530 余万字，辰东的《完美世界》篇幅在 600 万字以上，忘语的《凡人修仙传》有700 多万字。据研究者统计，截至 2015 年 4 月 7 日，起点中文网玄幻小说篇幅在 200 万字以上的有 626 部，100 万～200 万字的有 1556 部。② 然而事实上，在网络文学的早期，其长度特性并不很明显，比如痞子蔡的《第一次的亲密接触》只有 5 万字，慕容雪村的《成都，今夜请将我忘记》有十几万字，今何在的《悟空传》也只有 23 万字。但是网络文学的过度商业化促使网络写作利益链形成，而篇幅超长的小说能使作者、原创平台、出版商及改编作品方获得更多的利益，因而一部成功的网络小说往往有百万字乃至数百万字。

虽然篇幅宏大，但其发布方式却是连载。网站一般要求作者持续更新。如《完美世界》的作者辰东坚持平均每日更新至少 3000 字，从 2013 年 8 月起连载，截至 2016 年 8 月 4 日完结，连载时间长达 3 年，章数已达 2076 章。③ 网络长篇小说以"连载"方式发布，形成了连载时间长的特点，因而小说往往情节拖沓，实质内容不多。长时间连载，如何做到字数与质量成正比，是网络作家们面临的一大挑战。

对网络小说而言，长度是其内部优势，也是其外部劣势，这在一定程度上制约了网络文学的发展。首先，阅读网络长篇小说一件非常困难的事情。我国的传统长篇名著，《红楼梦》不足 80 万字，《三国演义》约 80 万字，《西游记》约 87 万字，《水浒传》约 96 万字，这样的字数与当下网络长篇小说的字数相比，实在是相

---

① 贺予飞,欧阳友权.网络类型小说热的思考[J].时代文学(上半月),2015(3):198-203.

② 叶大翠.网络玄幻长篇小说的生产、传播与消费——以起点中文网为例[D].贵阳:贵州师范大学,2015.

③ 统计数据源于起点中文网《完美世界》小说最新章节,统计时间截至 2021 年 3 月 15 日.

去甚远。网络小说,其载体是电脑、平板电脑和手机。读者一旦上网,仅仅网络小说的门类和数量,就足以让读者眼花缭乱。而一旦选定阅读对象之后,其长度又足以让读者颈椎生疼。笔者曾在阅读唐家三少的《斗罗大陆》之后,对他的《绝世唐门》的长度心生畏惧。而其中为了凑篇幅而形成的格式化情节,也让读者疲倦不堪。超长的篇幅对于网络作家来说也是非常大的负担,许多网络作家出现"弃坑"的现象,即作品常常没有后半部,形成有头无尾的半部之作。如南派三叔的《盗墓笔记》、辰东的《神墓》、孙晓的《英雄志》、静官的《血流》、愤怒的香蕉的《赘婿》等著名网络小说,都属于"弃坑"之作。① 对于读者来说,在气喘吁吁的"跟跑"过程中,阅读带来的快乐感和休闲感逐渐消失。一部成功的网络小说,其长度越长,其作者、网络运营商、出版商乃至读者,获得的物质刺激或者审美刺激也越大,②而这部小说所使用的传媒成本却是一定的。所以说,在不同利益主体的糅合作用下,网络长篇小说只能是越来越长。③

其次,网络文学的传播制度也带来了文学作品单一化的问题。网络文学对文学惯例和创作体制的格式化,正悄然置换了传统文学的逻辑原点,此时,网络文学的价值逻辑何在?④ 在网络文学制度下,我们很难想象海明威的《老人与海》能够获得足够的点击量,也很难推想象《红楼梦》那种结构复杂、人物众多、情节穿插的小说作者曹雪芹能够像唐家三少一样年收入过亿元。能在当下的文学创作背景下坚持纯文学写作,恐怕难度更大。中篇小说、短篇小说的业绩被网络长篇覆盖,经典隐退,长此下去,文学形式会越来越单一。

最后,网络文学的长度还给研究带来了困难,人们已经承认网络文学是文学的一种类型,是数字媒介与技术结合条件下文学转型的产物,是传统文学的挑战者。但既然是文学,就应当有文学批评和评价,然而超长的网络小说阻碍了研究者和文学批评家的工作,这导致网络文学不能被学界充分认识。⑤ 目前已有的研究很是肤浅,很多人都只是将网络小说作为话题,深入的研究可谓是凤毛麟角。研究难点之一就是网络小说的量大和篇幅长,要想对某一门类的小说进行充分阅读和研究非常具有挑战性。

(6)网络文学语言随意、不规范,但贴近民间。文字书写转变为键盘敲打,精英书写的陈规旧制被打破。一些新的语言类型出现,如"谐音文""数字文""动漫文""甄嬛体""舌尖体"等不断出现。谐音文是指网络中广泛存在的谐音化现象,

---

① 任雪婷. 论网络小说创作中的"弃坑"现象[J]. 南方文坛,2021(2):89-93.
② 苏晓芳. 网络都市言情小说叙事分析[J]. 中国文学批评,2021(2):100-107,159.
③ 侯向丽,董凯琦. 网络小说产业中作家的收益问题的研究[J]. 财讯,2021(14):180-181.
④ 欧阳友权. 中国网络文学研究基点及其语境选择[J]. 河北学刊,2015,35(4):96-99.
⑤ 许苗苗. 网络文学与微时代文学的新质[J]. 社会科学辑刊,2021(1):176-183.

诸如"版主"谐音"斑竹","人"谐音"银"。数字文是指用数字代替文字的现象,如"我爱你一生一世"用"5201314"来表示。动漫文是指引用动漫作品中的语言描述事物,如用"萝莉"指代可爱的小女生,用"耽美"指男男恋爱作品。因模仿《后宫·甄嬛传》对话风格而产生甄嬛体;因纪录片《舌尖上的中国》热播而引起"舌尖"热,如"舌尖上的湖北""舌尖上的北大"等不断涌现。此外,符号也进入文学作品,网民用 o(∩_∩)o 来表示"哈哈",用::>_<::来表示"哭"。网络文学语言随意而不规范,但简单明白,贴近生活。网络语言的变化说明"键盘与界面的数码书写创造的是一个铅字无凭、手稿遗失的时代,机器的规则代替了汉字的结构规范,数字操作颠覆了铅字权威",①摆脱了传统规则的束缚,网络作家们的表达一泻千里,酣畅淋漓。以起点读书 2020 年度 TOP 热词为例,"稳健""思想迪化""大兴西北""不当人子"是 2020 年最热门的"网文梗",它们或从网文内部生成,或是在网文的嫁接下"破圈"发展。但这种做法首先受到的是主流文学界和出版界的批评,网络文学作品因而只能归入另册,网络作家最初也只以"写手"称呼。但随着时间的推移,相当一部分网络语言约定俗成,如"小伙伴""打酱油""点赞"等词常常被主流媒体采用,传统出版中的文字质量规则已经难以限制网络文学作品的出版。可以预测,部分网络语言终将会成为汉语言的一部分。因而传统出版的编校质量规定已经受到挑战,如何能既维护文学语言的规范性,又吸收新鲜俗语,成为课题。

6.1.2　网络文学逐渐主流化

从 1991 年开始出现中文网络文学,到后来《第一次的亲密接触》迅速传播,再到今天政府推动网络文学发展,中文网络文学已经走过 30 年了,其在非议中成长,到现在已经遍地开花。第 47 次《中国互联网络发展状况统计报告》显示,截至 2020 年 12 月,我国网络文学用户规模达 4.60 亿人,占网民整体的46.5％。②

近年,网络文学佳作不断涌现,IP 大放异彩。早在 2000 年就有今何在的《悟空传》,后续有萧鼎的《诛仙》、刘猛的《最后一颗子弹留给我》、当年明月的《明朝那些事儿》、南派三叔的《盗墓笔记》、天下霸唱的《鬼吹灯》,等等,在文化市场

① 徐兆寿,巩周明. 现状·症候·发展——中国网络文学对外传播研究[J]. 当代作家评论,2021(2):21-25.

② 中国互联网信息中心. 第 47 次中国互联网络发展状况统计报告[R/OL]. (2021-02-03)[2021-09-15]. http://www.cnnic.cn/hlwfzyj/hlwxzbg/hlwtjbg/202102/P020210203334633480104.pdf.

上引起巨大反响,在游戏改编和实体出版等方面创造了不菲的市场价值。《后宫·甄嬛传》《裸婚时代》《步步惊心》《失恋 33 天》《山楂树之恋》《致我们终将逝去的青春》《芈月传》等被影视公司改编后掀起了收视狂潮。《择天记》《莽荒纪》等被斥巨资改编成动漫。繁体和海外出版市场也捷报频传,据悉,阅文旗下作品占据中国台湾中文原创小说出版市场的半壁江山,《九鼎记》《斗破苍穹》《大主宰》《丑仙记》《回到明朝当王爷》《锦衣夜行》《奸臣》《鬼吹灯》《刑名师爷》等的版权远销中国香港和台湾地区、泰国、越南和韩国等。①

2009 年,网络作家阿耐所著的《大江东去》成为第一部荣获中宣部"五个一工程奖"的网络小说。②《大江东去》追忆了改革开放 30 年历程,全书 150 万字,2014 年由长江文艺出版社出版,受到专家、读者多方好评。随后,2010 年 5 月,中国作家协会首次举办"网络文学研讨会";③2010 年鲁迅文学奖、2011 年茅盾文学奖将网络作品纳入评选范围;④原国家新闻出版广电总局更将网络文学纳入中国出版政府奖评选范围。⑤

2015 年,网络文学主流化进程大踏步向前。《中共中央关于繁荣发展社会主义文艺的意见》于 2015 年 10 月出台,该意见鲜明地提出,要"推动网络文学、网络音乐、网络剧、微电影、网络演出、网络动漫等新兴文艺类型繁荣有序发展"。⑥

2016 年 3 月,国家新闻出版广电总局发布"2015 年优秀网络文学原创作品推介活动"作品名单,21 部作品脱颖而出,包括《烽烟尽处》《芈月传》《匹夫的逆袭》《回到过去变成猫》《日头日头照着我》《网络英雄传Ⅰ——艾尔斯巨岩之约》《萧家媳妇》《宁子墨那代人》《星星亮晶晶》《郭公传奇》《黄道周》《青果青》《宝贝,向前冲》《因为相爱才上演》《两个人的婚姻,七个人的饭桌》《装修毁了我十四年婚姻》《莽荒纪》《斗罗大陆Ⅱ绝世唐门》《不朽神瞳》《忘川》《古瓷谜云》等。⑦ 此

---

① 艾瑞咨询《2015 年中国网络文学 IP 价值研究报告》。

② 网络长篇小说《大江东去》喜获"五个一工程奖"[EB/OL]. (2009-09-24)[2021-03-15]. http://news. sohu. com/20090924/n266954919. shtml.

③ 网络文学研讨会[EB/OL]. [2021-03-15]. http://www. chinawriter. com. cn/z/wlwxyth/index. shtml.

④ 茅盾文学奖评选首度"实名"网络文学落地成书纳入评奖标准[EB/OL]. (2011-03-23)[2021-03-15]. http://www. wenming. cn/qmyd_pd/hddt/201103/t20110323_120922. shtml.

⑤ 中华人民共和国新闻出版总署首届中国出版政府奖揭晓. [EB/OL]. [2021-03-15]. http://data. chinaxwcb. com/zhuanti/zfj/Index. html.

⑥《中共中央关于繁荣发展社会主义文艺的意见》全文公布[EB/OL]. (2015-10-19)[2021-03-15]. http://www. xinhuanet. com/politics/2015-10/19/c_1116870179. htm.

⑦ 国家新闻出版广电总局关于公布"2015 年优秀网络文学原创作品推介活动"作品名单的通知[EB/OL]. (2016-03-28)[2021-03-15]. http://www. cac. gov. cn/2016-03/28/c_1118462669. htm.

后连续 4 年都开展了优秀网络文学原创作品评选活动,4 年来推介优秀作品共计 87 部。网络文学的评选每年逐渐呈现出明显的"趋主流化"现象,在保持网络文学特征与活力的同时,正日益向主流意识形态、主流文化传统、主流文学审美靠拢。反映创新创业、社区管理、精准脱贫、志愿支教、大学生村官等社会现实的网络文学作品的数量在逐年递增;幻想类、历史类等网络文学作品也逐渐具有人文情怀。① 政府部门主导网络文学作品推介工作在历史上尚属首次,这也被视作网络文学正式被纳入"主流文艺"阵地的重要标志。

6.1.3　影响并更新了中国作家队伍

中国作家无一例外地从属于各个级别的作家协会。作家协会行使着领导和管理作家会员的职能。作家们以传统文学期刊为主阵地发表作品,作家的身价与隶属的作家协会的级别密切相关。长久以来,取得会籍的作家有一种名正言顺的优越感,形成权威和精英掌控话语权的机制。对比网络作家制度,以起点中文网为例,申请者登录自己的账号,进入"作家专区",点击"立即成为作家";填写相关信息;下一步就可"创建作品";再下一步,当作品持续更新并达到一定的点击量时,作家就可以实现签约,并可获得一定的收入。

由于手续简单,各大网络文学网站的作家数量巨大,且其作品质量良莠不齐,因而不被传统主流文学作家看好,"网络写手"是对这些网络作家最初的称呼。网络文学在发展的第一个 10 年间跟主流文坛的互动非常少,不光是分化,甚至可以说是分离,相互之间并不了解。

然而,网络文学从基础上动摇了传统文学体制,并改变和刷新了中国作家队伍的结构。据统计,中国作家协会现有团体会员 44 个,个人会员 9301 人,②而仅阅文集团创作队伍在 2020 年就已经达到 890 万人,作品数量逾千万部。③ 网络作品发布制度"从根本上打破个人写作并发表作品的壁垒,打破出版图书的门槛"。④

2010 年,作为起点中文网白金作家的唐家三少获批加入中国作家协会。2011 年,唐家三少又当选为第八届中国作家协会全国委员会委员。唐家三少是

① 24 部网络文学原创作品获国家新闻出版署与中国作协联合推介[EB/OL]. (2019-02-25)[2021-03-15]. http://www.gov.cn/xinwen/2019/02/25/content_5368403.htm.
② 中国作家协会简介[EB/OL]. [2022-02-15]. http://www.chinawriter.com.cn/zxjg/zxjj.shtml.
③ 艾瑞咨询《2020 年中国网络文学 IP 价值研究报告》。
④ 杨炳忠. 网络文学影响论与价值论(网络文学研究系列论文之三)[J]. 广西民族师范学院学报,2012,29(5):53-58.

中国作家协会的第一位网络作家委员。历史架空小说《褰渎》的作者烟雨江南是百度文学旗下纵横中文网的签约作者,本名邱晓华,被称为"网络文学经典制造机",2010 年成为中国作家协会会员。酒徒,原名蒙虎,中文在线旗下 17K 小说网的知名签约作家,著有架空历史小说《秦》《家园》(又名《隋乱》)等,2010 年成为中国作家协会会员。同为中国作家协会委员的网络作家还有《后宫·甄嬛传》的作者流潋紫,《步步惊心》的作者桐华,《裸婚时代》的作者唐欣恬,官场小说《官神》的作者何常在,《芈月传》的作者蒋胜男等。

更多的网络作家被吸纳到地方作家协会。《橙红年代》的作者骁骑校(本名刘晔)为江苏省作家协会会员,《橙红年代》还是参评过茅盾文学奖的网络小说作品。天蚕土豆是四川人,在杭州市定居,他也因此同时在浙江省和四川省的网络作家协会担任副主席。①

2015 年 12 月,中国作家协会网络文学委员会宣告成立,唐家三少、月关等网络作家成为正式委员,②这标志着网络文学作家、批评家、学者们拥有了属于自己的正式组织。一直被称为"网络写手"的群体,在各种媒体报道中逐渐被冠以"网络作家"的称号,他们已经成为一股强大的、给传统作家队伍带来活力的新生力量。

记录中国作家财富变化和反映中国全民阅读潮流走向的著名文化品牌——中国作家富豪榜,也在 2012 年设立子榜单"网络作家富豪榜",唐家三少、天蚕土豆、辰东、我吃西红柿、梦入神机、耳根、猫腻、高楼大厦、烽火戏诸侯、无罪、骷髅精灵、月关、跳舞、鱼人二代、柳下挥、风凌天下、忘语等网络作家的收入大大超过传统作家的收入,③这说明不但作家已经得到读者的认可,而且依靠网络写作致富的方式也得到主流社会的认同。

6.2 对传统文学出版业的影响

网络文学生产活动实质上是一种出版活动,网络文学公司实际上是新时代

① 你会加入网络作协吗?[EB/OL]. (2015-07-09)[2021-03-15]. http://www.infzm.com/content/110480.

② 关于中国作家协会网络文学委员会组成人员的公告[EB/OL]. (2015-11-23)[2021-03-15]. http://www.chinawriter.com.cn/news/2015/2015-11-23/258617.html.

③ 最新作家富豪榜排行榜和中国网络作家收入排行榜历史榜单及代表作[EB/OL]. (2019-12-20)[2021-03-15]. https://new.qq.com/omn/20191220/20191220A0RVTO00.html.

的数字出版商。虽然网络文学出版有自身的特点,但从一开始,它就与传统出版关系密切,二者既是一种互动和共生的关系,又是一种竞争和威胁的关系。当然,本书所指的传统出版主要指传统文学出版。

6.2.1　网络文学出版的优势和劣势

在讨论网络文学出版的影响之前,我们先对其优势和劣势做一个简单介绍。首先,我们谈谈网络文学出版的优势:

①网络文学容易获取,作者和读者、读者和读者交流方便。网络文学出版快捷,通过网络,读者足不出户就可以阅读目标内容。而且,数字化文本检索方便,可以通过关键词、标签等查找文本。网站榜单及推荐等服务也远比传统出版全面,能从各个角度揭示信息。作者与读者、读者与读者相互交流方便,可从中获得网络归属感。

②产品多样化。阅读文本的超文本结构,给读者提供多维信息,极大地方便了读者;试读章节量大,能降低读者盲目付费的风险;同时,改编游戏、视听产品及动漫也使产品形式多样化,读者选择范围大。

③网络文学出版模式具有一定的优越性。其一,减少了中间环节,诸如减少了编辑环节、不需要印刷、没有库存和运输,从而降低运营成本。其二,能充分了解读者和市场大数据,建立起以粉丝为基础的经济模式,从而大大降低了投资风险。其三,盈利模式多样化,除了阅读付费及 IP 销售,还有广告和流量分成等盈利模式。

④版税大幅度提高,作者服务较好。优秀作者收入大大增加,普通作者收入有一定的制度保障;对初入行的作者来说,出版门槛降低,发布作品简单、易操作;作者服务充分,便于了解市场情况,与读者互动充分。这些都极大地鼓励了作者创作的积极性。

其次,与传统文学出版相比,网络文学出版具有下列劣势:

①网络文学出版缺失类似传统文学出版的编辑制度,内容质量控制不严,垃圾内容大量滋生,影响出版声誉。

②网络文学作品版权保护不易。网络文学盗版也有别于传统文学盗版,主

要有盗链①、盗名②、搜索引擎帮助盗版③等，版权保护制度的发展常常跟不上盗版方式的发展。

　　③精品阅读和高端阅读在网络文学出版中缺失。网络文学深陷过度商业化的困局。作者选择写作的主题，常常是什么热门就写什么，模式化，订阅量大成了唯一的创作风向标。另外，虽然出了不少精品，但和网络文学的出版物总量相比，好书比例不大，文学的元素越来越稀薄。网络文学繁华的背后存在严重同质化、内容低俗、盲目迎合大众、作品形态超长等问题。

6.2.2　文学出版的产业组织结构发生变化

　　（1）文学出版的主体已经悄然改变。

　　在传统出版时代，出版社是出版的主体，这是法规和制度规定的。传统出版单位的设立除了符合国家法律规定的硬件条件外，还必须符合国家关于出版单位总量、结构和布局的规划。根据国家新闻出版署公布的数据，截至 2022 年 2 月，我国的出版社共 584 家，④出版主体的准入受到严格控制。此外，出版主体的活动受到内容审查、书号控制和经营范围等方面的管理。编辑也必须具有出版专业技术人员职业资格证才能从事本行业的工作。

　　相比传统出版制度，首先，网络文学出版在行业准入条件上比较宽松。过去建立一个网站，仅需备案就可以上线运营，开设网络文学栏目。笔者查阅起点中文网、创世中文网等，发现它们的营业执照多为"电信与信息服务业务经营许可证""增值电信业务经营许可证""信息网络传播视听节目许可证"及"网络文化经营许可证"等。以"电信与信息服务业务经营许可证"为例，规定经营单位"有业务发展计划及相关技术方案""健全的网络与信息安全保障措施""取得有关主管部门同意的文件"等。其中，"取得有关主管部门同意的文件"远没有传统出版社的审批制度严格。综上所述，对网络文学经营主体的审批制度有两点值得注意：①上述执照不同，但都能经营网络文学；②没有出版相关制度的规定和要求，编

---

　　①　"盗链"的定义：此内容不在自己的服务器上，而是通过技术手段，绕过别人放广告有利益的最终页，直接在自己的有广告、有利益的页面上向最终用户提供此内容。常常是一些名不见经传的小网站盗取一些有实力的大网站的地址（比如一些音乐、图片、软件的下载地址），然后将其放置在自己的网站上，通过这种方法盗取大网站的空间和流量。

　　②　本书中"盗名"是指利用与成名网络作家相似的笔名写作作品。

　　③　搜索引擎帮助盗版是指部分搜索引擎推广项目指向盗版的网站，导致原创网站损失重大。

　　④　国家新闻出版署-从业机构和产品查询-图书出版单位［EB/OL］.［2022-02-15］. https://www. nppa. gov. cn/nppa/publishing/serviceSearchListbve. shtml? PublishmentSystemID＝272&PublishingName ＝&Type＝Books.

辑人员无须符合国家规定的资格条件。因此,在管理规章比较粗放的情况下,网络文学出版机构大量成立,一时间成为投资的热点。

其次,网络文学出版也没有书号一类的限制。传统出版社有内容审核制度,出版物选题要报批,书号也有限制。但同样经营文学作品的网络文学网站,完全没有这方面的制度限制。

是以,当起点中文网的作品数量超过 140 万部的时候,亚马逊网站上在售的全部文学作品仅有 71483 部。① 传统出版社产品数量远不及网络文学网站。传统出版社文学出版功能在减弱,出版社的主体地位受到严重挑战。

(2)加速了出版产业与文化产业的交叉和融合。

文化产业是满足大众精神文化需求的重要路径。文化产业一词最初出现在霍克海默和阿多诺合著的《启蒙辩证法:哲学断片》一书之中。联合国教科文组织关于文化产业的定义如下:文化产业就是按照工业标准,生产、再生产、储存以及分配文化产品和服务的一系列活动。因此,所有的关于文化生产或传播的企业都应包含其中,传统出版业自然也不例外。但由于生产方式、载体形式、传播方式不同,各文化行业之间相互独立或割裂,因而长久以来,虽然同样经营内容,传统出版机构、广播电视局、游戏公司等彼此联系并不紧密。

随着网络的飞速发展,政府已经意识到融合的重要性。为了促进融合,2013年,我国将新闻出版总署和广电总局的职责整合,组建国家新闻出版广电总局。② 随后,地方管理部门也同样调整和合并。但组织机构的融合,并不意味着产业的交融发展。尤其是国有企业产业融合很难推动。但网络文学产业为文化产业的融合提供了范例。如腾讯阅文集团旗下就构建了腾讯文学、腾讯游戏、腾讯动漫和腾讯影业四大文化创意平台,打通了阅读、游戏、动漫、影视、戏剧等多种业务。在腾讯的带动之下,百度文学、阿里文学等纷纷架构以 IP 运营为核心的泛娱乐组织结构。传统出版机构深受其影响,湖北长江传媒数字出版有限公司就投资建设长江中文网原创小说网站,"专注于原创小说多媒体出版、传播,以引导最新阅读潮流为目标"。③

---

① 艾瑞咨询《2015 年中国网络文学 IP 价值研究报告》。

② 2018 年,在国家新闻出版广电总局广播电视管理职责的基础上组建国家广播电视总局,国家新闻出版广电总局的新闻出版管理职责划入中央宣传部,对外加挂国家新闻出版署(国家版权局)牌子。

③ 长江中文网简介.[EB/OL].(2016-06-15)[2021-03-15]. http://www.cjzww.com/about/about.html.

6.2.3　影响和改变了文学出版格局和业态

中国文学出版格局由三个板块构成:以期刊(杂志)为阵地的传统精英文学、以图书出版为阵地的图书市场文学和以数字传媒为载体的网络文学,是谓中国当代文学的"三分天下"。① 网络文学在诞生之初,其市场份额是非常小的。经过 20 年的高速发展,网络文学作品的数量、网络作家的数量和读者的数量都变得非常庞大,且为影视和图书出版提供了大量热门 IP,这些都是史无前例的。

相比之下,传统文学书刊常常因缺乏卖点而市场疲软。以文学期刊为例,《青年文学》的执行主编邱华栋认为,订阅量达 5 万册文学期刊就能自负盈亏。然而,能突破 5 万册这一"生死线"的文学期刊,全国加起来也只有七八份。如《收获》的发行量在 13.5 万册之间,《当代》《十月》的发行量为 8 万~10 万册,《人民文学》的发行量为 5 万~6 万册,其余大多数期刊的发行量只有几千册,有的甚至只有几百册。② 文学期刊遭遇集体困境,仅存几家欢笑。此外,精英文学作家的收入也远远不能和网络作家比肩。例如,网络作家唐家三少连续多次居中国网络作家富豪榜第一名,年收入已经过亿元,而诺贝尔文学奖获得者莫言仅在获奖后的第一年,在"2013 年第八届中国作家富豪榜"以 2400 万元名列第二,次年莫言即跌出前十名。在 2013 年的中国作家富豪榜上,传统重量级作家如余华收入仅为 330 万元(名列第 34),贾平凹收入 135 万元(名列第 55)等。网络作家不但收入高,而且 IP 商业价值高,不断被运作,给作家和商家带来高收入。即使是同样出版成纸书,传统文学图书的销量也远远比不上网络文学图书。网络文学俨然打破了传统文学"一统天下"的格局,且从出版量和精品 IP 等因素来考虑,其在文学出版上的地位正好与原来颠倒,网络文学作品有力压群芳的趋势。

6.2.4　传统出版机构成为网络文学出版产业链的附属角色

在 1992 年,我国台湾宏碁集团创建人施振荣提出了著名的"微笑曲线"(smiling curve)理论,作为宏碁集团发展的策略参考。后经施振荣修正正式推出,即施氏"产业微笑曲线"理论。施振荣认为产业链可以分为三个环节,即产品

---

① 杨炳忠.网络文学影响论与价值论(网络文学研究系列论文之三)[J].广西民族师范学院学报,2012,29(5):53-58.

② 中国文学期刊:遭遇集体困境 仅存几家欢笑(2)[EB/OL].(2005-06-30)[2021-03-15].http://futures.money.hexun.com/1215243.shtml.

研发、制造和营销。处于制造环节的企业因缺少核心技术,虽然资金投入很大,但具有可替代性,它们往往为了争取订单而压低价格。而从事研发和营销工作的企业,往往掌握信息、技术、品牌、管理和人才等知识密集型要素,在竞争中具有不可替代性。与处于制造环节的企业相比,从事研发和营销工作的企业要承担更大的投资风险,但收益自然也比处于制造环节的企业更大。在产业链中,附加价值更多地体现在研发和营销两端,处于中间环节的制造企业附加值最低。施氏"产业微笑曲线"犹如微笑的嘴唇两端朝上(图 6-1),正是产业链状况的具体体现。

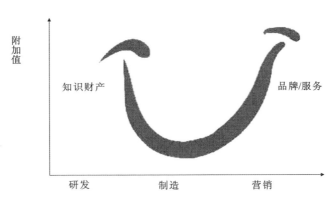

图 6-1 "产业微笑曲线"示意图

传统出版产业链的结构为作者→出版社→印刷→书店→读者,在这个产业链中,作者和读者都处于比较弱势的地位,所以一般而言,业界和学界都称传统出版产业链为"三位一体",即"出版→印刷→发行"的结构。由于内容资源完全掌握在出版机构手中,无论是出版物的印刷与销售,还是版权的转让和许可等,基本都由出版机构来决定。发行企业因承担较大的市场风险,也处于产业链的较高端,而印刷处于绝对的从属地位。三位一体的出版产业链恰好是"产业微笑曲线"理论的体现。纵横观察业界的实际情况发现,国内外大出版商如中国出版集团有限公司、荷兰出版机构爱思唯尔等在出版业的地位举足轻重,大发行商如中国的新华书店和当当书店、美国的巴诺书店乃至亚马逊书店等也有很高的产业地位,唯有印刷厂在行业内处于绝对的从属地位。

但是,网络文学网站取代了传统出版商的产业地位。就纸书出版来说,网络文学出版产业链的结构为作者→网络文学网站→纸书出版社→发行→读者。其中作者资源和版权资源完全控制在网络文学网站手中,而较大部分读者由付费阅读的粉丝转换而来,故网络文学市场风险、品牌价值、读者大数据等知识密集型要素皆由网络文学网站掌控,所以,传统出版社的地位从产业链的高端走向低端,成为网络文学出版产业链中的从属角色。

在实际运作中,为了获取优质的网络小说 IP,传统出版社往往费尽心思,其目的仅仅是在这块大蛋糕中分得一小块而已。统计数据显示,网络文学作品的粉丝中,有 17.2％人愿意购买纸书①。由于我国图书书号资源掌握在传统出版社手中,传统出版社因此才有这个"从属角色"。又因为优质的网络小说粉丝群体巨大,往往能为纸书版本带来可观的发行量,所以仅从网络小说正式出版产生的效益来说,似乎也给传统出版社相当的安慰,但总的来说,其产业地位大大下降。

6.2.5　导致传统出版机构作者队伍不稳定

作者是出版之源。没有优秀的作者,就不会生产出高质量、有影响力的图书产品。出版机构和作者的关系有如生产商和供货商的关系,需要建立一种长久、稳定、利益共享的合作关系。② 为此,出版社常常和文艺类期刊联手发起征文大赛。如"80 后"作家韩寒就是从新概念作文大赛中脱颖而出的。出版社也常常签约一些写作苗子,在其默默无闻阶段就与之展开合作,直到培育作者成名成家。在这个过程中,作者由于对编辑的信任,会持续供稿数年甚至数十年。自传统出版业诞生以来,所有编辑都是如此操作,屡试不爽。但网络文学的作家制度带来新的威胁。对于作家来说,薪酬之高难免诱人。老作家会尝试网络签约,新苗子则有可能向网络文学方向发展。

韩寒是出版社打造和培育的作家。然而,2015 年 3 月,星艺文学榜"天、地、人"三大文学排行榜的榜单,通过相关数据整合与对比分析,列出了当下网络文学作者及其作品的影响力数值和排名,韩寒凭借《后会无期》只排到了第七位。③据此看来,网络文学作者及其作品,可能在互联网用户中更接地气。

在作家协会吸收网络作家之前,传统观念派还认为网络作家不入流,但现在这个壁垒也已经被破除。试问,在收入高、人气旺、主流化的趋势下,如果你是名作家,你会选择哪个平台?

---

① 艾瑞咨询《2016 年中国网络文学行业研究报告》。
② 苑言博. 平台垄断下的网络文学作家权益保护[J]. 中州大学学报,2020,37(4):47-51.
③ 大嘴咕噜. 星艺文学榜 韩寒郭敬明不敌网络文学[EB/OL]. (2015-03-12)[2021-03-15]. http://news.178.com/201503/220148395643.html.

6.3 促成了"泛娱乐"概念的提出和产业的确立

网络文学 IP 运营促成了"泛娱乐"概念的提出和确立。关于"泛娱乐"一词，业界普遍认为"泛娱乐"是指由文学、动漫、影视、音乐、游戏、演出、衍生品等多元文化娱乐形态组成的融合产业。[①] 该产业拥有相近或互补的受众市场，因而产品由独立生产逐渐过渡到联动、互相融合开发，并共享全产业经济收益。"泛娱乐"产业的本质是内容产品在多元文化娱乐形态之间的迭代开发，可以降低前期风险，减少边际成本，扩大受众范围，提高投资回报率，从而实现产品的长尾价值，获得规模效应。[②]

腾讯公司早在 2011 年就提出了"泛娱乐"的概念。[③] 为实现"泛娱乐"的宏伟蓝图，在 2012 年 3 月 21 日召开的"UP2012 腾讯游戏年度发布会"上，腾讯公司正式发布"泛娱乐"战略。2014 年 4 月 21 日，腾讯公司首次以"腾讯互动娱乐"为品牌主体，系统发布了"泛娱乐"战略：以互联网和移动互联网为基础，培育和输出 IP，开发游戏、文学、动漫、影视和周边商品等，致力于立体多元的用户体验。[④] 同年，腾讯又成立了"腾讯影视"，从而形成了腾讯游戏、文学、影视和动漫的全面布局。自此，以 IP 价值为核心，以游戏、影视剧、文学作品、动漫为外延的"泛娱乐"文化概念日渐形成。[⑤]

2014 年 4 月，文化部发布的《2013 中国网络游戏市场年度报告》提到了"泛娱乐"概念。这是中央部委报告首次提及"泛娱乐"概念，标志着"泛娱乐"概念的确立。2014 年 12 月，国家新闻出版广电总局主管的中国音数协游戏工委发布的《2014 年中国游戏产业报告》明确指出：腾讯等公司的"泛娱乐"战略盘活游戏

---

① 杨军. 泛娱乐主义的主要表现及治理要求[J]. 人民论坛,2021(3):29-31.

② 2015—2016 中国泛娱乐产业发展白皮书[EB/OL]. (2016-03-07)[2021-03-15]. https://games. qq. com/a/20160307/052889. htm.

③ 腾讯互娱关于"泛娱乐"的那些事[EB/OL]. (2015-03-25)[2021-03-15]. http://games. qq. com/a/20150325/074233. htm.

④ 腾讯互动娱乐发布 2014"泛娱乐"战略[EB/OL]. (2014-04-21)[2021-03-15]. http://media. people. com. cn/n/2014/0421/c40606-24919734. html.

⑤ 2015—2016 中国泛娱乐产业发展白皮书[EB/OL]. (2016-03-07)[2021-03-15]. https://games. qq. com/a/20160307/052889. htm.

与其他文化产业融合发展。[①] 随后,阿里数娱、小米、百度文学、华谊、艺动、通耀和 360 等企业纷纷进军"泛娱乐"。

中娱智库针对"泛娱乐"的研究指出,"泛娱乐"的核心产业均处于长线上升情势之中,2011—2015 年,总产值由 1888 亿元增加至 4229 亿元,4 年复合增长率达 22.34%。其中,游戏产业在 2015 年获得产值 1407 亿元,4 年复合增长率高达 33.3%;动漫和衍生品在 2015 年共获得产值 1132 亿元;电影产业从 2013 年开始,增速加快,2015 年市场取得 440 亿元票房,占总产业规模比例超过 10%;受益于近两年的爆发式扩张,电影产业规模的 4 年复合增长率已经高达 35%,其在总规模中的占比有望进一步上扬,电视剧产业受政策影响和观众分流影响明显,增速放缓,网络文学体现出作为底层孵化层的特点,2015 年产值达 70 亿元,产业规模相对较小,但经过后续运营,最终实现的价值较高。[②] 据不完全统计,2020 年全年网络小说改编的影视剧目在 140 部左右,热度最高的网剧中,网络文学改编的比例达 60%。[③]

6.4 对文献保存工作和阅读工作的影响

6.4.1 对文献保存工作的影响

一个国家的文献保存机构主要有图书馆、图书资料室及文献情报所等,其中,图书馆起主要作用,它是收集、整理和收藏图书资料以供人阅览及参考的机构,其主要职能有传承文化、教育教化、科学普及以及休闲娱乐等。[④] 前文在谈到网络文学的影响的时候,已经指出网络文学作为一种当代的通俗文学有其存在的价值和空间,并且近年网络文学已经得到相当程度的重视,那么,作为一种有影响力的文学作品,图书馆理所应当将其纳入保存的范围,以方便文化的传

---

① 腾讯程武:泛娱乐时代的五个趋势[EB/OL].(2015-03-30)[2021-03-15].https://www.sohu.com/a/8570981_118778.

② 2015—2016 中国泛娱乐产业发展白皮书[EB/OL].(2016-03-07)[2021-03-15].https://games.qq.com/a/20160307/052889.htm.

③ 2020 中国网络文学蓝皮书[EB/OL].(2021-06-02)[2021-06-02].http://www.chinawriter.com.cn/n1/2021/0602/c404023-32119854.html.

④ 金胜勇,张琪.论我国图书馆学发展的数据化趋势[J].情报资料工作,2021,42(1):42-49.

播,除了横向的传播外,还应特别重视纵向的传播,以便后人能通过图书馆的藏书窥探今日网络文学的盛况,这是文献保存工作的目的之一。

为切实保护数字资源,早在 2015 年 10 月,国家科技图书文献中心和国家图书馆牵头的 78 家重量级图书馆及文献信息机构就签署了《数字文献资源长期保存共同声明》①。该声明的主旨是实现数字资源的长期本土保存,这充分说明了国家对数字资源保护的重视程度。

为保存数字文献资源还必须要做到:其一,资源需要高度整合,图书馆的建设以信息化为三,高度整合数字文献资源才能够提高数据资料的应用效率;其二,提升数字资源储存核算和备份的能力,即指图书馆保存的数字内容资源可长时间地为社会提供阅读查考之类的服务;其三,提高数据安全性,在互联网快速发展的背景下,通过大数据云计算对复杂的数据信息进行快速处理,但由于动态性和责任性等影响,数据存储存在极大的安全隐患。如果没有有效抵御网络风险的举措,很容易造成个人信息和图书馆重要资料数据丢失。为此,不但要建立可信赖的仓储系统,而且该系统要组织得当,便于利用。②

对于纸质文献资源的保存,出版物呈缴本制度贡献极大。所谓呈缴本制度,是指一个国家或地区为了完整地收集和保存全部出版物,要求所有出版机构必须向指定的图书馆(一般是版本图书馆③)呈缴规定数目的最新出版物的制度。

延续对纸质图书保存的经验,联合国教科文组织早在 2003 年颁布的《数字遗产保存指南》中就指出"应该有一个呈缴制度以保证数字文化遗产的保护",国内也有学者提出设计数字出版物呈缴制度,试图通过制度来规定呈缴本制度的主体的权利与义务,以及相关的惩罚措施及监督体系。

在我国,1949 年之前就有图书呈缴的法规或条例。中华人民共和国成立后,政府逐渐建立和完善了出版物呈缴制度,确定了国家图书馆(前身为北京图书馆)和中国版本图书馆有获得图书及期刊的保存本的权利。④

《出版管理条例》第二十二条也规定,出版单位应当按照国家有关规定向国家图书馆、中国版本图书馆和国务院出版行政主管部门免费送交样本。

然而,图书馆要保存网络文学产品却面临着诸多困难。其一,传统图书的采

① 《数字文献资源长期保存共同声明》的主旨是实现数字资源的长期本土保存。签署机构明确宣示,图书馆拥有对所采购的数字文献资源进行本土长期保存的权利;为切实保障这些资源的长期保存,图书馆拥有对所采数字文献资源的合理存档权、处理权和服务权;所有利用公共资金采购数字文献资源的图书馆,都有义务推动所采购资源在中国本土实现长期保存,并将这种保存作为采购的重要条件。

② 龙娜. 数字时代图书馆的文献信息资源建设研究[J]. 发明与创新(职业教育),2021(2):191-192.

③ 版本图书馆是指负责收集、保管出版物样本的图书馆。

④ 连天奎. 国外电子出版物呈缴制度概况及立法借鉴的几个问题[J]. 现代情报,2003,3(3):7-9.

购有严格且成熟的业务流程和标准,因此图书质量有保障。而网络文学作品的采购必须甄选热门且高质量的作品,还要对这些作品进行分类,这给公共图书馆的日常业务带来挑战。如《中国图书馆分类法》中的"小说题材复分表"过于简单,不适用于网络文学的类型细分,容易出现同质化现象。其二,网络文学作品数量巨大,又以电子阅读形式为主,对设施和人才的要求较高,其不仅要注重内容版权的采购与引入,还要完善相应的硬件设施和软件设备,资金投入大。图书馆不可能有经费采集所有的网络文学作品。其三,网络文学作品的质量良莠不齐,没有必要全部采集,存在一个甄别制度的问题。其四,网络文学网站是商业化运作,风险较大,一旦经营不善网站就会倒闭,若不及时采集,则作品有可能失传。其五,网络文学的组织和揭示方式与图书馆长期的分类及主题组织方式大相径庭,读者的参与式阅读似乎也是作品的一部分,但却很难在图书馆的数据库中揭示出来。其六,数字文献资源实际上很容易在自然灾害、技术故障、经济动荡、市场变化、管理失误等情况下丢失。数字资源的脆弱性尤胜于实物载体的文献资源。综合众多原因,对我国网络文学作品的保存已经是亟待解决的问题。①

6.4.2 对阅读工作的影响

网络文学已经影响并改变了中国读者的阅读兴趣和阅读习惯。第一,网络文学是读者开启读屏时代的主要原因之一。截至 2020 年 12 月,网络文学用户已超过 4.6 亿,占网民整体的 46.5%,手机网络文学用户规模达 4.59 亿,占手机网民的 46.5%。② 网络文学的衍生品如有声小说、网络剧、音乐剧以及游戏等,用户数量也一直在增加。

第二,网络文学还建立"发现、评论、推荐、分享"的网络阅读机制。读者通过搜索、标签、榜单、编辑推荐、分类及作品信息、作者信息等发现特定作品;通过网络互动、App 互动等评价作品,并与作者互动;通过投票、打赏等推荐作品;通过社交媒介如贴吧、豆瓣、微博和微信等分享作品。这一套阅读程序较之图书馆等文献机构的传统阅读推荐工作先进很多。

第三,网络文学产品实现了多形式出版和传播。当下的文学阅读已经不局限于有关文字的内容,而是体现出和数字电视、手机传播等新媒介相互交叉,向

---

① 迟宇辰,张选中,姜珊. 全民阅读时代公共图书馆网络文学阅读服务的思考[J]. 出版广角,2021 (3):88-90.

② 中国互联网信息中心. 第 47 次中国互联网络发展状况统计报告[R/OL]. (2021-02-03)[2021-02-03]. http://www.cnnic.cn/hlwfzyj/hlwxzbg/hlwtjbg/202102/P020210203334633480104.pdf.

受众提供全方位信息服务的行业新特点。①

第四,网络文学的类型小说还影响和改变了中国读者的阅读兴趣。网络文学营造了一种快餐文化,使休闲阅读成为人们工作之余的一部分。在精英文学时代,文学虽然也有休闲功能,但由于作家与读者缺乏密切的互动,作家最终越来越远离市场,精英文学因而成为一种高高在上的文学。

第五,网络文学作家通过对市场的探索,还激活出"玄幻/魔幻""都市/职场""宫斗"和"穿越"等类型小说巨大的市场。这些类型的小说,又与网站内容的组织结合为一体,从而细分读者市场,并进一步影响读者阅读兴趣。

网络文学当然也有相当的负面影响。网络文学的读者年轻化,将会影响青少年的发展。一则网络文学的质量不容乐观,错字漏字、逻辑不清、火星文等盛行,这对青少年掌握正确的文字文学知识非常不利。另外,各种虚幻、无厘头的内容过度蔓延,对青少年正确世界观的形成之影响不可低估。

上述几个特点对文献服务机构的工作启发很大。图书馆的分类法是否能适应当下的网络文学分类? 图书馆在组织精品文学阅读工作的时候,是否也能像网络文学一样实行"发现、评论、推荐和分享"机制? 当下文学作品传播是否都要考虑产品的多形式多媒体问题? 文献机构的信息组织和揭示已经面临新的挑战。

6.5　高等教育开始关注网络作家培养

首先,公益性的网络文学大学成立。对于伴随着网络成长的"90后"而言,所谓"文学"分裂为两个场域:课上学习的是鲁迅、郭沫若、茅盾、巴金等一系列名家的经典之作,课下阅读的却是奇幻、修仙、穿越、言情等类型网络文学小说。教育层面的割裂正在逐步弥合。2013年10月30日,中国第一家培养网络作家的网络文学大学正式成立,诺贝尔文学奖得主莫言任名誉校长。② 17K小说网的创始人血酬撰写《网络文学新人指南》《网络小说写作指南》等教材,前者被视作第一部系统化对作者进行网络文学指导的专业书籍。网络文学大学获得了中国作家协会和鲁迅文学院的大力支持,各网络文学网站也大力协助该大学的教学

---

① 赵东晓.网络出版及其影响[M].北京:中国人民大学出版社,2008:139.
② 首家网络文学大学成立[EB/OL].(2013-11-01)[2021-03-15].http://www.chinawriter.com.cn/2013-11-01/179531.html.

工作。部分地区也开始重视青年网络作家的培养,北京市政协共青团在调研新兴领域青年中,对青年网络作家进行专题研究,并在拟出台的《联系服务新兴青年群体十件实事》中,推出"青年文学人才培养"项目,进一步构建有利于青年网络作家成长、发展的政策环境。①

其次,已有高等院校创办网络文学专业和开设网络文学研究课程。2014 年 2 月,国内第一个网络文学本科专业开始招生,该专业由盛大文学和上海视觉艺术学院联合创办,致力于网络作家培养,授课教师除了著名传统作家外,还有知名网络作家。网络文学专业首届招生名额是 30 人,但有 3000 余名考生踊跃参与面试。浙江传媒学院在 2021 年的本科招生简章中增加了汉语言文学(网络文学与创意写作)专业,拟招收人数也为 30 人。高等院校创办网络文学专业,说明了不仅主流文学界渐渐接受网络文学,而且教育界也将网络文学的人才培养纳入工作范畴。随着数字媒体的发展,传统的高等教育开始逐渐重视传统专业的融合发展,越来越多的高校在汉语言文学专业开设网络文学相关课程或独立培养网络文学人才。②

此外,2014 年,北京大学副教授邵燕君开设了"网络文学研究与创作"课程,鼓励北大学生入驻起点中文网、纵横中文网、红袖添香、晋江文学城、豆瓣等平台创作网络小说。截至 2020 年,网络文学作者学历水平大幅度提高,本专科学历者占比约为 60%。③

---

① 关注网络作家权益,北京将推"青年文学人才培养"项目[EB/OL]. (2021-08-04)[2021-08-04]. http://www.chinawriter.com.cn/n1/2021/0804/c404023-32180931.html.

② 周妍. 新时代网络语言环境下开放教育汉语言文学专业教学优化策略[J]. 传媒论坛,2020,3(5):166-167.

③ 2020 中国网络文学蓝皮书[EB/OL]. (2021-06-02)[2021-06-02]. http://www.chinawriter.com.cn/n1/2021/0602/c404023-32119854.html.

7 中国网络文学产业存在的问题和发展建议

网络文学是民间"草根"创作出的文学作品,虽然长成了大树,产生了较大的影响,但就其整个状况来看,仍然存在不少问题,需要认真总结,并及时提出对策。

7.1 网络文学产业存在的问题

7.1.1 在作品内容质量方面存在的问题

网络对于文学,可以说是一把双刃剑,一方面,网络为文学创作提供了开放、自由的创作空间,使很多优秀的作品出现。另一方面,网络也带来了一些"文字垃圾"。网络文学质量方面的主要问题如下:

(1)作品跟风严重,小说超长化,文学创作走向模式化。网络小说大部分局限在玄幻、奇幻,武侠仙侠,都市言情及历史架空类题材。网络小说的超长化已经成为常态。据统计,起点中文网中热门玄幻频道小说下,完结小说大部分超200万字,更有作品突破千万字。① 过分冗长的内容,往往导致作品语言繁复、情节拖沓。

(2)内容有低俗倾向。仅以 2018 年对网络文学的治理为例,2018 年,国家新闻出版署和全国"扫黄打非"工作小组办公室联合对网络文学进行专项治理,重点整治网络文学作品导向不正确及内容低俗、传播淫秽色情信息、侵权盗版三

---

① 叶大翠.网络玄幻长篇小说的生产、传播与消费——以起点中文网为例[D].贵阳:贵州师范大学,2015:1.

大问题。在这次行动中,北京市文化市场行政执法总队对17K小说网、晋江文学城、飞库网、飞卢小说网、红袖添香、纵横中文网作出行政处罚。上海、江苏分别向起点中文网、逐浪小说网下达行政处罚告知书。上述网站都是知名的网络文学网站,在经济利益驱动下以低俗内容吸引读者,社会影响非常恶劣。国家新闻出版署有关部门负责人要求网络文学企业"自觉开展自查自纠,主动下架低俗、庸俗、媚俗作品,杜绝利用网络文学传播淫秽、色情等有害内容,努力构建良性、有序、健康的产业格局和市场环境"。①

7.1.2　在著作权法律方面存在的问题

根据《中华人民共和国著作权法实施条例》第二条②的规定,网络文学作品只要具备独创性与可复制性,即可受著作权法保护。作者对其创作的网络文学作品享有人身权与财产权,可以签订合同,将其享有的著作权许可或者转让给他人,由此充分开发网络文学作品的著作权价值。

然而,我国网络文学在繁荣发展之时,其面临的著作权法律问题也日益凸显。笔者基于全面考察近年来我国网络文学相关著作权诉讼案件生效判决,提炼出我国网络文学存在的主要著作权侵权问题,包括网络文学网站未经授权刊登他人著作权作品、网络文学作品著作权归属纠纷、网络文学作品著作权合同纠纷、专业化盗版文学网站非法复制网络文学作品、网络用户借助信息存储空间传播网络文学作品等。

(1)网络文学网站未经授权刊登他人著作权作品。

以创世中文网、起点中文网和晋江文学城为代表的网络文学网站是我国网络文学发表和传播的重要平台。近年来,网络文学网站存在未经著作权人许可非法刊登他人作品的行为,包括网站上传侵权作品以及网络用户以投稿方式上传侵权作品两种情形。系列案件争议聚焦于:网络文学网站是提供信息存储空间的网络服务提供者还是网络内容提供者;网络文学网站是否承担赔偿责任。

关于争议焦点之一,法院的判断标准为网络文学网站的运营模式及被控侵权作品的发表模式。首先,网络文学网站在未能举证证明被控侵权作品系由他人提供时,应视为被控侵权作品的提供者即网络内容提供者。其次,在被控侵权

---

① 400余家违法违规文学网站被关闭[EB/OL]. (2018-06-15)[2021-11-15]. http://www.xinhuanet.com/politics/2018-06/15/c_1122989087.htm.

② 《中华人民共和国著作权法实施条例》第二条规定,著作权法所称作品,是指文学、艺术和科学领域内具有独创性并能以某种有形形式复制的智力成果。

作品由网络用户上传时,根据网络文学网站的运营模式,如果知悉上传内容且对网络用户上传的作品主动进行了编辑、修改与推荐,那么网络文学网站也属于网络内容提供者。最后,如果网络文学网站提供了被控侵权作品乃网络用户上传的证据,证明其只是提供作品存储空间,而且被控侵权作品不属于网站编辑关注的范畴,网站未对该类作品具体的内容进行编辑、修改与推荐,那么网络文学网站系提供信息存储空间的网络服务提供者。

关于争议焦点之二,如果网络文学网站属于网络内容提供者,理应承担赔偿责任。如果网络文学网站属于提供信息存储空间的网络服务提供者,那么只要网络文学网站满足我国《信息网络传播权保护条例》第二十二条①规定、《最高人民法院关于审理侵害信息网络传播权民事纠纷案件适用法律若干问题的规定》第六条②和第八条③规定的豁免赔偿责任的条件,则无须承担赔偿责任。反之,则要承担赔偿责任。

(2)网络文学作品著作权归属纠纷。

网络文学作品著作权归属纠纷主要体现为两种情形:一是网络文学作者署笔名引发著作权归属纠纷;二是签约作者与网络文学网站之间的著作权权利归属纠纷。

根据《中华人民共和国著作权法》第十二条规定,在作品上署名的自然人、法人或者非法人组织为作者,且该作品上存相应权利,但有相反证明的除外。④ 鉴于网络文学作品的作者署名通常以笔名呈现,而不使用真实姓名,导致作者真实

---

① 《信息网络传播权保护条例》第二十二条规定:网络服务提供者为服务对象提供信息存储空间,供服务对象通过信息网络向公众提供作品、表演、录音录像制品,并具备下列条件的,不承担赔偿责任:明确标示该信息存储空间是为服务对象所提供,并公开网络服务提供者的名称、联系人、网络地址;未改变服务对象所提供的作品、表演、录音录像制品;不知道也没有合理的理由应当知道服务对象提供的作品、表演、录音录像制品侵权;未从服务对象提供作品、表演、录音录像制品中直接获得经济利益;在接到权利人的通知书后,根据本条例规定删除权利人认为侵权的作品、表演、录音录像制品。

② 《最高人民法院关于审理侵害信息网络传播权民事纠纷案件适用法律若干问题的规定》第六条规定:原告有初步证据证明网络服务提供者提供了相关作品、表演、录音录像制品,但网络服务提供者能够证明其仅提供网络服务,且无过错的,人民法院不应认定为构成侵权。

③ 《最高人民法院关于审理侵害信息网络传播权民事纠纷案件适用法律若干问题的规定》第八条规定:人民法院应当根据网络服务提供者的过错,确定其是否承担教唆、帮助侵权责任。网络服务提供者的过错包括对于网络用户侵害信息网络传播权行为的明知或者应知。网络服务提供者未对网络用户侵害信息网络传播权的行为主动进行审查的,人民法院不应据此认定其具有过错。网络服务提供者能够证明已采取合理、有效的技术措施,仍难以发现网络用户侵害信息网络传播权行为的,人民法院应当认定其不具有过错。

④ 中华人民共和国著作权法[EB/OL].(2020-11-19)[2021-03-15].https://www.npc.gov.cn/npc/c30834/2020/11/848e73f58d4e4c5b82f69d25d46048c6.shtml.

身份难以确认,最终引发著作权归属纠纷。① 这种署名方式还会增加作品使用者获取授权许可时的搜索成本,导致作品使用者很难确定授权人真实身份而签订无效合同。

此外,为了提升市场竞争力,网络文学网站通常会培育签约作者。根据签约作者与网络文学网站签订的不同合作协议,签约作者创作的网络文学作品的著作权归属不同。正因为如此,签约作者与网络文学网站之间也会产生著作权归属纠纷。2020 年,腾讯旗下的阅文集团因被爆要求作者签订新合同而引起了不小的争议。新合同中要求网络文学作者无条件将其作品所有版权免费交给阅文集团运营且不能参与运营收益分配,发生版权纠纷时网络文学作者必须全力协助阅文集团并承担由此纠纷所产生的相关费用,阅文集团还将拥有网络文学作者完本一年内发布的作品及一年后发布第一部作品优先权等。《中华人民共和国合同法》第四十条明确规定该行为无效,若追究到法律层面,阅文集团或将面临不小风波。②

(3)网络文学作品著作权合同纠纷。

根据《中华人民共和国民法典》的相关规定,依法成立的合同,受法律保护。依法成立的合同,对当事人具有法律约束力。当事人应当按照约定履行自己的义务,不得擅自变更或者解除合同。③ 与网络文学有关的著作权合同纠纷主要体现为两种情形:一是作者与网络文学网站之间的著作权合同纠纷;二是网络文学衍生品开发中的著作权合同纠纷。

①作者与网络文学网站之间的著作权合同纠纷。

通常情形下,网络文学网站会与作者签订著作权合同。以起点中文网签约白金作者为例,起点中文网会与作者签署"白金作者作品协议"和"委托创作协议",约定作者在协议期间创作的作品相关著作权归属于网站,网站向作者支付报酬。作者与网络文学网站之间的著作权合同纠纷时有发生,主要表现为签约作者违反著作权合同约定,将作品发布于第三方网站。案件争议聚焦于签约作者是否构成侵权,第三方网站是否构成侵权,第三方网站转授权行为是否构成侵权。

关于争议焦点之一,作者如果没有根据合同约定履行相关义务则需承担侵权责任,支付违约金;关于争议焦点之二,只要作者与网络文学网站之间的著作

① 见《浙江省杭州市中级人民法院民事裁定书)》(2014)浙杭知初字第 310 号。

② 论网文作品著作权的归属——兼议阅文集团"霸王合同"能否霸住著作权?〔EB/OL〕.(2020-05-13)〔2021-03-15〕. https://zhuanlan. zhihu. com/p/140344127.

③ 中华人民共和国民法典〔EB/OL〕.〔2021-03-15〕. http://www. npc. gov. cn/npc/c30834/202006/75ba6483b8344591abd07917e1d25cc8. shtml.

权合同有效,第三方网站未经授权传播作品则构成侵权;关于争议焦点之三,第三方网站通常辩称自己为善意第三人,然而,鉴于我国著作权法没有关于著作权善意取得的规定,第三方网站仍构成侵权,不能因主观原因免除其侵权责任。

②网络文学衍生品开发中的著作权合同纠纷。

网络文学衍生品包括由网络文学改编的影视剧、游戏、漫画、周边产品(如文化衫、纸、笔等用品)等。网络文学作品的作者在授权他人进行衍生品开发时,通常只会授予某种特定权利,被授权人只能在授权范围内开发衍生品,否则就可能引发著作权合同纠纷。以"上海游趣网络科技有限公司诉上海城漫漫画有限公司著作权许可使用合同纠纷案"为例,原告与被告著作权合同纠纷发生的主要原因在于,原告从被告处获得的权利仅包括将《鬼吹灯》漫画形象用于开发《鬼吹灯》网络游戏,并不包括将《鬼吹灯》文字作品改编成网络游戏,而原告在尚未明确授权范围、未获取《鬼吹灯》文字作品许可的情形下,将《鬼吹灯》文字作品改编成网络游戏,因而构成侵权。

(4)专业化盗版文学网站非法复制网络文学作品。

专业化盗版文学网站是危害、影响最大的网络文学盗版平台。一大批专业化、规模化、集团化的盗版文学网站在未经著作权人许可的情况下,通过各种方式获取网络文学作品不断更新的正版内容,从而盗版文学作品,牟取非法利益,给网络文学作者与正规网络文学网站造成巨大收入损失。此种侵权行为情节严重,法院通常认定网站经营者构成侵犯著作权罪,承担刑事责任。[①] 截至 2019年,网络文学行业的盗版损失虽逐年下降,但仍高达 50 多亿元。[②] 网络文学盗版不仅给行业带来巨额损失,还严重影响了网络文学作家的切身利益和创作热情。阅文集团白金作家爱潜水的乌贼说:"对抱着创作梦想的作者来说,盗版可能直接扼杀了他们的热情,摧毁了他们的选择。"

(5)网络用户借助信息存储空间传播网络文学作品。

除了专业化盗版文学网站之外,网络用户借助信息存储空间传播网络文学作品也是危害网络文学发展的途径。最常见的侵权平台为论坛、贴吧、文档分享平台、P2P 共享平台、网盘、阅读 App 等。案件争议聚焦于网络服务提供者是否构成侵权及承担何种侵权责任。网络服务提供者最典型的侵权行为是在未经著作权人同意的情形下复制网络文学作品及由此产生的间接侵权行为。根据我国

---

① 见《北京市海淀区人民法院刑事判决书》(2013)海刑初字第 2725 号;《上海市浦东新区人民法院刑事判决书》(2014)浦刑(知)初字第 7 号;《江苏省徐州市中级人民法院刑事判决书》(2013)徐知刑初字第 25 号。

② 网络文学行业因盗版一年损失 56.4 亿 阅文 2019 年下架侵权盗版链接近 2000 万条[EB/OL].(2020-04-26)[2021-03-15]. https://www.yangtse.com/zncontent/470295.html.

《信息网络传播权保护条例》第二十二条规定,法院认为,网络信息存储空间服务提供者只要符合"避风港原则",履行"通知-删除"义务即可豁免侵权责任。① 反之,如果网络信息存储空间服务提供者对用户上传的网络文学作品进行了审查,进行了涉及作品内容方面的选择、编辑与整理,对作品是否在网络平台公开拥有决定权,那么网络信息存储空间服务提供者就需要承担间接侵权责任。② 此外,在此类侵权诉讼中,鉴于网络用户上传网络文学作品时会更换作者笔名,著作权人通常还主张网络信息存储空间服务提供者涉嫌侵犯署名权。在著作权人无证据证明网络服务提供者实施修改署名的行为时,则此种侵权主张无法获得法院支持。③

7.1.3 网络文学队伍中存在的问题

(1)作家收入水平差距大。

中国有着数以万计的网络文学作家。但是能够获得网站签约的作家已经是百里挑一,作品获得上架机会的作家更是签约作家中的十之一二,更遑论以写作致富了。目前,网络文学作家挣钱的方式通常有三种:第一,按字数获得稿酬。一般作家可选择稿酬方式,作品获得订阅后,文学网站按照与作者的相关协议支付稿酬。第二,通过转让作品版权分成。主要是影视、游戏作品改编,以及出版纸质作品获得的版税,通常依靠这类方式,网络作家们能获得大量报酬。第三,网络文学作家与网站签约后会有最低工资保障。但普通网络作家写作收入的主要来源是全勤奖和读者的订阅分成,往往收入微薄。作品被改编成影视、游戏等对大多数网络文学作家来说是不大现实的,每年也仅有小部分作品能够被改编成影视或者游戏。据阅文集团 2019 年度报,2018 年,阅文集团共发布 1120 万部文学作品,其中约有 130 部被改编为其他娱乐形式。2019 年,阅文集团共发布 1150 万部文学作品,其中约有 160 部文学作品的改编权被授予第三方。两年间的网络文学被改编率大约为 0.001%。④ 所以网络文学的门槛看似极低,一步就能迈进去,但是能够获得成功的只有站在金字塔顶端的少数人,其余人甚至无

---

① 见《上海市浦东新区人民法院民事判决书》(2014)浦民三(知)初字第 564 号;《北京市朝阳区人民法院民事判决书》(2011)朝民初字第 10240 号;《北京市海淀区人民法院民事判决书》(2008)海民初字第 2775 号。

② 见《福建省厦门市中级人民法院民事判决书》(2010)厦民初字第 304 号。

③ 见《北京市朝阳区人民法院民事判决书》(2011)朝民初字第 10240 号。

④ 见阅文集团 2019 年度报。

法靠此维持生计。①

陈某大学毕业之后曾尝试在某网络文学网站上写作,自认在写作上有天赋的她很快就获得了签约的机会。据她回忆,网站编辑给她提供的合同需要将影视版权等一系列衍生版权交给网站运营,不仅如此,合同明确要求她每天必须要更新6000字以上。最后陈某放弃了签约机会,"合同太霸道了,什么权利都没了,每天的工作量也很大,感觉和卖身契没什么两样。"

陈某的处境是大量底层网络文学作家生存状况的真实写照,当下网络文学行业繁荣的局面下,网络作家的门槛也在无形之中提高,后来者不仅要付出更多的努力,并且很难获得议价的空间。但是面对名气与财富的诱惑,后来者依旧不计其数。

(2)网络文学管理人才容易流失。

2004年,起点中文网被盛大文学全资收购,起点中文网创始人吴文辉及其团队也同时被盛大文学收编,为盛大文学带来了大量优秀资源。盛大文学旗下虽然有红袖添香、榕树下多家网站,但起点中文网一直都是其最重要,也是盈利情况最好的一家网站,对此起点中文网创始团队可谓是功不可没。2013年3月,以吴文辉为首的起点中文网创始团队与盛大文学的矛盾激化,吴文辉等起点中文网管理团队成员请辞,并接受腾讯的邀请,盛大文学因此一蹶不振。起点中文网人才流失警示了网络文学网站管理界,内部的动荡对于网站的影响是巨大的,没有好的管理人才和编辑团队,将会给网站带来巨大的损失。2020年,阅文集团作家合同事件发生的同时,吴文辉淡出阅文集团管理层,再次引发热议。因为网络文学对于内容的依赖程度极高,缺少了优秀的把关人和IP运营者,很难继续吸引读者眼球、保证其流量乃至收入。②

7.1.4　网络文学产业布局方面存在的问题

(1)产业链中分成和合作机制尚需探索。

阅文集团掌握着生产端的大局,但就移动阅读端来说,中国移动阅读基地(现已经更名咪咕阅读)拥有很大的话语权。在移动阅读产业发起之初,由于中国移动产业地位特殊,助长了其产生掌控整个阅读产业链的野心。它与内容提

---

① 网文作者的生存现状:九成写手无法签约,时薪不足7块钱[EB/OL].(2020-05-14)[2021-03-15]. https://www.sohu.com/a/395087529_120321309.

② 欧阳友权.从"阅文风波"看网络文学生态培育[J].中南大学学报(社会科学版),2020,26(5):1-11.

供商的分成机制是四六分成,内容提供商占四成,对于这四成,内容提供商还得支付作者稿费。网络文学网站常常自建移动阅读 App,所以并不见得是这条产业规则的最大受害者。传统出版商因编辑加工等成本高昂,所以很难应对中国移动的分成机制。至今,中国移动的产业链分成机制仍然没有变化。与之对比,作为世界互联网大佬的亚马逊等,普遍推行的分成机制是三七分成,网站占三成,内容提供商占七成。分成不合理还体现在作者与文学网站之间,比如,读者打赏,网站要分走打赏金额的 50%。相比于作者原创之功,网站方获利是否太过丰厚?

网络文学产业牵涉众多厂方,其间的合作机制也尚在探索中。受影视公司和视频网站追捧,网络文学 IP 身价水涨船高,一部网络小说的版权费从以前的几十万元增至现在的几百万元甚至上千万元,电视台加网络端版权总价可突破10 亿元。[1] 但 IP 最重要的是培育过程,必须通过各个产业链环节去造势。在 IP 运作的初期,相应的影视剧和游戏开发相对较为粗糙,随着时间的推移,产品各方合作程度必须加深,真正愿意付费的买家仍然希望获得的是制作精良的产品。随着对 IP 运营的探索加深,产业链间各方的合作也要走向成熟。

(2)盲目相信 IP,漠视原创。

资本的涌入、收益的攀升正令中国的影视产业步入空前繁荣的时期。但当IP 日渐成为一种霸权,并开始改变产业原有的创作方式时,影视人看待 IP 的目光里就多了几分隐忧,物极必反,这个道理谁都懂。

2018 年,IP 热潮全面消退,一些曾经叫卖出天价的"大 IP"被滞留在项目评估阶段。一些已经实现影视转化的热门 IP,其口碑、票房(收视率、点击量)全面陷落。总体看来,优质 IP 资源看似丰富,实则稀缺,平庸的 IP 空有概念炒作和营销计谋,实则缺乏精彩故事和精神内核。[2] 在第四届中国"网络文学十"大会上发布的《2019 中国网络文学发展报告》显示,2019 年,网络文学 IP 改编作品数量接近 1 万部,而在 2018 年、2019 年热播的 309 部(由视频平台公开的播放量或者热度排名选取构成,其中热度排名采用各网络视频平台的公开数据)影视剧中,由网络文学 IP 改编的作品仅有 65 部,可见 IP 改编作品成活率之低。[3]

只要数据高,就能直接在资本市场上兑现,导致很多人在经营所谓的 IP 时几乎把全部精力放在提升关注度上,更有甚者直接去做数据。越来越多的人不

---

① 深度|网文 IP 经济链:头部作家版税过亿,大公司半年赚 18 亿[EB/OL]. (2019-01-29)[2021-03-15]. https://www.sohu.com/a/292266012_662549.

② 杨洪涛. 论网络 IP 的影视改编[J]. 当代电影,2019(1):133-136.

③ 2019—2020 年度网络文学 IP 影视剧改编潜力评估报告发布[EB/OL]. (2021-02-01)[2021-03-15]. https://www.gdpg.com.cn/index.php? g=portal&m=article&a=index&id=1180&cid=9.

谈实业,在项目不断转手的过程中,所谓的资本积累往往就已经完成了,至于作品到了终端后以怎样的方式呈现,是否能令观众满意反倒是没人关心了。

7.2　网络文学的发展建议

7.2.1　加强政策指引

政策对网络文学出版的作用主要体现在:指导产业布局及制订宏观发展战略;指导和规划企业的定位;激励企业参与新产业链;督促订立公平契约;指导产业链之间的利益分配等。政府一般还会在不同时期采用不同的产业政策,对比较重要的产业给予政策及资金等方面的扶持,以促进其优先发展。近年,我国政府部门颁布的数字出版及互联网服务相关文件较多,但专门针对网络文学方面的政策在 2015 年之后才出台。因此,政策体系还应该逐步完善。

(1)政策应协调产业布局。

如阅文集团占据了产业大半江山,几乎覆盖了产业链的所有环节,它凭借强大的实力,在业内占据垄断地位。传统出版社入局者非常少,而"纯文学"主张的网站也发展艰难,这对网络文学的发展是不利的。因此,政府应该加大对纯文学网络文学企业的扶持力度,在信贷、融资、税收等方面给予经济扶持,鼓励精品网络文学企业发展。

(2)政策应协调各部门管理。

由于网络文学行业涉及文化产业、信息产业和新闻出版等多种产业,它们隶属不同的主管部门,政出多门使政策缺乏系统性、协调性。如在我国移动阅读产业和游戏产业的监管上,文化和旅游部、国家广播电视总局乃至工业和信息化部都具有监管权力,故常常会形成不必要的管理冲突。

(3)政策应指导产业链建设。

目前,网络文学产业链中存在利益分配不均、彼此合作机制尚待完善等问题。另外,传统文学出版机构转型缓慢也影响行业的健康发展。政府应制定相关产业政策,指导产业链的建设,以便理顺产业链,除去行业障碍,构建更好的产业生态环境,促使行业实现更加健康、有序的可持续发展。

7.2.2 完善管理制度

(1)成立专门的网络文学管理部门。

鉴于当前网络文学管理中存在的各种问题,当前各级文化主管部门应该成立专门的网络文学管理机构。机构应该由具有一定网络知识和能力的人员组成,强化对网络文学发展的管理。[1]

(2)建立和完善网络文学出版管理体系。

目前,网络文学产业实施的管理办法是由起点中文网牵头制定的一套制度,而不管起点中文网在行业中的贡献有多么大,它仍旧只是一个企业,其影响力是有限的。要完善对行业的管理,可以从以下几方面着手:第一,必须有宏观的管理制度。就如传统出版业一样,有宏观的、中观的和微观的管理架构,有对机构设立、监督管理、奖惩及法律责任等的明确规定。[2] 2017 年,国家新闻出版广电总局发布《网络文学出版服务单位社会效益评估试行办法》,对从事网络文学原创业务、提供网络文学阅读平台的网络文学出版服务单位进行社会效益评估考核,评分标准包括出版质量、传播能力、内容创新、制度建设、社会和文化影响等,对未达标网络文学作品实行"一票否决"。[3]

第二,网络出版作为一种内容产业,必须建立网络出版内容的质量保障机制。比如对于网站来说,由于每日发布的作品量庞大,逐一的审查是不现实的,但至少可以采用一些技术手段,如用黑马校对等软件检查文字错误,这会在一定程度上提高作品的内容质量,而网站目前的电子把关只是针对敏感词的。

第三,适当审核作者资格,也应是可行的措施。国外编印发三位一体的出版模式中,如开放存取出版,就有较多的网站采用作者资格审查制度,从而保障作品的质量。网络文学采用作者审核制度,对高水平作家是一种鼓励;对于一些比较业余的网络作者来说,有必要实施准入限制。这样才能提升网络文学的艺术性及思想性,同时也可以提高其文学性。

第四,为加强对网络文学出版的管理,对从业人员实行职业资格管理也是有必要的。对从业人员进行岗前培训,并逐步实行持证上岗制度。

第五,建立和完善追惩制度。按照出版管理的惯例,网络文学目前采取的是

---

[1] 杨明.网络文学创作管理中存在的问题和对策[J].大舞台,2011(7):277-278.

[2] 王冠.关于网络文学内容监管的几点建议[J].出版参考,2017(6):38-39.

[3] 国家新闻出版广电总局公布《网络文学出版服务单位社会效益评估试行办法》[EB/OL].(2017-06-27)[2021-03-15].http://www.gov.cn/xinwen/2017-06/27/content_5205774.htm.

"谁发表谁负责"制度,这种情况下,追惩制度特别重要。应有专门机构对已经发表的作品进行检查,不但包括政治内容的审查,而且应该进行一定的质量检查。同时,作者和读者投诉渠道也应该畅通,对于侵权、违法乱纪和质量低劣的作品,应有警示、对其作者封号甚至司法起诉等处理。

第六,完善行业协会。网络文学及"泛娱乐"业相关行业协会有待完善,现有行业协会未能充分发挥其在人才培养、行业交流及行业监管方面的作用。

(3)建立网络文学的出版基金制度。

应建立网络文学的出版基金制度,扶持有社会效益的文学作品,鼓励题材和体裁多样化,纠正网络文学只讲商业目标、不考虑社会效益的问题。网络文学出版固然要追求经济效益,但文化产业同样是一个精神产业,所以必须坚持"社会效益"的原则。

(4)开展对网络作家的培训和激励。

近年,各网站展开了一些培训,如"17K 商业写作青训营",磨铁中文网发起了新世纪 10 年'十大经典作品和十大经典作家"的评选,等等,甚至鲁迅文学院也开展了网络文学作家培训,但培训还严重不足。网络文学是编印发一体的出版模式,作品一旦上传就开始发行和传播。因此,相关网络传播的法律法规和版权经营等都可纳入培训内容。

(5)通过服务升级提升用户对网络文学平台的忠诚度。

首先,结合行为取向,定制用户成长体系。网络文学网站应当根据用户的行为偏向和喜好为其建立成长系统,赋予用户不同的权益奖励。还可以与后续的 IP 衍生联动,将读者拉入网络文学的 IP 生态中。

用户成长系统应该具有更多元的设计,以及与用户行为结合更紧密的奖励机制,让用户乐在其中。此外,在用户成长系统中投入越多的用户,其能够获得的实质权益及独特的荣誉也就越多,这样才有利于培养起用户对平台的依赖感,且因高昂的沉没成本,用户不会轻易转投其他平台。

其次,强化社群运营,营造独特的社群氛围。网络文学平台向用户开放更多社交功能,促进用户之间的相互关注和交流,以更强的社交关系拉拢用户。在此基础上,鼓励用户进行类型多样的二次创作和同人创作,并更多地以话题为中心设立兴趣圈子。社区化是网络文学网站的重要特征之一,也是强化读者互动性、提升网络小说人气值的有效手段。随着网络文学网站社区化程度的不断加深,群体传播模式在网络小说传播及发展过程中所发挥的作用也变得更加明显。以互动讨论区为对外传播平台的群体大多是围绕特定小说形成的。这种信息发布方式相对公开,能够同时吸引群体内部成员和非群体成员的参与。随着小说内容的持续更新,一些长期活跃于互动讨论区并养成固定讨论习惯的成员就会逐渐聚集起来,形成凝聚度更高的小群体。[①] 有效的社群运营方式,能够强化用户间的社交联系,建立良好的社区氛围,从而增强用户的社区黏性。

7.2.3　加强网络文学的著作权保护

(1)网络文学网站明确自身定位,避免因网络用户侵权承担责任。

笔者经考察网络文学网站未经授权刊登他人著作权作品的侵权问题,发现网络文学网站未能明确自身定位乃主要原因。鉴于此,网络文学网站有必要慎重对待网络用户以投稿方式上传的作品,在网站服务条款中表明网站的运营模式,合理审查网络用户上传的作品,尤其要关注专属作品、授权作品等网站具有选择权、编辑权的作品类型,核实其原创性,避免因网络用户上传侵权作品而承担责任。

此外,为了避免承担赔偿责任,提供信息存储空间的网络文学网站有必要在网站服务条款中表明网站性质,依法在系统中设置关键词,对禁止出版、传播的作品进行审查,在接到著作权人通知后,及时删除储存于网站的涉嫌侵权作品,从而积极应对网络用户上传侵权作品的情形。

(2)增强作者著作权保护意识,避免著作权归属与合同纠纷。

网络文学作品著作权归属纠纷、作者与网络文学网站之间的著作权合同纠纷产生的主要原因在于作者的著作权保护意识淡薄。因此,网络文学作品作者理应强化著作权保护意识,在进行作品创作时,有必要妥善保管著作权的底稿、原件、合法出版物、著作权登记证书、认证机构出具的证明、取得权利的合同等,从而在侵权诉讼发生时能够证明其享有著作权。

此外,签约作者还应当明确其与网络文学网站之间的合同关系,以明确其作品的著作权归属。在签约作者乃网站所在企业职工的情形下,签约作者创作的作品可能属于职务作品。根据《中华人民共和国著作权法》第十八条规定,职务作品的著作权由作者享有,但法人或者非法人组织有权在其业务范围内优先使用。作品完成两年内,未经单位同意,作者不得许可第三人以与单位使用的相同方式使用该作品。此外,在特殊情形下,职务作品著作权的其他权利由法人或者非法人组织享有,作者只享有署名权。在签约作者与网站签订委托合同的情形下,根据《中华人民共和国著作权法》第十九条规定,受委托创作的作品,著作权的归属由委托人和受托人通过合同约定。合同未作明确约定或者没有订立合同的,著作权属于受托人。

---

① 边妮.网络文学的群体传播研究[D].长春:吉林大学,2017.

（3）网络文学衍生品开发者明确授权范围，合理开发衍生品。

网络文学著作权合同纠纷还涉及网络文学衍生品开发中的著作权合同纠纷。此类合同纠纷产生的主要原因在于衍生品开发者未能明确授权范围，在尚未获取某项权利的情形下开发衍生品而侵犯著作权。鉴于此，网络文学衍生品开发者在进行衍生品开发，包括将网络文学改编成影视剧、动漫、游戏及开发周边产品等时，理应明确所需获取的权利类型，并明确定位著作权人签订许可协议，避免耗费大量人力、物力却仍然无法合理开发衍生品。

（4）完善法律制度，构建合理的网络文学著作权保护体系。

为了促进网络文学产业的繁荣发展，我国有必要进一步完善法律制度，构建合理的网络文学著作权保护体系。从立法层面来看，首先，针对网络文学作者署笔名引发著作权归属纠纷时常发生的问题，立法者有必要进一步完善著作权登记制度，激励网络文学作品作者进行作品登记，这一方面有助于作者积极应对侵权诉讼，为解决著作权纠纷提供初步证据，另一方面有助于减少作品使用者获取授权许可时的搜索成本，促进网络文学作品交易市场的繁荣。其次，针对专业化盗版文学网站非法复制网络文学作品的问题，立法者有必要进一步完善规范网络服务提供者行为的相关条款，将我国《信息网络传播权保护条例》及相关司法解释中的规定上升为法律。进一步加大网络文学作品著作权侵权惩罚力度，提高侵权赔偿额度，严惩盗版网络文学作品的行为。从司法层面来看，我国司法机构有必要为网络文学作品的著作权人提起诉讼提供方便，在司法实践中切实维护著作权人的合法权利，从而鼓励他们遭遇著作权侵权时能够积极寻求法律保护。从执法层面来看，我国还有必要细化著作权执法措施，加大著作权执法力度，从而威慑专业化盗版文学网站。自 2021 年 6 月 1 日起，新修订的《中华人民共和国著作权法》开始施行，进一步完善了侵权惩罚性赔偿制度，以及作品的定义和类型，创作者的合法权益在未来将得到更加有效的维护。①

（5）网络文学网站加强与网络服务提供者合作，共同打击侵权盗版。

针对网络用户借助论坛、贴吧、文档分享平台、P2P 共享平台、网盘、阅读App 等平台传播盗版网络文学的行为，网络文学网站可与网络服务提供者合作，共同打击盗版行为。通过与搜索引擎服务提供者合作，推动搜索引擎服务提供者停止收录盗版网络文学站点，从而遏制网络用户借助搜索引擎寻到盗版资源；通过与 P2P 共享平台、网盘服务提供者合作，共同打击有组织的盗版团伙，缩小利用 P2P 共享平台及网盘传播盗版网络文学的范围；通过与广告网络服务

---

① 6 月 1 日起施行！新修订的《中华人民共和国著作权法》来了[EB/OL].（2021-04-24)[2021-04-24]. https://www.thepaper.cn/newsDetail_forward_12373958.

提供者合作,斩断专业化盗版文学网站的收入来源;通过与主流应用商店建立合作伙伴关系,督促下架盗版网络文学等。

2020年,国家版权局、工业和信息化部、公安部、国家互联网信息办公室四部门联合启动"剑网2020"专项行动,对视听作品、电商平台版权、社交平台版权和在线教育版权业务开展专项整治的同时,巩固网络文学、动漫、网盘、应用市场、网络广告联盟等重点领域版权治理成果。专项行动期间,针对视听作品、电商平台、社交平台、在线教育等侵权多发领域,共删除侵权盗版链接323.94万条,关闭侵权盗版网站(App)2884个,查办网络侵权盗版案件724件,调解网络版权纠纷案件925件,有效整肃了网络版权环境。①

7.2.4　建立网络文学的评价机制

文学评论是对文学作品的分析研究,可帮助读者解读和鉴赏各种文学作品、文学现象,总结当下文学发展规律、文学潮流、思想倾向等,发现作品中好的东西,并指出其中的不足,因而推动和促进整个文学健康向前发展。网络文学"跟帖评论"的方式随意性大,一个笑脸,一朵花,一个"顶"或者"支持"都代表了读者的评论,但显然没有传统的文学评论那样的深度和专业性。

传统的文学评论对于网络文学的评价多以粗、俗、浅、模式化等为基调。但在大量的网络文学作品中仍然诞生了若干畅销的、有影响力的作品。由于始终得不到"正统"的评论,网络文学还是难登大雅之堂。除了少量有IP价值的作品外,大多作品会随网络文学网站的存在而存在,一旦网站倒闭,这些作品也就会消失。近年来,一些学者呼吁建立网络文学数据库或建议图书馆收藏网络文学作品,但也因评价问题难以实现。因此,要促进网络文学质量提高,建立网络文学评价机制是当务之急。

首先,建立网络文学作品的评价标准。评价既要包括专业评价,又要考虑用户评价。其一,应考虑作品的用户维度,包括点击量、作品订阅量、打赏数、榜单排名、粉丝人数等。其二,应考虑作品的内容维度,即用经济效益和社会效益标准来衡量。鼓励反映现实生活题材、有正面影响的作品产生。其三,应考虑文学价值指标,邀请文学评论家和传统文学出版人员评价。考虑网络文学运营的特点,也应参考其改编的情况。所以,应设置IP运营方面的指标。

其次,建立权威的第三方作品评价机构,并发布权威榜单。在建立评价标准

① 中国网络文学版权保护白皮书2021[EB/OL].(2021-04-25)[2021-06-15].https://www.analysys.cn/article/detail/20020094.

的基础上,建立网络文学的权威评价机构,改变仅仅依靠点击量、榜单排名、粉丝人数等决定网络文学作品价值的情况。网络文学网站上反映出的这些指标,本身是纯商业性的表现,而且很多榜单也并不是对真实情况的反映,和传统作品在经过读者阅读后推荐是有很大区别的。一则误导读者,二则对作品的创作方向有很大的影响。因此,由专门阅读团队组成第三方作品评价机构就显得十分必要。

7.2.5　加快传统文学出版机构的转型

在我国已形成的文学出版体系中,传统出版已经从霸主地位陡然跌落。虽然如此,网络文学并不能占据全部空间。传统出版依然占有一定的资源和优势:

首先,传统出版集中了优质的编辑加工队伍,并多年贯彻严格的质量管理制度,以保证传统出版物的高质量生产,形成了人才上和制度上的优势。相比之下,在新兴的网络文学出版中,由于编审的简化,网络原生读物一般被认作快餐式消费品,更有甚者被认为是垃圾内容产品。

其次,传统出版社仍然占有精品文学阅读市场。网络文学的主要形态是长篇类型小说,其在休闲市场上盛行。原著作品主要集中在起点中文网、潇湘书院、晋江文学城、纵横中文网等几大平台,《庆余年》《从前有座灵剑山》等获得市场与口碑双重认可的优质作品都具有较强的网生特点。但类型的拓展毕竟不易,所以网络小说跟风和桥段重复现象特别多。随着国民文化水平提高,读者品位提升,仍然占有精品文学阅读市场的传统出版社的优势就更加明显了。

最后,网络文学作品线下出版市场较大。因掌握书号,网络小说纸书出版市场仍然必须由传统出版社来完成。虽然传统出版社在其中只能充当从属的产业角色,但仍有一定的发展空间。诸如《盗墓笔记》实体书出版发行量高达千万册。

结合网络文学出版的威胁和传统出版仍然存在的优势,转型是传统出版社不得不做出的选择。为此,传统出版社应该做到:

首先,必须转变观念。传统出版社存在着体制上的优势,尤其是传统出版社普遍认为自己是国家设立的正式出版机构,且有一定的文化资源积累,具有内容出版的话语权。虽然近年来多数传统出版社在热热闹闹的数字出版转型中也进行了一些革新,但多数并未有实质性的进步。

其次,探索适合网络时代的文学出版的模式。过去的选题审稿、建立作者队伍等方式可能失效或部分失效。在面临网络文学网站挑战的情况下,应学习它们的做法,更新文学出版模式。为此,专业的文学出版社也应建立网站,采用含有即时发布、阅读、互动、书评和分享等具有互联网基因的出版机制。鉴于我国网络文学的主要形态是长篇类型小说,所以,对于传统出版社来说,它们留下的文学空间还比较大。

再次,推广版权代理制度。我国传统出版机构普遍不能充分开发图书的版权资源,但客观上来说,面对种类繁多的附属版权和衍生品开发项目,出版社联系合作伙伴开发衍生品要做到面面俱到是很不容易的。参照欧美的经验,版权代理制是一条出路。① 版权代理是版权贸易中的一环,代理者一般代表著作权人来行使其部分权利,主要是经济权利。目前,国内的出版社更关注的是图书专有出版权的经营,对于附属版权经营则比较不重视,能顺利出售影视剧改编权已算成功。在文学作品大量转换为影视作品的当口,无论是作者、出版方还是影视行业,都迫切需要"出版经纪人"或者说"版权代理人"提供相应的版权居间服务。这不仅能理顺原创作者和出版单位之间的合作流程,还能使双方权责分明,利益分配得当。②

最后,帮助网络文学网站制度建设。网络文学自身力量不足以改变内容质量方面的现状。深耕出版几十余年,传统出版机构不仅拥有专业的编辑团队,并且团结了大量的作家,基于此,传统出版机构可以积极参与网络文学人才培养、作品出版与阅读推广,达到提高优质网络文学内容供给的目的。③

7.2.6 走网络文学品牌化发展道路

目前,我国网络文学衍生品还处于初步发展阶段,哄抬热门 IP 价格是现阶段的特点。但综观国外文学衍生品发展的经验,我国还远远没有达到应有的开发深度。

以日本动漫产业为例,其漫画(或动漫)的衍生品包括游戏、文具、玩具、食品、服装、日常用品和主题公园,如图 7-1 所示。通常将漫画拍成动画片的成本非常之高,其产业成本的回收只能靠直接生产衍生品或进行授权,而授权衍生品生产比直接生产衍生品获利更大。日本价值链式的动漫产业分为核心层、外部层和相关层。核心层是与动漫有关的书籍、电视和电影;外部层是互联网智能手机上的动漫发行、DVD 销售、动漫广告等;相关层包括文具、玩具、服装、食品等。动画行业的核心是创作动漫作品,但行业的最大利润源于相关层,如《宠物小精灵》中的皮卡丘形象,版权收入每年高达 1000 亿日元。④

---

① 梁夏怡.浅析我国版权代理制度建设[J].现代视听,2018(10):73-76.
② 钟瑾.IP 热潮下的中国传统出版业思考[J].出版广角,2016(11):8-10.
③ 周百义,胡娟.出版集团开展网络文学出版刍议[J].编辑之友,2013(5):22-25.
④ 王芳,米笑磊.日本动漫的传播经验及对中国的启示[J].海河传媒,2021(1):59-64.

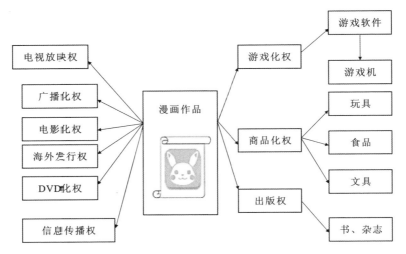

图 7-1 日本漫画作品的授权及衍生品开发示意图

和日本动漫一样,我国网络文学也是走创意产业的道路。对比之下,我国网络文学网站还较多地希图在网络阅读阶段变现,但一则阅读产值小,二则网络阅读遭遇严重的盗版,所以仅仅依靠阅读的公司发展都会很艰难。但要使下游衍生品的开发"钱景"明朗,必须走品牌化道路,这对网络文学发展很重要。

目前,起点中文网已经提出"品牌作家"这一概念。但品牌化策略应不仅仅局限于作家,同时还要注意作品中的角色的品牌化。例如,美国的漫画角色"超人""蜘蛛侠",电影《007》中的"邦德",魔幻小说中的"哈利·波特"。

除了打造品牌,形成品牌系列也很重要。以美国迪士尼为例,迪士尼有着众多的角色明星,如果单独开发,不仅会耗费大量的推广费用,而且无法与母品牌联动支撑和传播。迪士尼还建造了主题公园,并打造迪士尼专卖店。目前迪士尼的产品有图书、玩具、卧具、旅游纪念品、文具、服装、饮料、早餐、电影和电视等,形成强大的衍生品群体。

阅文集团在这一方面率先试水:2021 年 10 月 16 日,阅文集团和迪士尼中国宣布将就迪士尼公司旗下"星球大战"品牌(以下简称"星战")开启内容合作,共同创作推出首部星战中文网络文学。此次星战故事将成为全球第一部由中国作者原创的中文星战网络文学。①

网络文学的发展必须走向精品化,如果任其枝蔓生长,用户迟早不能承受爆炸式的信息。因此,尽早走品牌化发展道路,不失为一条可行之计。

---

① 阅文集团和迪士尼就"星球大战"开启合作[EB/OL]. (2019-10-18)[2021-03-15]. https://www. sohu. com/a/3480912_7_680597.

参考文献

[1]　彭波.中国出版科学研究所"第六次全国国民阅读调查"成果发布[J].传媒,2009(5):31.

[2]　艾瑞咨询.艾瑞网 2015 年中国网络文学 IP 价值研究报告[R].上海:艾瑞集团,2015.

[3]　黄鸣奋.比较文学视野中的网络文学研究[J].社会科学辑刊,2004(5):140-143.

[4]　姚鹤鸣.法兰克福学派文艺技术化批判的批判——兼论网络文学存在的合理性[J].学习与探索,2004(2):100-104.

[5]　陈斯华.从网络文学杂志看网络媒体对传统文学文本的改写[J].山东大学学报(哲学社会科学版),2002(6):48-51.

[6]　钱旭初.大众文化时代的文学样式——网络文学论[J].江苏社会科学,2002(6):186-191.

[7]　欧阳友权.论网络文学的精神取向[J].文艺研究,2002(5):74-82.

[8]　刘志权.当代文学转型中的赛伯批评空间——兼谈网络文学的若干特性[J].南京师大学报(社会科学版),2003(3):134-140.

[9]　欧阳友权.网络文学的媒体突围与表征悖论[J].社会科学战线,2002(4):89-93.

[10]　邓时忠.追求网络文学与传统文学的和谐发展——新世纪网络文学现状简论[J].西南民族大学学报(人文社会科学版),2007,28(4):69-73.

[11]　陈旭东.从网络文学和传统文学的关系看网络文学的基本特征[D].济南:山东大学,2007.

[12]　郝珊珊.大陆网络文学的十年发展和现实反思[D].福州:福建师范大学,2008.

[13]　詹新慧,许丹丹.2004 年网络文学状况及未来发展分析[J].出版发行研究,2005(7):19-24.

[14]　贺子岳,邹燕.盛大文学发展研究[J].编辑之友,2010(11):75-77,89.

[15]　何弨.促进网络文学出版发展的三个层面[J].出版发行研究,2013(12):36-39.

[16]　周百义,卢珊珊.中外网络文学出版比较研究[J].湖北第二师范学院学报,2013,30(2):119-123.

[17]　于晗辉.我国网络原创文学的出版研究——以盛大文学公司为例[D].南京:南京师范大学,2012.

[18]　宋姣.中国网络文学改编的影视剧研究[D].沈阳:辽宁大学,2013.

[19]　姚常玲.网络文学改编电视剧研究[D].太原:山西大学,2013.

[20]　覃思思.网络小说的影视改编与传播策略研究[D].重庆:西南政法大学,2014.

[21]　邹俪耘.网络小说《花千骨》影视剧改编的成功之道[J].出版广角,2015(13):88-89.

[22]　禹建湘.产业化背景下的文学网站景观[J].中南大学学报(社会科学版),2012(2):126-130.

[23]　王佳.网络文学的产业化与主流化[J].齐鲁艺苑,2014(2):108-112.

[24]　方维.中国文学网站网络小说盈利模式研究[D].上海:上海社会科学院,2011.

[25]　赵华荣.网络文学网站的盈利模式[J].经营管理者,2014(31):290-291.

[26]　黄先蓉,李晶晶.中外数字版权法律制度盘点[J].科技与出版,2013(1):14-26.

[27]　杨寅红.盛大文学全版权运营模式研究[D].兰州:兰州大学,2013.

[28]　曾元祥.数字出版产业链的构造与运行研究[D].武汉:武汉大学,2015.

[29]　网络写作:文学批评"缺位"[EB/OL].(2011-01-25)[2021-03-15].http://news.sina.com.cn/c/sd/2011-01-25/112221871892_3.shtml.

[30]　欧阳友权.网络文学五年普查(2009—2013)[M].北京:中央编译出版社,2014.

[31]　张华.论通俗小说及其主要特征[J].文史哲,2000(5):38-42.

[32]　贺予飞,欧阳友权.网络类型小说热的思考[J].时代文学(上半月),2015(3):198-203.

[33]　叶大翠.网络玄幻长篇小说的生产、传播与消费——以起点中文网为例[D].贵阳:贵州师范大学,2015.

[34]　郭帅.长度、难度与限度——对网络小说"超长"之忧的再思考[J].创

作与评论,2015(4):71-75.

[35]　欧阳友权.中国网络文学研究基点及其语境选择[J].河北学刊,2015,35(4):96-99.

[36]　欧阳友权.数字媒介与中国文学的转型[J].中国社会科学,2007(1):143-156,208.

[37]　杨炳忠.网络文学影响论与价值论(网络文学研究系列论文之三)[J].广西民族师范学院学报,2012,29(5):53-58.

[38]　吴振新,李春旺,郭家义.LOCKSS数字资源长期保存策略[J].现代图书情报技术,2006(2):35-39.

[39]　连天奎.国外电子出版物呈缴制度概况及立法借鉴的几个问题[J].现代情报,2007(3):7-9.

[40]　赵东晓.网络出版及其影响[M].北京:中国人民大学出版社,2008.

[41]　黄璜.网络作家的生存法则[J].出版人,2016(7):34-36,38.

[42]　邹蕊.漫画类图书衍生品开发研究[D].武汉:武汉理工大学,2007.

[43]　贺子岳,朱东方.原创文学网站如何控制作品质量[J].编辑学刊,2011(6):76-79.

[44]　欧阳文风,都鹏飞.网络文学产业化研究综述[J].云梦学刊,2016(2):9-13.

[45]　贺子岳.数字出版形态研究[M].武汉:武汉大学出版社,2015.

[46]　张馨予.消费文化语境下文学经典的网络同人小说研究[D].延吉:延边大学,2018.

[47]　社科院:2020年中国网络文学发展报告[EB/OL].(2021-03-27)[2021-03-27].https://new.qq.com/omn/20210327/20210327A0C3BE00.html.

[48]　韩志荣.论网络媒介对文学传播的影响[D].扬州:扬州大学,2012.

[49]　2021年中国网络文学发展现状及市场规模分析　用户规模持续增长助力市场规模增长[EB/OL].(2021-07-07)[2021-08-15].https://www.qianzhan.com/analyst/detail/220/210707-87668f1b.html.

[50]　宋亚楠.网络文学传播主体的传播动机分析[J].传媒,2020(4):74-76.

[51]　赖名芳.网络文学平台与作者如何共生共赢[N].中国新闻出版广电报,2020-05-14(5).

[52]　曹斯滢."爽文"的形塑[D].上海:上海社会科学院,2020.

[53]　邓晓诗.网络文学作者人才管理的激励模式研究[J].现代商业,2018(15):116-118.

[54] 谢慧铃,骆文仪.网络文学内容创作者盈利模式分析[J].出版广角, 2021(6):80-82.

[55] 李婧璇.助力网文迈向高质量发展新时代[N].中国新闻出版广电报,2020-11-08.

[56] 刘贵富.产业链基本理论研究[D].长春:吉林大学,2006.

[57] 吴金明,邵昶.产业链形成机制研究——"4＋4＋4"模型[J].中国工业经济,2006(4):36-43.

[58] 杨锐.产业链竞争力理论研究[D].上海:复旦大学,2012.

[59] 贺子岳,梅瑶.泛娱乐背景下网络文学全产业链研究[J].出版广角, 2018(4):40-43.

[60] 黄先蓉,冯婷.IP生态视域下移动阅读产业盈利模式创新研究[J]. 出版科学,2018,26(1):20-26.

[61] 周艳.全版权运营:网络文学营销的转型维度[J].出版广角,2019 (22):68-70.

[62] 杨雪.中国IP影视产业国际竞争力提升研究[D].武汉:武汉大学,2018.

[63] 马季.网络文学的渠道与内容关系解析[J].中国文学批评,2018(3): 95-101,159.

[64] 曾一果,杜紫薇.数字媒介时代网络文学IP改编的再思考[J].中国编辑,2021(6):75-78.

[65] 李昕揆.我国网络文学产业化发展模式论析[J].出版科学,2015,23 (4):16-21.

[66] 王新娟."泛娱乐"战略视角下的企业全版权运营[J].人文天下,2015 (5):26-29.

[67] 刘潇.聚焦全版权时代BAT的资本运营[J].新闻爱好者,2016(3): 73-76.

[68] 何培育,马雅鑫.网络文学全产业链开发中的版权保护问题研究[J]. 出版广角,2018(21):30-32.

[69] 丁亚平.论互联网语境下电影IP转化的现状、问题与对策[J].当代电影,2015(9):4-8.

[70] 郑勇,郑周明.网络时代知识产权国际保护法律适用原则探析[J].乐山师范学院学报,2004,19(7):129-131.

[71] 袁萱.基于动漫IP的数字出版跨媒体模式发展研究[J].出版广角, 2020(14):25-28.

［72］ 杨涛,颜怡然.泛娱乐背景下网络文学 IP 的开发及运营——以网络小说《楚乔传》为例[J].武汉理工大学学报(社会科学版),2020,33(5):124-129.

［73］ 先勇.中国内地漫画改编电视剧发展态势研究[J].中国广播电视学刊,2019(5):81-83.

［74］ 孙嘉欣.浅析中国动漫周边产业研究[J].芒种,2021(3):121-123.

［75］ 王志刚,李阳冉.知识管理视角下网络文学 IP 生态体系重构[J].编辑之友,2021(5):40-45.

［76］ 李若男,张斌.从受众行为特点谈新媒体环境下的 IP 开发新策略[J].视听界,2021(1):89-91,94.

［77］ 刘燕南,李忠利.网络文学 IP 价值评估体系探析[J].现代出版,2021(1):84-91.

［78］ 桑子文,金元浦.网络文学 IP 的影视转化价值评估模型研究[J].清华大学学报(哲学社会科学版),2019,34(2):184-189,202.

［79］ 李晶,张靖辰.《音乐现代化法案》对我国版权制度的启示——著作权集体管理组织、音乐数据库、版税计算[J].贵州师范大学学报(社会科学版),2021(1):139-150.

［80］ 吴秀明.当代大众通俗文学研究的历时演进与学术建构[J].浙江学刊,2021(2):219-228.

［81］ 林慧频.网络通俗文学与传统小说比较——从人物塑造方面谈网络通俗文学对传统小说的继承与发展[J].青年文学家,2019(30):46.

［82］ 吴长青.网络历史类型小说创作的史传传统重建——以曹三公子的网络历史类型小说为例[J].西南石油大学学报(社会科学版),2021,23(3):95-103.

［83］ 汤哲声.中国通俗文学:当代类型小说研究[J].苏州教育学院学报,2020,37(1):60,97.

［84］ 任雪婷.论网络小说创作中的"弃坑"现象[J].南方文坛,2021(2):89-93.

［85］ 苏晓芳.网络都市言情小说叙事分析[J].中国文学批评,2021(2):100-107,159.

［86］ 侯向丽,董凯琦.网络小说产业中作家的收益问题的研究[J].财讯,2021(14):180-181.

［87］ 许苗苗.网络文学与微时代文学的新质[J].社会科学辑刊,2021(1):176-183.

[88]　徐兆寿,巩周明.现状·症候·发展——中国网络文学对外传播研究[J].当代作家评论,2021(2):21-25.

[89]　杨寽.泛娱乐主义的主要表现及治理要求[J].人民论坛,2021(3):29-31.

[90]　欧阳友权.从"阅文风波"看网络文学生态培育[J].中南大学学报(社会科学版),2020,26(5):1-11.

[91]　杨沄涛.论网络IP的影视改编[J].当代电影,2019(1):133-136.

[92]　王冠.关于网络文学内容监管的几点建议[J].出版参考,2017(6):38-39.

[93]　边妮.网络文学的群体传播研究[D].长春:吉林大学,2017.

[94]　钟瑄.IP热潮下的中国传统出版业思考[J].出版广角,2016(11):8-10.

[95]　周百义,胡娟.出版集团开展网络文学出版刍议[J].编辑之友,2013(5):22-25.

[96]　王芳,米笑磊.日本动漫的传播经验及对中国的启示[J].海河传媒,2021(1):59-64.

[97]　贺子岳,李梦琴.网络文学作者成长体系研究[J].出版科学,2017,25(1):24-27.

[98]　邹燕.我国网络文学的产业链研究[D].武汉:武汉理工大学,2012.

[99]　贺子岳,张蒙.网络原创漫画运营变现的路径探析与改进策略[J].编辑之友,2018(7):15-20.